OEUVRES
COMPLÈTES
DE JACQUES-HENRI-BERNARDIN
DE
SAINT-PIERRE.

TOME SECOND.

DE L'IMPRIMERIE DE L.-T. CELLOT.

ŒUVRES

COMPLÈTES

DE JACQUES-HENRI-BERNARDIN

DE

SAINT-PIERRE,

MISES EN ORDRE ET PRÉCÉDÉES DE LA VIE DE L'AUTEUR,

PAR L. AIMÉ-MARTIN.

...... Miseris succurrere disco.
Æn., lib. 1.

VOYAGE A L'ILE-DE-FRANCE.

TOME SECOND.

A PARIS,

CHEZ MÉQUIGNON-MARVIS, LIBRAIRE,
RUE DE L'ÉCOLE DE MÉDECINE, n° 3.

M. DCCC. XVIII.

VOYAGE
A L'ILE-DE-FRANCE.

LETTRE XIX.

DÉPART POUR FRANCE. ARRIVÉE A BOURBON.
OURAGAN.

APRÈS avoir obtenu la permission de retourner en France, je me disposai à m'embarquer sur *l'Indien*, vaisseau de 64 canons.

Je donnai la liberté à Duval, cet esclave qui portait votre nom; je le confiai à un honnête homme du pays, jusqu'à ce qu'il eût acquitté par son travail quelque argent dont il était redevable à l'administration. S'il eût parlé français, je l'aurais gardé avec moi. Il me témoigna par ses larmes le regret qu'il avait de me quitter. Il m'y paraissait plus sensible qu'au plaisir d'être libre. Je proposai à Côte d'acheter sa liberté, s'il voulait s'attacher à ma fortune. Il m'avoua qu'il avait dans l'île une maîtresse dont il ne pouvait se détacher. Le sort des esclaves du roi est supportable : il se trouvait heureux ; c'était plus que je ne pouvais lui promettre. J'aurais été très-aise de ramener mon pauvre Favori dans sa patrie ; mais quelques mois avant mon départ, on me prit mon chien. Je perdis en lui un ami fidèle que j'ai souvent regretté.

Quelques jours avant de partir, je revis Autourou, cet insulaire de Taïti, que l'on ramenait dans son pays, après lui avoir fait connaître les mœurs de l'Europe. Je l'avais trouvé, à son passage, franc, gai, un peu libertin ; à son retour, je le voyais réservé, poli et maniéré. Il était enchanté de l'Opéra de Paris, dont il contrefaisait les chants et les danses. Il avait une montre, dont il désignait les heures par leur usage : il y montrait l'heure de se lever, de manger, d'aller à l'Opéra, de se promener, etc. Cet homme était plein d'intelligence ; il exprimait par ses signes tout ce qu'il voulait. Quoique les hommes de Taïti passent pour n'avoir eu aucune communication avec les autres nations avant l'arrivée de M. de Bougainville, j'observai, cependant, un mot de leur langue et un usage qui leur sont communs avec différents peuples. *Matté*, en langue taïtienne, veut dire tuer. Le *matar* des Espagnols, le *mat* des Persans ont la même signification. Les Taïtiens ont aussi coutume de se dessiner la peau, comme beaucoup de peuples de l'ancien et du nouveau continent. Ils connaissaient le fer, qu'ils n'avaient pas; ils l'appelaient *arirou*, et en demandaient avec empressement; ils avaient des maladies vénériennes, qui viennent, dit-on, du Nouveau-Monde. Mais toutes ces analogies ne suffisent pas pour remonter à l'origine d'une nation : les folies, les besoins, les maux de l'espèce humaine paraissent naturalisés chez tous les peuples. Un moyen plus sûr de les distinguer serait la connaissance de leurs langues. Toutes les nations de l'Europe mangent du pain ; mais les Russes l'appellent *gleba*, les Allemands *broth*, les Latins *panis*, les Bas-Bretons *bara*. Un dictionnaire encyclopédique des langues serait un ouvrage très-philosophique.

Autourou paraissait s'ennuyer beaucoup à l'Ile-de-France. Il se promenait toujours seul. Un jour, je l'aperçus dans une méditation profonde; il regardait, à la porte de la prison, un noir esclave à qui on rivait une grosse chaîne autour du cou. C'était un étrange spectacle pour lui, qu'un homme de sa couleur, traité ainsi par des blancs qui l'avaient comblé de bienfaits à Paris; mais il ne savait pas que ce sont les passions des hommes qui les portent au delà des mers, et que la morale qui balance ces passions en Europe, reste en deçà des tropiques.

Je m'embarquai le 9 novembre 1770; plusieurs Malabares vinrent m'accompagner jusqu'au bord de la mer ; ils me souhaitèrent, en pleurant, un prompt retour. Ces bonnes gens ne perdent jamais l'espérance de revoir ceux qui leur ont rendu quelque service. Je reconnus parmi eux un maître charpentier qui avait acheté mes livres de géométrie, quoiqu'il sût à peine lire. C'était le seul homme de l'île qui en eût voulu.

Nous restâmes onze jours en rade, retenus par le calme. Le 20 au soir, nous appareillâmes, et le 21, à trois heures après midi, nous mouillâmes à Bourbon, dans la rade de Saint-Denis.

Cette île est à quarante lieues sous le vent de l'Ile-de-France. Il ne faut qu'un jour pour aller à Bourbon, et souvent un mois pour en revenir. Elle paraît de loin comme une portion de sphère ; ses montagnes sont fort élevées. On y cultive, dit-on, la terre à huit cents toises de hauteur. On donne seize cents toises d'élévation au sommet des Trois-Salases, qui sont trois pics inaccessibles.

Ses rivages sont très-escarpés ; la mer y roule sans cesse de gros galets ; ce qui ne permet qu'aux pirogues d'aborder sans se briser. On a construit à Saint-Denis, pour le débarquement des chaloupes, un pont-levis soutenu par des chaînes de fer. Il avance sur la mer de plus de quatre-vingts pieds. A l'extrémité de ce pont est une échelle de corde, où grimpent ceux qui veulent aller à terre. Dans tout le reste de l'île, on ne peut débarquer qu'en se jetant à l'eau.

Comme *l'Indien* devait rester trois semaines au mouillage pour charger du café, plusieurs passagers résolurent de rester quelques jours dans l'île, et d'aller même attendre à Saint-Paul, sept lieues sous le vent, que notre vaisseau vînt y compléter sa cargaison.

Je me décidai moi-même à descendre à terre, par la disette de vivres où nous nous trouvions à bord, et par l'exemple du capitaine et d'un grand nombre d'officiers de différents vaisseaux.

Le 25, après midi, je m'embarquai seul dans une petite yole; et, malgré la brise qui était très-violente, à force de gouverner à la lame, je débarquai au pont. Nous fûmes une heure et demie à faire ce trajet, qui n'a pas une demi-lieue.

Je fus saluer l'officier-commandant. Il m'apprit qu'il n'y avait point d'auberge à Saint-Denis, ni dans aucun endroit de l'île, que les étrangers avaient coutume de loger chez ceux des habitants avec lesquels ils faisaient quelque commerce. La nuit s'approchait, et n'ayant aucune affaire à traiter, je me préparais à retourner à bord, lorsque cet officier m'offrit un lit.

Je fus ensuite saluer M. de Crémon, commissaire-ordonnateur, qui m'offrit sa maison pour le temps que je voudrais passer à terre. Cette offre me fut d'autant plus agréable que j'avais envie de voir le volcan de Bourbon, où je savais que M. de Crémon avait fait un voyage.

Mais je n'en ai pas trouvé l'occasion. Le chemin en est très-difficile, peu d'habitants le connaissaient, et il fallait s'absenter de Saint-Denis six ou sept jours.

Du 25 jusqu'au 30, la brise fut si forte que peu de chaloupes de la rade vinrent à terre. Notre capitaine profita d'un moment favorable pour retourner à son bord, où ses affaires l'appelaient; mais le mauvais temps l'empêcha de redescendre.

Cette brise, qui vient toujours du sud-est, se lève à six heures du matin et finit à dix heures du soir. Dans cette saison, elle durait le jour et la nuit avec une violence égale.

Le 1er décembre le vent s'apaisa, mais il s'éleva de la pleine mer une lame monstrueuse qui brisait sur le rivage avec tant de violence que la sentinelle du pont fut obligée de quitter son poste.

Le haut des montagnes se couvrait de nuages épais, qui n'avaient point de cours. Le vent soufflait encore un peu de la partie du sud-est, mais la mer venait de l'ouest. On voyait trois grosses lames se succéder continuellement; on les distinguait le long de la côte comme trois longues collines. Il se détachait de leur partie supérieure des jets d'eau, qui formaient une espèce de crinière. Elles s'élançaient sur le rivage en formant une voûte, qui, se roulant sur elle-même, s'élevait en écume à plus de cinquante pieds de haut.

On respirait à peine; l'air était lourd; le ciel obscur, des nuées de corbigeaux et de paille-en-cus venaient du large, et se réfugiaient sur la côte. Les oiseaux de terre et les animaux paraissaient inquiets. Les hommes mêmes sentaient une frayeur secrète à la vue d'une tempête affreuse au milieu du calme.

Le 2 au matin, le vent tomba tout-à-fait, et la mer augmenta; les lames étaient plus nombreuses, et venaient de plus loin. Le rivage, battu des flots, était couvert d'une mousse blanche comme la neige, qui s'y entassait comme des ballots de coton. Les vaisseaux en rade fatiguaient beaucoup sur leurs câbles.

On ne douta plus que ce ne fût l'ouragan. On tira bien avant sur la terre les pirogues qui étaient sur le galet; et chacun se hâta de soutenir sa maison avec des cordes et des solives.

Il y avait au mouillage, *l'Indien*, *le Penthièvre*, *l'Amitié*, *l'Alliance*, *le Grand Bourbon*, *le Géryon*, une gaulette et un petit bateau. La côte était bordée de monde qu'attirait le spectacle de la mer et le danger des vaisseaux.

Sur le midi, le ciel se chargea prodigieusement, et le vent commença à fraîchir du sud-est. On craignit alors qu'il ne tournât à l'ouest, et qu'il ne jetât les vaisseaux sur la côte. On leur donna, de la batterie, le signal du départ, en hissant le pavillon, et tirant deux coups de canon à boulet. Aussitôt ils coupèrent leurs câbles et appareillèrent. *Le Penthièvre* abandonna sa chaloupe, qu'il ne put rembarquer. *L'Indien*, mouillé plus au large, fit vent arrière sous ses quatre voiles majeures. Les autres s'éloignèrent successivement. Des noirs, qui étaient dans une chaloupe, se réfugièrent à bord de *l'Amitié*. Le petit bateau et la gaulette se trouvaient déjà dans les lames, où ils disparaissaient de temps en temps; ils semblaient craindre de se mettre au large; enfin ils appareillèrent les derniers, attirant à eux l'inquiétude et les vœux de tous les spectateurs. Au bout de deux heures toute cette flotte disparut dans le nord-ouest, au milieu d'un horizon noir.

A trois heures après midi, l'ouragan se déclara avec un bruit effroyable; tous les vents soufflèrent successivement. La mer battue, agitée dans tous les sens, jetait sur la terre des nuages d'écume, de sable, de coquillages et de pierres. Des chaloupes, qui étaient en radoub à cinquante pas du rivage, furent ensevelies sous le galet; le vent emporta un pan de la couverture de l'église, et la colonnade du Gouvernement. L'ouragan dura toute la nuit, et ne cessa que le 3 au matin.

Le 6, deux navires revinrent au mouillage; c'étaient le petit bateau et la gaulette: ils apportaient une lettre du *Penthièvre*, qui avait perdu son grand mât de perroquet. Pour eux, ils n'avaient éprouvé aucun accident. En tout, les petites destinées sont les plus heureuses.

Le 8, *le Géryon* parut. Il avait relâché à l'Ile-de-France; il nous apprit que la tempête y avait fait périr, à l'ancre, la flûte du roi, *la Garonne*.

Enfin, jusqu'au 19, on eut successivement nouvelle de tous les vaisseaux, à l'exception de *l'Amitié* et de *l'Indien*. La force et la grandeur de *l'Indien* semblaient le mettre à l'abri de tous les événements, et nous ne doutâmes pas qu'il n'eût continué sa route pour faire ses vivres au cap de Bonne-Espérance, et de là aller en France. Je savais d'ailleurs que c'était le projet du capitaine.

Le 19, au matin, on signala un vaisseau; c'était *la Normande*, flûte du roi : elle passa devant Saint-Denis, et fut mouiller à Saint-Paul. Elle venait de l'Ile-de-France, et allait chercher des vivres au Cap. Cette occasion nous parut très-favorable. Il y avait un autre officier avec moi; nous résolûmes d'en profiter. Monsieur et mademoiselle de Crémon nous firent faire des lits et du linge pour le bord, et nous procurèrent des chevaux et des guides pour aller à Saint-Paul. Un de leurs parents nous y accompagna.

Je n'avais descendu à terre qu'un peu de linge; tous mes effets étaient sur *l'Indien*.

Nous partîmes le 20, à onze heures du matin. Il y

avait sept lieues à faire. La flûte partait le soir ; il n'y avait pas de temps à perdre. Nous prîmes congé de nos hôtes.

Nos chevaux grimpèrent d'abord la montagne de Saint-Denis, par des chemins en zigzag, pavés de pierres pointues. Ils étaient très-vigoureux, et leur pas était sûr, quoiqu'ils ne fussent pas ferrés, suivant l'usage du pays.

A deux lieues et demie de Saint-Denis, nous trouvâmes, sur le bord d'un ruisseau, à l'ombre de citronniers, un dîner que mademoiselle de Crémon nous avait fait préparer.

Après dîner, nous descendîmes et montâmes la Grande-Chaloupe. C'est un vallon affreux formé par deux montagnes parallèles et très-escarpées : nous fîmes à pied une partie de ce chemin que la pluie rendait dangereux. Nous nous trouvâmes au fond entre les deux montagnes, dans une des plus étranges solitudes que j'aie jamais vues ; nous étions comme entre deux murailles, le ciel sur notre tête et la mer sur notre droite. Nous passâmes le ruisseau, et nous parvînmes enfin sur le bord opposé de la Chaloupe ; il règne au fond de ce gouffre un calme éternel, quoique le vent soit très-frais sur la montagne.

A deux lieues de Saint-Paul, nous entrâmes dans une vaste plaine sablonneuse, qui s'étend jusqu'à la ville. Elle est bâtie comme celle de Saint-Denis. Ce sont de grands emplacements bien alignés, entourés de haies, au milieu desquels est une case où loge une famille. Ces villes ont l'air de grands hameaux. Saint-Paul est situé sur le bord d'un étang d'eau douce, dont on pourrait, je crois, faire un port.

Il était nuit quand nous y arrivâmes; nous étions très-fatigués, et nous ne savions où loger, ni même où trouver du pain; car il n'y a point de boulanger à Saint-Paul.

Mon premier soin fut de parler au capitaine de *la Normande*, que je trouvai heureusement à terre. Il me dit qu'il ne se chargerait point de notre passage sans un ordre du gouverneur de l'Ile-de-France, qui alors était à Saint-Denis; qu'au reste il ne partait que le lendemain matin.

Sur-le-champ j'écrivis au gouverneur et à mademoiselle de Crémon. Je donnai mes deux lettres à un noir, en lui promettant une récompense s'il était de retour le lendemain à huit heures du matin. Il en était dix du soir, et il avait quatorze lieues à faire. Il partit à pied.

Je fus trouver mes camarades, qui soupaient chez le garde-magasin. On nous logea dans une maison appartenante au roi. Il n'y avait d'autres meubles que des chaises, dont nous fîmes des lits; de grand matin nous étions debout. A neuf heures nous vîmes arriver, avec les réponses à mes lettres, un noir, que mon commissionnaire avait fait partir à sa place. Je le payai bien, et je fus trouver le capitaine, pour lui remettre la lettre du gouverneur. Quel fut notre étonnement, lorsque nous vîmes qu'il laissait la chose à sa discrétion !

Enfin après plusieurs négociations, et après avoir donné des billets pour les frais de notre passage, il consentit à nous embarquer. Le départ du vaisseau fut remis au lendemain.

Voici ce que j'ai pu recueillir sur Bourbon. On sait que ses premiers habitants furent des pirates qui s'allièrent avec des négresses de Madagascar. Ils vinrent s'y établir vers l'an 1657. La compagnie des Indes avait aussi à Bourbon un comptoir, et un gouverneur, qui vivait avec eux dans une grande circonspection. Un jour le vice-roi de Goa vint mouiller à la rade de Saint-Denis, et fut dîner au Gouvernement. A peine venait-il de mettre pied à terre, qu'un vaisseau pirate de cinquante pièces de canon vint mouiller auprès du sien et s'en empara. Le capitaine descendit ensuite, et fut demander à dîner au gouverneur. Il se mit à table entre lui et le Portugais, à qui il déclara qu'il était son prisonnier. Quand le vin et la bonne chère eurent mis le marin de bonne humeur, M. Desforges (c'était le gouverneur), lui demanda à combien il fixait la rançon du vice-roi. Il me faut, dit le pirate, mille piastres. C'est trop peu, répondit M. Desforges, pour un brave homme comme vous, et un grand seigneur comme lui. Demandez beaucoup, ou rien. Hé bien ! qu'il soit libre, dit le généreux corsaire. Le vice-roi se rembarqua sur-le-champ et appareilla, fort content d'en sortir à si bon marché. Ce service du gouverneur a été récompensé depuis peu par la cour de Portugal, qui a envoyé l'ordre de Christ à son fils. Le pirate s'établit ensuite dans l'île, avec tous les siens, et fut pendu long-temps après l'amnistie qu'on avait publiée en leur faveur; et dans laquelle il avait oublié de se faire comprendre. Cette injustice fut commise par un conseiller qui voulut s'approprier sa dépouille : mais cet autre fripon, à quelque temps de là, fit une fin presque aussi malheureuse, quoique la justice des hommes ne s'en mêlât pas.

Il n'y a pas long-temps qu'un de ces anciens écumeurs de mer, appelé *Adam*, vivait encore. Il est mort âgé de cent quatre ans.

Lorsque des occupations plus paisibles eurent adouci leurs mœurs, il ne leur resta plus qu'un certain esprit d'indépendance et de liberté qui s'adoucit encore par la société de beaucoup d'honnêtes gens qui vinrent s'établir à Bourbon pour s'y livrer à l'agriculture. On compte soixante mille noirs à Bourbon, et cinq mille habitants. Cette île est trois fois plus peuplée que l'Ile-de-France, dont elle dépend pour le commerce extérieur. Elle est aussi bien mieux cultivée. Elle avait produit, cette année, vingt mille quintaux de blé, et autant de café, sans le riz et les autres denrées qu'elle consomme. Les troupeaux de bœufs n'y sont pas rares. Le roi paie le cent pesant de blé, 15 liv.; et les habitants vendaient le quintal de café 45 liv. en piastres, ou 70 liv. en papiers.

Le principal lieu de Bourbon est Saint-Denis, où résident le gouverneur et le conseil. On n'y voit de remarquable qu'une redoute fermée, construite en pierre, mais qui est située trop loin de la mer; une batterie devant le Gouvernement, et le pont-levis dont j'ai parlé. Il y a derrière la ville une grande plaine qu'on appelle *le Champ de Lorraine*.

Le sol m'a paru plus sablonneux à Bourbon qu'à l'Ile-de-France : il est mêlé, à quelque distance du rivage, du même galet roulé dont les bords de la mer sont couverts; ce qui prouve qu'elle s'en est éloignée, ou que l'île s'est élevée : ce qui me paraît possible, si l'on en juge par l'inspection des montagnes lézardées et brisées dans leur intérieur. Dans les spéculations sur la nature, les opinions opposées se présentent toujours avec une vraisemblance presque égale. Souvent les mêmes effets résultent des causes contraires. Cette observation peut s'étendre fort loin, et doit nous porter à être fort modérés dans nos jugements.

Un vieillard âgé de plus de quatre-vingts ans m'assura qu'il avait été un de ceux qui prirent possession de l'Ile-de-France, lorsque les Hollandais l'abandonnèrent. On y avait détaché douze Français, qui y abordèrent le matin; et dans l'après-midi de ce jour même, un vaisseau anglais y mouilla dans la même intention.

Les mœurs des anciens habitants de Bourbon étaient fort simples. La plupart des maisons ne fermaient pas; une serrure même était une curiosité. Quelques-uns mettaient leur argent dans une écaille de tortue, au-dessus de leur porte. Ils allaient nu-pieds, s'habillaient de toile bleue, et vivaient de riz et de café; ils ne tiraient presque rien de l'Europe, contents de vivre sans luxe, pourvu qu'ils vécussent sans besoins. Ils joignaient à cette modération les vertus qui en sont la suite, de la bonne foi dans le commerce, et de la noblesse dans les procédés. Dès qu'un étranger paraissait, les habitants venaient, sans le connaître, lui offrir leur maison.

La dernière guerre de l'Inde a altéré un peu ces mœurs. Les volontaires de Bourbon s'y sont distingués par leur bravoure; mais les étoffes de l'Asie et les distinctions militaires de France sont entrées dans leur île. Les enfants, plus riches que leurs pères, veulent être plus considérés. Ils n'ont pas su jouir d'un bonheur ignoré. Ils vont chercher en Europe des plaisirs et des honneurs en échange de l'union des familles, et du repos de la vie champêtre. Comme l'attention des pères se porte principalement sur leurs garçons, ils les font passer en France, d'où ils reviennent rarement. Il arrive de là que l'on compte dans l'île plus de cinq cents filles à marier, qui vieillissent sans trouver de parti.

Nous nous embarquâmes sur *la Normande* le 21 au soir. Nous trouvâmes une caisse de vin, de liqueurs, de café, etc., que monsieur et mademoiselle de Crémon avaient fait mettre à bord pour notre usage. Nous avions trouvé dans leur maison la cordialité des anciens habitants de Bourbon, et la politesse de Paris.

Je suis, etc.

A Bourbon, ce 21 décembre 1770.

LETTRE XX.

DÉPART DE BOURBON. ARRIVÉE AU CAP.

Nous sortîmes à dix heures du soir de la baie de Saint-Paul. La mer y est plus calme, et le mouillage plus sûr qu'à Saint-Denis, dont la rade est gâtée, par une quantité prodigieuse d'ancres abandonnées par les vaisseaux. Leurs câbles s'y coupent fort promptement; cependant les marins préfèrent Saint-Denis.

Dans un coup de vent du large on ne peut sortir de la baie de Saint-Paul; et si un vaisseau était jeté en côte, tout l'équipage périrait, la mer brisant sur un sable fort élevé.

Le 23, nous perdîmes Bourbon de vue. Les services que nous avions reçus de monsieur et de mademoiselle de Crémon pendant notre séjour, les vents favorables; une bonne table, et la société d'un capitaine très-honnête, M. de Rosbos, nous disposaient au plaisir de retrouver *l'Indien*.

Nous plaignions les passagers de ce vaisseau, qui avaient eu à éprouver le mauvais temps et la disette de vivres.

On compte neuf cents lieues de Bourbon au Cap. Le 6 janvier 1771, nous vîmes le matin la pointe de Natal, à dix lieues devant nous. Nous comptions dans trois jours être à bord de *l'Indien*. Nous avions eu jusqu'à ce jour vent arrière. Il fit calme le soir, et une chaleur étouffante. A minuit le ciel était très-enflammé d'éclairs, et l'horizon couvert par-tout de grands nuages redoublés. La mer étincelait de poissons qui s'agitaient autour du vaisseau.

A trois heures de nuit, le vent contraire s'éleva de l'ouest avec tant de violence, qu'il nous obligea de mettre à la cape sous la misaine. La tempête jeta à bord un petit oiseau semblable à une mésange. L'arrivée des oiseaux de terre sur les vaisseaux est toujours signe d'un très-mauvais temps, car c'est une preuve que le foyer de la tempête est fort avant dans les terres.

Le troisième jour du coup de vent, nous nous aperçûmes que notre mât de misaine avait fait un effort à quatre pieds au-dessus du gaillard; on serra la voile, on relia le mât de cordages et de pièces de bois, et nous tînmes la cape sous la grande voile.

La mer était monstrueuse et nous cachait l'horizon. On fut fort surpris de voir, à une portée de canon, un vaisseau hollandais manœuvrant comme nous : il fut impossible de lui parler. Le cinquième jour, le vent s'apaisa. On examina notre mât de misaine, qui se trouva absolument rompu. Cet accident nous fit redoubler de vœux pour l'arrivée au Cap.

Le gros temps nous avait fait perdre du chemin, suivant l'ordinaire; il succéda du calme, qui nous fit perdre du temps.

Le 12, nous retrouvâmes le vaisseau hollandais, et nous lui parlâmes. Il eut la précaution de ne se laisser approcher que ses mèches allumées et ses canons détapés : il venait de Batavia; il allait au Cap.

Enfin, le 16 janvier, nous eûmes l'après-midi la vue du Cap, à tribord. Nous louvoyâmes toute la nuit. Le 17 au matin, il s'éleva une brise très-violente. Le ciel était couvert d'une brume épaisse qui nous cachait absolument la terre. Nous allions manquer l'entrée de la baie, lorsque nous aperçûmes par notre travers, dans un éclairci, un coin de la montagne de la Table ; alors nous serrâmes le vent, et vers midi nous nous trouvâmes près de la côte, qui est très-élevée. Elle est absolument dépouillée d'arbres; sa partie supérieure est à pic, formée de couches de rochers parallèles ; le pied est arrondi en croupe. Elle ressemble à d'anciennes murailles de fortifications avec leur talus.

Nous longeâmes la terre. A midi, nous nous trouvâmes derrière la montagne du Lion, qui, de loin, ressemble à un lion en repos. Sa tête est détachée, et formée d'un gros rocher, dont les assises représentent la crinière. Le corps est composé de croupes de différentes collines. De la tête du Lion on signale les vaisseaux par un pavillon.

En cet endroit le vent nous manqua, parce que le Lion nous mettait à l'abri; il fallait, pour entrer dans la baie, passer entre l'île Roben, que nous voyions à gauche devant nous, et une langue de terre appelée la pointe aux Pendus, qui se trouve au pied du Lion. Nous en étions à deux portées de canon, et notre impatience redoublait. C'est de là que l'on aperçoit les vaisseaux en rade, et *l'Indien* n'en devait pas être le moins remarquable.

Enfin, la marée nous avançant peu-à-peu, nous vîmes, des hunes, se développer successivement douze vaisseaux qui étaient au mouillage; mais aucun d'eux ne portait le pavillon français : c'était la flotte de Batavia.

Nous jetâmes l'ancre à l'entrée de la baie. A trois heures après midi, le capitaine du port vint à bord, et nous assura que *l'Indien* n'avait point paru.

Nous voyions, au fond de la baie, la montagne de la Table, la terre la plus élevée de toute cette côte. Sa partie supérieure est de niveau, et escarpée de tous côtés, comme un autel; la ville est au pied, sur le bord de la baie. Il s'amasse souvent, sur la Table, une brume épaisse, entassée et blanche comme la neige. Les Hollandais disent alors que *la nappe est mise*. Le commandant de la rade hisse son pavillon ; c'est un signal aux vaisseaux de se tenir sur leurs gardes, et une défense aux chaloupes de mettre en mer. Il descend de cette nappe des tourbillons de vent mêlé de brouillard semblable à de longs flocons de laine. La terre est obscurcie de nuages de sable, et souvent les vaisseaux sont contraints d'appareiller. Dans cette saison, cette brise ne s'élève guère que sur les dix heures du matin, et dure jusqu'au soir. Les marins aiment beaucoup la terre du Cap, mais ils en craignent la rade, qui est encore plus dangereuse depuis le mois d'avril jusqu'en septembre.

En 1722, toute la flotte des Indes y périt à l'ancre, à l'exception de deux vaisseaux. Depuis ce temps, il n'est plus permis à aucun Hollandais d'y mouiller au delà du 6 mars. Ils vont à Falsebaye, où ils sont à l'abri.

On avait essayé de joindre la pointe aux Pendus à l'île Roben, pour faire de la rade un port qui n'eût qu'une ouverture ; mais on a fait des travaux inutiles.

Je comptais descendre le soir même ; la brise m'en empêcha.

De grand matin, *la Normande* alla mouiller plus près de la ville. Elle est formée de maisons blanches bien alignées, qui ressemblent de loin à de petits châteaux de carte.

Au lever du soleil, trois chaloupes joliment peintes nous abordèrent. Elles étaient envoyées par des bourgeois, qui nous invitaient à descendre chez eux pour y loger. Je descendis dans la chaloupe d'un Allemand, qui m'assura que, pour mon argent, je serais très-bien chez M. Nedling, aide-de-camp de la bourgeoisie.

En traversant la rade, je réfléchissais à l'embarras singulier où j'allais me trouver, sans habits, sans argent, sans connaissances, chez des Hollandais, à l'extrémité de l'Afrique. Mais je fus distrait de mes réflexions par un spectacle nouveau. Nous passions auprès de quantité de veaux marins, couchés sans inquiétude sur des paquets de goêmon flottant semblable à ces longues trompes avec lesquelles les bergers rappellent leurs troupeaux ; des pingoins nageaient tranquillement à la portée de nos rames, les oiseaux marins venaient se reposer sur les chaloupes, et je vis même, en descendant sur le sable, deux pélicans qui jouaient avec un gros dogue, et lui prenaient la tête dans leur large bec.

Je concevais une bonne opinion d'une terre dont le rivage était hospitalier, même aux animaux.

Au Cap, ce 10 janvier 1771.

LETTRE XXI.

DU CAP. VOYAGE A CONSTANCE ET A LA MONTAGNE DE LA TABLE.

Les rues du Cap sont très-bien alignées. Quelques-unes sont arrosées de canaux, et la plupart sont plantées de chênes. Il m'était fort agréable de voir ces arbres couverts de feuilles au mois de janvier. La façade des maisons était ombragée de leur feuillage, et les deux côtés de la porte étaient bordés de siéges en brique ou en gazon, où des dames fraîches et vermeilles étaient assises. J'étais ravi de voir enfin une architecture et des physionomies européennes.

Je traversai, avec mon guide, une partie de la place, et j'entrai chez madame Nedling, grosse hollandaise fort gaie. Elle prenait le thé, au milieu de sept ou huit officiers de la flotte, qui fumaient leur pipe. Elle me fit voir un appartement fort propre, et m'assura que tout ce qui était dans la maison était à mon service.

Quand on a vu une ville hollandaise, on les a

toutes vues : de même, chez les habitants, l'ordre d'une maison est celui de toutes les autres. Voici quelle était la police de celle de madame Nedling. Il y avait toujours dans la salle de compagnie une table couverte de pêches, de melons, d'abricots, de raisins, de poires, de fromages, de beurre frais, de pain, de vin, de tabac et de pipes. A huit heures, on servait le thé et le café; à midi, un dîner très-abondant en gibier et en poisson. A quatre heures, le thé et le café; à huit, un souper comme le dîner. Ces bonnes gens mangeaient toute la journée.

Le prix de ces pensions n'allait pas autrefois à une demi-piastre, ou cinquante sous de France, par jour ; mais des marins français, pour se distinguer des autres nations, le mirent à une piastre, et c'est aujourd'hui pour eux leur taux ordinaire.

Ce prix est excessif, vu l'abondance des denrées : il est vrai que ces endroits sont beaucoup plus honnêtes que nos meilleures auberges. Les domestiques de la maison sont à votre disposition ; on invite à dîner qui l'on veut ; on peut passer quelques jours à la campagne de l'hôte, se servir de sa voiture, tout cela sans payer.

Après dîner, je fus voir le gouverneur, monsieur de Tolback, vieillard de quatre-vingts ans, que son mérite avait placé à la tête de cette colonie depuis cinquante ans. Il m'invita à dîner pour le lendemain. Il avait appris ma position, et y parut sensible.

Je fus me promener ensuite au jardin de la Compagnie. Il est divisé en grands carrés arrosés par un ruisseau. Chaque carré est bordé d'une charmille de chêne de vingt pieds de hauteur. Ces palissades mettent les plantes à l'abri du vent, qui est toujours très-violent ; on a même eu la précaution de défendre les jeunes arbres des avenues par des éventails de roseau.

Je vis dans ce jardin des plantes de l'Asie et de l'Afrique, mais sur-tout des arbres de l'Europe couverts de fruits, dans une saison où je ne leur avais jamais vu de feuilles.

Je me rappelai qu'un officier de la marine du roi, appelé le vicomte du Chaila, m'avait donné en partant de l'Ile-de-France une lettre pour M. Berg, secrétaire du conseil. J'avais cette lettre dans ma poche, n'ayant pas eu le temps de la mettre avec mes autres papiers sur *l'Indien* : je fus saluer M. Berg ; et je lui remis la lettre de mon ami.

Il me reçut parfaitement bien, et m'offrit sa bourse. Je me servis de son crédit pour les choses dont j'avais un besoin indispensable. Je lui proposai de me faire passer sur un des vaisseaux de l'Inde : six partaient incessamment pour la Hollande, et les six autres au commencement de mars.

Il m'assura que la chose était impossible, qu'ils avaient, là-dessus, des défenses très-expresses de la Compagnie de Hollande. Le gouverneur m'en avait dit autant; il fallut donc se résoudre à rester au Cap aussi long-temps qu'il plairait à ma destinée. J'y avais été conduit par un événement imprévu; j'espérais en sortir par un autre.

C'était pour moi une distraction bien agréable qu'une société tranquille, un peuple heureux, et une terre abondante en toutes sortes de biens.

Le fils de M. Berg m'invita à venir à Constance, vignoble fameux situé à quatre lieues de là. Nous fûmes coucher à sa campagne, située derrière la montagne de la Table : il y a deux petites lieues de la ville. Nous y arrivâmes par une très-belle avenue de châtaigniers. Nous y vîmes des vignobles près d'être vendangés, des vergers, des bois de chênes, et une abondance extrême de fruits et de légumes.

Le lendemain, nous continuâmes notre route à Constance : c'est un coteau qui regarde le nord (qui est ici le côté du soleil à midi). En approchant, nous traversâmes un bois d'arbres d'argent; cet arbre ressemble à nos pins, et sa feuille à celle de nos saules. Elle est revêtue d'un duvet blanc très-éclatant.

Cette forêt paraît argentée. Lorsque les vents l'agitent et que le soleil l'éclaire, chaque feuille brille comme une lame de métal. Nous passâmes sous ces rameaux si riches et si trompeurs, pour voir des vignes moins éclatantes, mais bien plus utiles.

Une grande allée de vieux chênes nous conduisit au vignoble de Constance. On voit sur le frontispice de la maison une mauvaise peinture de la Constance, grande fille assez laide, qui s'appuie sur une colonne. Je croyais que c'était une figure allégorique de la vertu hollandaise : mais on me dit que c'était le portrait d'une demoiselle *Constantia*, fille d'un gouverneur du Cap. Il avait fait bâtir cette maison avec de larges fossés, comme un château fort. Il se proposait d'en élever les étages, mais des ordres d'Europe en arrêtèrent la construction.

Nous trouvâmes le maître de la maison, fumant sa pipe, en robe de chambre. Il nous mena dans sa cave, et nous fit goûter de son vin. Il était dans de petits tonneaux, appelés alverames, contenant quatre-vingt-dix pintes, rangés dans un soutérrain fort propre. Il en restait une trentaine. Sa vigne, année commune, en produit deux cents. Il vend le vin rouge 35 piastres l'alverame, et 30 le vin blanc. Ce bien lui appartient en propre. Il est seulement obligé d'en réserver un peu pour la Compagnie, qui le lui paie : voilà ce qu'il nous dit.

Après avoir goûté son vin, nous fûmes dans son vignoble. Le raisin muscat, que je goûtai, me parut parfaitement semblable au vin que je venais de boire. Les vignes n'ont point d'échalas, et les grappes sont peu élevées sur le sol. On les laisse mûrir jusqu'à ce que les grains soient à moitié confits par le soleil. Nous goûtâmes une autre espèce de raisins fort doux, qui ne sont pas muscats. On en tire un vin aussi cher, qui est un excellent cordial.

La qualité du vin de Constance vient de son terroir. On a planté des mêmes ceps, à la même exposition, à un quart de lieue de là, dans un endroit appelé le Bas-Constance : il y a dégénéré. J'en ai goûté. Le prix, ainsi que le goût, en est très-inférieur, on ne le vend que 12 piastres l'alverame ; des fripons du Cap en attrapent quelquefois les étrangers.

Auprès du vignoble est un jardin immense ; j'y vis la plupart de nos arbres fruitiers en haies et en charmilles, chargés de fruits. Ces fruits sont un peu inférieurs aux nôtres, quant au goût, excepté le raisin que je préférerais. Les oliviers ne s'y plaisent pas.

Nous trouvâmes au retour de la promenade un ample déjeuner, l'hôtesse nous combla d'amitiés ; elle descendait d'un Français réfugié ; elle paraissait ravie de voir un homme de son pays. Le mari et la femme me montrèrent devant la maison un gros chêne creux, dans lequel ils dînaient quelquefois. Ils étaient unis comme Philémon et Baucis, et ils paraissaient aussi heureux, si ce n'est que le mari avait la goutte, et que la femme pleurait quand on parlait de la France.

Depuis Constance jusqu'au Cap, on voyage dans une plaine inculte couverte d'arbrisseaux et de plantes. Nous nous arrêtâmes à Neuhausen, jardin de la Compagnie, distribué comme celui de la ville, mais plus fertile. Toute cette partie n'est pas exposée au vent comme le territoire du Cap, où il élève tant de poussière, que la plupart des maisons ont de doubles châssis aux fenêtres, pour s'en garantir. Le soir, nous arrivâmes à la ville.

A quelques jours de là, mon hôte, M. Nedling, m'engagea à venir à sa campagne, située auprès de celle de M. Berg. Nous partîmes dans sa voiture, attelée de six chevaux. Nous y passâmes plusieurs jours dans un repos délicieux. La terre était jonchée de pêches, de poires et d'oranges, que personne ne recueillait ; les promenades étaient ombragées des plus beaux arbres. J'y mesurai un chêne de onze pieds de circonférence ; on prétend que c'est le plus ancien qu'il y ait dans le pays.

Le 3 février, mon hôte proposa à quelques Hollandais d'aller sur Tableberg, montagne escarpée au pied de laquelle la ville paraît située. Je me mis de la partie. Nous partîmes à pied, à deux heures après minuit. Il faisait un très-beau clair de lune. Nous laissâmes à droite un ruisseau qui vient de la montagne, et nous dirigeâmes notre route à une ouverture qui est au milieu, et qui ne paraît, de la ville, que comme une lézarde à une grande muraille. Chemin faisant, nous entendîmes hurler des loups, et nous tirâmes quelques coups de fusil en l'air pour les écarter. Le sentier est rude jusqu'au pied de l'escarpement de la montagne, mais il le devient ensuite bien davantage. Cette fente qui paraît dans la Table, est une séparation oblique qui a plus d'une portée de fusil de largeur à son entrée inférieure ; dans le haut, elle n'a pas deux toises. Ce ravin est une espèce d'escalier très-roide, rempli de sable et de roches roulées. Nous le grimpâmes, ayant à droite et à gauche des escarpements du roc, de plus de deux cents pieds de hauteur. Il en sort de grosses masses de pierres toutes prêtes à s'ébouler : l'eau suinte des fentes, et y entretient une multitude de plantes aromatiques. Nous entendîmes dans ce passage les hurlements des bavians, sorte de gros singe, qui ressemble à l'ours.

Après trois heures et demie de fatigue, nous parvînmes sur la Table. Le soleil se levait de dessus la mer, et ses rayons blanchissaient, à notre droite, les sommets escarpés du Tigre, et de quatre autres chaînes de montagnes, dont la plus éloignée paraît la plus élevée. A gauche, un peu derrière nous, nous voyions, comme sur un plan ; l'île des Pingoins, ensuite Constance, la baie de False et la montagne du Lion; devant nous, l'île Roben. La ville était à nos pieds. Nous en distinguions jusqu'aux plus petites rues. Les vastes carrés du jardin de la Compagnie, avec ses avenues de chênes et ses hautes charmilles, ne paraissaient que des plates-bandes avec leurs bordures en buis; la citadelle un petit pentagone grand comme la main, et les vaisseaux des Indes des coques d'amande. Je sentais déjà quelque orgueil de mon élévation, lorsque je vis des aigles qui planaient à perte de vue au-dessus de ma tête.

Il aurait été impossible, après tout, de n'avoir pas quelque mépris pour de si petits objets, et sur-tout pour les hommes, qui nous paraissaient comme des fourmis, si nous n'avions pas eu les mêmes besoins. Mais nous avions froid, et nous nous sentions de l'appétit. On alluma du feu, et nous déjeunâmes. Après déjeuner, nos Hollandais mirent la nappe au bout d'un bâton, pour donner un signal de notre arrivée; mais ils l'ôtèrent une demi-heure après, parce qu'on la prendrait, disaient-ils, pour un pavillon français.

Le sommet de Tableberg est un rocher plat, qui me parut avoir une demi-lieue de longueur sur un quart de largeur. C'est une espèce de quartz blanc, revêtu seulement, par endroits, d'un pouce ou deux de terre noire végétale, mêlée de sable et de gravier blanc. Nous trouvâmes quelques petites flaques d'eau, formées par les nuages qui s'y arrêtent souvent.

Les couches de cette montagne sont parallèles; je n'y ai trouvé aucun fossile. Le roc inférieur est une espèce de grès qui, à l'air, se décompose en sable. Il y en a des morceaux qui ressemblent à des morceaux de pain avec leur croûte.

Quoique le sol du sommet n'ait presque aucune profondeur, il y avait une quantité prodigieuse de plantes.

J'y recueillis dix espèces d'immortelles, de petits myrtes, une fougère d'une odeur de thé, une fleur semblable à l'impériale d'un beau ponceau, et plusieurs autres dont j'ignore les noms. J'y trouvai une plante dont la fleur est rouge et sans odeur; on la prendrait pour une tubéreuse; chaque tige a deux ou trois feuilles tournées en cornet, et contenant un peu d'eau. La plus singulière de toutes, parce qu'elle ne ressemble à aucun végétal que j'aie vu, est une fleur ronde en rose, de la grandeur d'un louis, tout-à-fait plate. Cette fleur brille des plus jolies couleurs; elle n'a ni tige ni feuilles; elle croît en quantité sur le gravier, où elle ne tient que par des filets imperceptibles. Quand on la manie, on ne trouve qu'une substance glaireuse.

Voici cinq plantes entières qui affectent, dans leur configuration, une ressemblance avec une seule partie de ce qui est commun aux autres : 1º Le nostoc, qui n'est qu'une *sève ;* 2º un chevelu qui croît sur les orties, et qui ressemble aux *filaments* d'une racine ; 3º le lichen, semblable à une *feuille ;* 4º la *fleur* isolée de Tableberg ; 5º la truffe d'Europe, qui est un *fruit.* Je pourrais y joindre la *racine* de la grotte de l'Ile-de-France ; si ce n'était pas le seul exemple que j'aie à apporter.

Je serais très-disposé à croire que la nature a suivi le même plan dans les animaux. J'en connais plusieurs, sur-tout des marins, qui ressemblent, pour la forme, à des membres d'animaux.

J'arrivai, en me promenant, à l'extrémité de la Table : de là je saluai l'Océan atlantique, car on n'est plus dans la mer des Indes après avoir doublé le Cap. Je rendis hommage à la mémoire de Vasco de Gama, qui osa, le premier, doubler ce promontoire des tempêtes. Il eût mérité que les marins de toutes les nations y eussent placé sa statue, et j'y eusse fait volontiers une libation de vin de Constance, pour sa patience héroïque. Il est douteux cependant que Gama soit le premier navigateur qui ait ouvert cette route au commerce des Indes. Pline rapporte qu'Hannon fit le tour depuis la mer d'Espagne jusqu'en Arabie, comme on peut le voir, dit-il, dans les Mémoires de ce voyage, qu'il a laissés par écrit. Cornelius Nepos dit avoir vu un capitaine de navire, qui, fuyant la colère du roi Lathyrus, vint de la mer Rouge en Espagne. Long-temps auparavant, Cœlius Antipater assurait qu'il avait connu un marchand espagnol qui allait, par mer, trafiquer jusques en Éthiopie.

Quoi qu'il en soit, le Cap, si redouté des marins par sa mer orageuse, est une grande montagne située à 16 lieues d'ici, et qui a donné son nom à cette ville, malgré son éloignement. Elle termine la pointe la plus méridionale de l'Afrique. Elle est, dans les traités, un point de démarcation : au delà, les prises navales sont encore légitimes plusieurs mois après que les princes sont d'accord en Europe. Elle a vu souvent la paix à sa droite, et la guerre à sa gauche entre les mêmes pavillons; mais elle les a vus plus souvent se réunir dans ses rades, et y être en bonne intelligence, lorsque la discorde troublait les deux hémisphères. J'admirais cet heureux rivage que jamais la guerre n'a désolé, et qui est habité par un peuple utile à tous les autres par les ressources de son économie et l'étendue de son commerce. Ce n'est pas le climat qui fait les hommes. Cette nation sage et paisible ne doit point ses mœurs à son territoire : la piraterie, les guerres civiles agitent les régences d'Alger, de Maroc, de Tripoli; et les Hollandais ont porté l'agriculture et la concorde à l'autre extrémité de l'Afrique.

J'amusais ma promenade par ces réflexions si

douces, et si rares à faire dans aucun lieu de la terre : mais la chaleur du soleil m'obligea de chercher un abri. Il n'y en a point d'autre qu'à l'entrée du ravin. J'y trouvai mes camarades auprès d'une petite source où ils se reposaient. Comme ils s'ennuyaient, on décida le retour. Il était midi. Nous descendîmes, quelques-uns se laissant glisser assis, d'autres accroupis sur les mains et sur les pieds. Les roches et les sables s'échappaient dessous nos pas. Le soleil était presque à pic, et ses rayons réfléchis par les rochers collatéraux, faisaient éprouver une chaleur insupportable. Souvent nous quittions le sentier, et courions nous cacher à l'ombre pour respirer sous quelque pointe de roc. Les genoux me manquaient ; j'étais accablé de soif. Nous arrivâmes vers le soir à la ville. Madame Nedling nous attendait. Les rafraîchissements étaient prêts. C'était de la limonade, où l'on avait mis de la muscade et du vin. Nous en bûmes sans danger. Je fus me coucher. Jamais voyage ne me fit tant de plaisir, et jamais le repos ne me parut si agréable.

Je suis, etc.

Au Cap, ce 6 février 1771.

LETTRE XXII.

QUALITÉS DE L'AIR ET DU SOL DU CAP DE BONNE-ESPÉRANCE ; PLANTES, INSECTES ET ANIMAUX.

L'air du cap de Bonne-Espérance est très-sain. Il est rafraîchi par les vents du sud-est, qui y sont si froids, même au milieu de l'été, qu'on y porte en tout temps des habits de drap. Sa latitude est cependant par le 33ᵉ degré sud. Mais je suis persuadé que le pôle austral est plus froid que le septentrional.

Il règne peu de maladies au Cap. Le scorbut s'y guérit très-vite, quoiqu'il n'y ait pas de tortues de mer. En revanche, la petite-vérole y fait des ravages affreux. Beaucoup d'habitants en sont profondément marqués. On prétend qu'elle y fut apportée par un vaisseau danois. La plupart des Hottentots qui en furent atteints, en moururent. Depuis ce temps, ils sont réduits à un très-petit nombre, et ils viennent rarement à la ville.

Le sol du Cap est un gravier sablonneux, mêlé d'une terre blanche. J'ignore s'il renferme des minéraux précieux. Les Hollandais tiraient autrefois de l'or de Lagoa, sur le canal de Mozambique. Ils y avaient même un établissement, mais ils l'ont abandonné à cause du mauvais air.

J'ai vu chez le major de la place une terre sulfureuse où se trouvent des morceaux de bois réduits en charbon, une véritable pierre à plâtre, des cubes noirs de toutes les grandeurs, amalgamés sans avoir perdu leur forme ; on croit que c'est une mine de fer.

Je n'y ai vu aucun arbre du pays que l'arbre d'or et l'arbre d'argent, dont le bois est à peine bon à brûler. Le premier ne diffère du second que par la couleur de sa feuille, qui est jaune. Il y a, dit-on, des forêts dans l'intérieur, mais ici la terre est couverte d'un nombre infini d'arbrisseaux et de plantes à fleurs. Ceci confirme l'opinion où je suis qu'elles ne réussissent bien que dans les pays tempérés, leur calice étant formé pour rassembler une chaleur modérée.* Dans le nombre des plantes qui m'ont paru les plus remarquables, indépendamment de celles que j'ai décrites précédemment, sont : une fleur rouge, qui ressemble à un papillon, avec un panache, des pattes, quatre ailes, et une queue ; une espèce d'hyacinthe à longue tige, dont toutes les fleurs sont adossées au sommet comme les fleurons de

* Voyez les Entretiens sur la végétation.

l'impériale ; une autre fleur bulbeuse, croissant dans les marais : elle est semblable à une grosse tulipe rouge, au centre de laquelle est une multitude de petites fleurs.

Un arbrisseau, dont la fleur ressemble à un gros artichaut couleur de chair. Un autre arbrisseau commun, dont on fait de très-belles haies : ses feuilles sont opposées sur une côte ; il se charge de grappes de fleurs papilionacées couleur de rose ; il leur succède des graines légumineuses. J'en ai apporté pour les planter en France. *

J'ai vu dans les insectes une belle sauterelle rouge, marbrée de noir; des papillons fort beaux, et un insecte fort singulier : c'est un petit scarabée brun, il court assez vite ; quand on veut le saisir, il lâche avec bruit un vent, suivi d'une petite fumée : si le doigt en est atteint, cette vapeur le marque d'une tache brune, qui dure quelques jours. Il répète plusieurs fois de suite son artillerie. On l'appelle le *canonnier*.

Les colibris n'y sont pas rares. J'en ai vu un gros comme une noix, d'un vert changeant sur le ventre. Il avait un collier de plumes rouges, brillantes comme des rubis sur l'estomac, et des ailes brunes comme un moineau : c'était comme un surtout sur son beau plumage. Son bec était

*. A mon arrivée, j'en ai remis des plantes au Jardin du Roi où elles végétaient très-bien dans l'été de 1772; elles avaient passé dans la serre l'hiver précédent.

noir, assez long, et propre, par sa courbure, à chercher le miel dans le sein des fleurs; il en tirait une langue fort menue et fort longue. Il vécut plusieurs jours. Je lui vis manger des mouches et boire de l'eau sucrée. Mais comme il s'avisa de se baigner dans la coupe qui renfermait cette eau, ses plumes se collèrent, et attirèrent les fourmis, qui le mangèrent pendant la nuit.

J'y ai vu des oiseaux couleur de feu, avec le ventre et la tête comme du velours noir : l'hiver ils deviennent tout bruns. Il y en a qui changent de couleur trois fois l'an. Il y a aussi un oiseau de paradis ; mais je ne l'ai pas trouvé si beau que celui d'Asie. Je n'ai pas vu cette espèce vivante. *L'ami du jardinier,* et une espèce de tarin, se trouvent fréquemment dans les jardins. L'ami du jardinier mériterait bien d'être transporté en Europe, où il rendrait de grands services à nos végétaux. Je l'ai vu s'occuper constamment à prendre des chenilles et à les accrocher aux épines des buissons.

Il y a des aigles, et un oiseau qui lui ressemble beaucoup. On l'appelle le *secrétaire*, parce qu'il a autour du cou une fraise de longues plumes propres à écrire. Il a cela de singulier, qu'il ne peut se tenir debout sur ses jambes, qui sont longues et couvertes d'écailles. Il ne vit que de serpents. La longueur de ses pattes cuirassées le rend très-propre à les saisir, et cette fraise de plumes lui met le cou et la tête à l'abri de leurs morsures. Cet oiseau mériterait bien aussi d'être naturalisé chez nous. L'autruche y est très-commune : on m'en a offert de jeunes pour un écu. J'ai mangé de leurs œufs, qui sont moins bons que ceux des poules. J'y ai vu aussi le casoar, couvert de poils au lieu de plumes; ces poils sont des plumes très-fines qui sortent deux à deux du même tuyau. Il y a une quantité prodigieuse d'oiseaux marins dont j'ignore les noms et les mœurs. Le pingoin pond des œufs fort estimés; mais je n'y ai rien trouvé de merveilleux. Ils ont cela de singulier, que le blanc, étant cuit, reste toujours transparent.

La mer abonde en poisson, qui m'a paru supérieur à celui des îles, mais inférieur à celui d'Europe. On trouve sur ses rivages quelques coquilles, des nautiles papiracés, des têtes-de-Méduse, des lépas, et de fort beaux lithophytes, que l'on arrange sur des papiers, où ils représentent de fort jolis arbres, bruns, aurore et pourprés. On les vend aux voyageurs. J'y ai vu un poisson de la grandeur et de la forme d'une lame de couteau flamand. Il était argenté, et marqué naturellement, de chaque côté, de l'impression de deux doigts. Il y a des veaux marins, des baleines, des vaches marines, des morues, et une grande variété d'espèces de poissons ordinaires, mais dont je ne vous parlerai point, faute d'observations et de connaissances suffisantes dans l'ichthyologie.

Il y a une espèce fort commune de petites tortues de montagne à écaille jaune marquetée de noir; on n'en fait aucune sorte d'usage. Il y a des porcs-épics, et des marmottes d'une forme différente des nôtres; une grande variété de cerfs et de chevreuils, des ânes sauvages, des zèbres, etc. Un ingénieur anglais y a tué, il y a quelques années, une girafe ou caméléopard, animal de seize pieds de hauteur, qui broute les feuilles des arbres.

Le bavian est un gros singe fait comme un ours. Le singe paraît se lier dans la nature avec toutes les classes animales. Je me souviens d'avoir vu un sapajou qui avait la tête et la crinière d'un lion. Celui de Madagascar, appelé maki, ressemble à une levrette; l'orang-outang à un homme.

Tous les jours on y découvre des animaux d'une espèce inconnue en Europe; il semble qu'ils se soient réfugiés dans les parties du globe les moins fréquentées par l'homme, dont le voisinage leur est toujours funeste. On en peut dire autant des plantes, dont les espèces sont d'autant plus variées, que le pays est moins cultivé. M. de Tolback m'a conté qu'il avait envoyé en Suède, à M. Linnæus, quelques plantes du Cap, si différentes des plantes connues, que ce fameux naturaliste lui écrivit :

Vous m'avez fait le plus grand plaisir; mais vous avez dérangé tout mon système.

Il y a de bons chevaux au Cap, et de fort beaux ânes. Les bœufs y ont une grosse loupe sur le cou, formée de graisse entrelacée de petits vaisseaux. Au premier coup-d'œil, cette excroissance paraît une monstruosité; mais on voit bientôt que c'est un réservoir de substance que la nature a donné à cet animal, destiné, en Afrique, à vivre dans des pâturages brûlés. Dans la saison sèche, il maigrit, et sa loupe diminue; elle se remplit de nouveaux sucs lorsqu'il paît des herbes fraîches. D'autres animaux qui paissent sous le même climat, ont aussi les mêmes avantages : le chameau a une bosse, et le dromadaire en a deux en forme de selle; le mouton a une grosse queue faite en capuchon, qui n'est qu'une masse de suif de plusieurs livres.

On a dressé ici les bœufs à courir presque aussi vite que les chevaux avec les charrettes auxquelles ils sont attelés.

Le mouton et le bœuf sont si communs, qu'on en jette, aux boucheries, la tête et les pieds; ce qui attire, la nuit, les loups jusque dans la ville; souvent je les entends hurler aux environs. Pline observe que les lions d'Europe, qui se trouvent en Romanie, sont plus adroits et plus forts que ceux d'Afrique; et les loups d'Afrique et d'Égypte sont, dit-il, petits et de peu d'exécution. En effet, les loups du Cap sont bien moins dangereux que les nôtres. Je pourrais ajouter à cette observation, que cette supériorité s'étend aux hommes mêmes de notre continent : nous avons plus d'esprit et de courage que les Asiatiques et les Nègres. Mais il me semble que ce serait une louange plus digne de nous, de les surpasser en justice, en bonté, et en qualités sociales.

Le tigre est plus dangereux que le loup ; il est rusé comme le chat, mais il n'a pas de courage : les chiens l'attaquent hardiment.

Il n'en est pas de même du lion. Dès qu'ils ont éventé sa voie, la frayeur les saisit. S'ils le voient, ils l'arrêtent ; mais ils ne l'approchent pas. Les chasseurs le tirent avec des fusils d'un très-gros calibre. J'en ai manié quelques-uns ; il n'y a guère qu'un paysan du Cap qui puisse s'en servir.

On ne trouve de lions qu'à soixante lieues d'ici ; cet animal habite les forêts de l'intérieur ; son rugissement ressemble de loin au bruit sourd du tonnerre. Il attaque peu l'homme, qu'il ne cherche ni n'évite ; mais si un chasseur le blesse, il le choisit au milieu des autres, et s'élance sur lui avec une fureur implacable. La Compagnie donne, pour cette chasse, des permissions et des récompenses.

Voici un fait dont j'ai pour garants le gouverneur, M. de Tolback, M. Berg, le major de la place, et les principaux habitants du lieu.

On trouve à soixante lieues du Cap, dans les terres incultes, une quantité prodigieuse de petits cabris. J'en ai vu à la ménagerie de la Compagnie; ils ont deux petites dagues sur la tête ; leur poil est fauve avec des taches blanches. Ces animaux paissent en si grand nombre, que ceux qui marchent en avant dévorent toute la verdure de la campagne et deviennent fort gras, tandis que ceux qui suivent ne trouvent presque rien, et sont très-maigres. Ils marchent ainsi en grandes colonnes jusqu'à ce qu'ils soient arrêtés par quelque chaîne de montagnes; alors ils rebroussent chemin, et ceux de la queue trouvant à leur tour des herbes nouvelles, réparent leur embonpoint, tandis que ceux qui marchaient devant le perdent. On a essayé d'en former des troupeaux; mais ils ne s'apprivoisent jamais. Ces armées innombrables sont toujours suivies de grandes troupes de lions et de tigres, comme si la nature avait voulu assurer une subsistance aux bêtes féroces. On ne peut guère douter, sur la foi des hommes que j'ai nommés, qu'il n'y ait des armées de lions dans l'intérieur de l'Afrique; d'ailleurs la tradition hollandaise est conforme à l'histoire. Polybe dit, qu'étant avec Scipion en Afrique, il vit un grand nombre de lions qu'on avait mis en croix pour éloigner les autres des villages. Pompée, dit Pline, en mit à-la-fois six cents aux combats du Colisée ; il y en avait trois cent quinze mâles. Il y a quelque cause physique qui semble réserver l'Afrique aux animaux. On peut présumer que c'est la disette d'eau, laquelle a empêché les hommes de s'y multiplier et d'y former de grandes nations comme en Asie. Dans une si grande étendue de côtes, il ne sort qu'un petit nombre de rivières peu considérables. Les animaux qui paissent, peuvent se passer longtemps de boire. J'ai vu, sur des vaisseaux, des moutons qui ne buvaient que tous les huit jours, quoiqu'ils vécussent d'herbes sèches.

Les Hollandais ont formé des établissements à trois cents lieues le long de l'Océan, et à cent cinquante sur le canal de Mozambique; ils n'en ont guère à plus de cinquante lieues dans les terres. On prétend que cette colonie peut mettre sous les armes quatre ou cinq mille blancs; mais il serait difficile de les rassembler. Ils en augmenteraient bientôt le nombre, s'ils permettaient l'exercice libre des religions. La Hollande craint peut-être pour elle-même l'accroissement de cette colonie, préférable en tout à la métropole. L'air y est pur et tempéré; tous les vivres y abondent; un quintal de blé n'y vaut que 5 fr.; dix livres de mouton 12 sous; une lègre de vin contenant deux barriques et demie, 150 l. On perçoit sur ces ventes qui se font aux étrangers, des droits considérables; l'habitant vit à beaucoup meilleur marché.

Ce pays donne encore au commerce, des

peaux de mouton, de bœuf, de veau marin, de tigre; de l'aloès, des salaisons, du beurre, des fruits secs, et toutes sortes de comestibles. On a essayé inutilement d'y planter le café et la canne à sucre; les végétaux de l'Asie n'y réussissent pas. Le chêne y croît vite, mais il ne vaut rien pour les constructions, il est trop tendre. Le sapin n'y vient pas. Le pin s'y élève à une hauteur médiocre. Ce pays aurait pu devenir, par sa position, l'entrepôt du commerce de l'Asie; mais les arsenaux de la marine sont dans le nord de l'Europe. D'ailleurs sa rade est peu sûre, et sa relâche est toujours périlleuse. J'ai vu dans cette saison, qui est la plus belle de l'année, plusieurs vaisseaux forcés d'appareiller. Après tout, il doit remercier la nature, qui lui a donné tout ce qui était nécessaire aux besoins des Européens, de n'y avoir pas ajouté ce qui pouvait servir à leurs passions.

Au Cap de Bonne-Espérance, ce 10 février 1771.

LETTRE XXIII.

ESCLAVES, HOTTENTOTS, HOLLANDAIS.

L'abondance du pays se répand sur les esclaves. Ils ont du pain et des légumes à discrétion. On distribue à deux noirs un mouton par semaine. Ils ne travaillent point le dimanche. Ils couchent sur des lits avec des matelas et des couvertures. Les hommes et les femmes sont chaudement vêtus. Je parle de ces choses comme témoin, et pour l'avoir su de plusieurs noirs que les Français avaient vendus aux Hollandais, pour les punir, disaient-ils, mais dans le fond pour y profiter. Un esclave coûte ici une fois plus qu'à l'Ile-de-France; l'homme y est donc une fois plus précieux. Le sort de ces noirs serait préférable à celui de nos paysans d'Europe, si quelque chose pouvait compenser la liberté.

Le bon traitement qu'ils éprouvent influe sur leur caractère. On est étonné de leur trouver le zèle et l'activité de nos domestiques. Ce sont cependant ces mêmes insulaires de Madagascar, qui sont si indifférents pour leurs maîtres dans nos colonies.

Les Hollandais tirent encore des esclaves de Batavia. Ce sont des Malais, nation très-nombreuse de l'Asie, mais peu connue en Europe. Elle a une langue et des usages qui lui sont particuliers. Ils sont plus laids que les nègres, dont ils ont les traits. Leur taille est plus petite, leur peau est d'un noir cendré, leurs cheveux sont longs, mais peu fournis. Ces Malais ont les passions très-violentes.

Les Hottentots sont les naturels du pays ; ils sont libres. Ils ne sont point voleurs, ne vendent point leurs enfants, et ne se réduisent point entre eux à l'esclavage. Chez eux l'adultère est puni de mort : on lapide le coupable. Quelques-uns se louent comme domestiques pour une piastre par an, et servent les habitants avec tant d'affection, qu'ils exposent souvent leur vie pour eux. Ils ont pour arme la demi-lance ou zagaie.

L'administration du Cap ménage beaucoup les Hottentots. Lorsqu'ils portent des plaintes contre quelque Européen, ils sont favorablement écoutés, la présomption devant être en faveur de la nation qui a le moins de désirs et de besoins.

J'en ai vu plusieurs venir à la ville, en conduisant des chariots attelés quelquefois de huit paires de bœufs. Ils ont des fouets d'une longueur prodigieuse, qu'ils manient à deux mains.

Le cocher, de dessus son siége, en frappe avec une égale adresse la tête ou la queue de son attelage.

Les Hottentots sont des peuples pasteurs; ils vivent égaux, mais dans chaque village ils choisissent, entre eux, deux hommes auxquels ils donnent le titre de capitaine et de caporal, pour régler les affaires de commerce avec la Compagnie. Ils vendent leurs troupeaux à très-bon marché. Ils donnent trois ou quatre moutons pour un morceau de tabac. Quoiqu'ils aient beaucoup de bestiaux, ils attendent souvent qu'ils meurent pour les manger.

Ceux que j'ai vus avaient une peau de mouton sur leurs épaules, un bonnet et une ceinture de la même étoffe. Ils me firent voir comment ils se couchaient. Ils s'étendaient nus sur la terre, et leur manteau leur servait de couverture.

Ils ne sont pas si noirs que les nègres. Ils ont cependant comme eux le nez aplati, la bouche grande et les lèvres épaisses. Leurs cheveux sont plus courts et plus frisés; ils ressemblent à une ratine. J'ai observé que leur langage est très-singulier, en ce que chaque mot qu'ils prononcent est précédé d'un claquement de langue, ce qui leur a, sans doute, fait donner le nom de Chocchoquas, qu'ils portent sur d'anciennes cartes de M. de Lisle. On croirait en effet qu'ils disent toujours chocchoq.

Quant au tablier des femmes hottentotes, c'est

une fable dont tout le monde m'a attesté la fausseté ; elle est tirée du voyageur Kolben, qui en est rempli.

Une observation plus sûre est celle de Pline, qui remarque que les animaux sont plus imbécilles à proportion que leur sang est plus gras. Les plus forts animaux ont, dit-il, le sang plus épais, et les sages l'ont plus subtil. J'ai remarqué en effet sur des noirs blessés que leur sang se caillait très-promptement. J'attribuerais volontiers à cette cause la supériorité des blancs sur les noirs.

Indépendamment des esclaves et des Hottentots, les Hollandais attachent encore à leur service des engagés. Ce sont des Européens auxquels la Compagnie fait des avances, et que les habitants prennent chez eux, en rendant à l'administration ce qu'elle a déboursé.

Ils sont, pour l'ordinaire, économes sur les habitations. On est assez content d'eux les premières années ; mais l'abondance où ils vivent les rend paresseux.

On ne donne point à jouer au Cap ; on n'y fait point de visites. Les femmes veillent sur leurs domestiques et sur leur maison, dont les meubles sont d'une propreté extrême. Le mari s'occupe des affaires du dehors. Le soir, toute la famille réunie se promène et respire le frais, lorsque la brise est tombée. Chaque jour ramène les mêmes plaisirs et les mêmes affaires.

L'union la plus tendre règne entre les parents. Le frère de mon hôtesse était un paysan du Cap, venu de soixante-dix lieues de là. Cet homme ne disait mot, et était presque toujours assis à fumer sa pipe. Il avait avec lui un fils, âgé de dix ans, qui se tenait constamment auprès de lui. Le père mettait la main contre sa joue et le caressait sans lui parler; l'enfant, aussi silencieux que le père, serrait ses grosses mains dans les siennes, en le regardant avec des yeux pleins de la tendresse filiale. Ce petit garçon était vêtu comme on l'est à la campagne. Il avait dans la maison un parent de son âge habillé proprement; ces deux enfants allaient se promener ensemble avec la plus grande intimité. Le bourgeois ne méprisait pas le paysan, c'était son cousin.

J'ai vu mademoiselle Berg, âgée de seize ans, diriger seule une maison très-considérable. Elle recevait les étrangers, veillait sur les domestiques, et maintenait l'ordre dans une famille nombreuse, d'un air toujours satisfait. Sa jeunesse, sa beauté, ses grâces, son caractère, réunissaient en sa faveur tous les suffrages; cependant, je n'ai jamais remarqué qu'elle y fît attention. Je lui disais un jour qu'elle avait beaucoup d'amis : j'en ai un grand, me dit-elle, c'est mon père.

Le plaisir de ce conseiller était de s'asseoir, au retour de ses affaires, au milieu de ses enfants. Ils se jetaient à son cou, les plus petits lui embrassaient les genoux; ils le prenaient pour juge de leurs querelles ou de leurs plaisirs, tandis que la fille aînée excusant les uns, approuvant les autres, souriant à tous, redoublait la joie de ce cœur paternel. Il me semblait voir l'Antiope d'Idoménée.

Ce peuple, content du bonheur domestique que donne la vertu, ne l'a pas encore mis dans des romans et sur le théâtre. Il n'y a pas de spectacles au Cap, et on ne les désire pas : chacun en voit dans sa maison de fort touchants. Des domestiques heureux, des enfants bien élevés, des femmes fidèles : voilà des plaisirs que la fiction ne donne pas. Ces objets ne fournissent guère à la conversation, aussi on y parle peu. Ce sont des gens mélancoliques qui aiment mieux sentir que raisonner. Peut-être aussi, faute d'événements, n'a-t-on rien à dire ; mais qu'importe que l'esprit soit vide, si le cœur est plein, et si les douces émotions de la nature peuvent l'agiter, sans être excitées par l'artifice, ou contraintes par de fausses bienséances ?

Lorsque les filles du Cap deviennent sensibles, elles l'avouent naïvement. Elles disent que l'amour est un sentiment naturel, une passion douce qui doit faire le charme de leur vie, et les dédommager du danger d'être mères : mais elles veulent choisir l'objet qu'elles doivent toujours aimer. Elles respecteront, disent-elles, étant femmes, les liens qu'elles se sont préparés étant filles.

Elles ne font point un mystère de l'amour ; elles l'expriment comme elles le sentent. Etes-vous aimé? vous êtes accepté, distingué, fêté, chéri publiquement. J'ai vu mademoiselle Nedling pleurer le départ de son amant ; je l'ai vue préparer, en soupirant, les présents qui devaient être les gages de sa tendresse. Elle n'en cherchait pas de témoins, mais elle ne les fuyait pas.

Cette bonne foi est ordinairement suivie d'un mariage heureux. Les garçons portent la même franchise dans leurs procédés. Ils reviennent d'Europe pour remplir leurs promesses ; ils reparaissent avec le mérite du danger, et d'un sentiment qui a triomphé de l'absence : l'estime se joint à l'amour, et nourrit, toute la vie, dans ces ames constantes, le désir de plaire, qu'ailleurs on porte chez ses voisins.

Quelque heureuse que soit leur vie avec des mœurs si simples et sur une terre si abondante, tout ce qui vient de la Hollande leur est toujours cher. Leurs maisons sont tapissées des vues d'Amsterdam, de ses places publiques et de ses environs. Ils n'appellent la Hollande que la patrie ; des étrangers même à leur service n'en parlent jamais autrement. Je demandais à un Suédois, officier de la Compagnie, combien la flotte mettrait de temps à retourner en Hollande:

il nous faut, dit-il, trois mois pour nous rendre dans la patrie.

Ils ont une église fort propre, où le service divin se fait avec la plus grande décence. Je ne sais pas si la religion ajoute à leur félicité, mais on voit parmi eux des hommes dont les pères lui ont sacrifié ce qu'ils avaient de plus cher : ce sont les réfugiés français. Ils ont, à quelques lieues du Cap, un établissement appelé la petite Rochelle. Ils sont transportés de joie quand ils voient un compatriote, ils l'amènent dans leurs maisons, ils le présentent à leurs femmes et à leurs enfants, comme un homme heureux qui a vu le pays de leurs ancêtres, et qui doit y retourner. Sans cesse ils parlent de la France, ils l'admirent, ils la louent, et ils s'en plaignent comme d'une mère qui leur fut trop sévère. Ils troublent ainsi le bonheur du pays où ils vivent, par le regret de celui où ils n'ont jamais été.

On porte au Cap un grand respect aux magistrats, et sur-tout au gouverneur; sa maison n'est distinguée des autres que par une sentinelle, et par l'usage de sonner de la trompette lorsqu'il dîne. Cet honneur est attaché à sa place; d'ailleurs aucun faste n'accompagne sa personne. Il sort sans suite; on l'aborde sans difficulté. Sa maison est située sur le bord d'un canal ombragé par des chênes plantés devant sa porte. On y voit des portraits de Ruyter, de Tromp, ou de quelques hommes illustres de la Hollande. Elle est petite et simple, et convient au petit nombre de solliciteurs qui y sont appelés par leurs affaires ; mais celui qui l'habite est si aimé et si respecté, que les gens du pays ne passent point devant elle sans la saluer.

Il ne donne point de fêtes publiques ; mais il aide de sa bourse des familles honnêtes qui sont dans l'indigence. On ne lui fait point la cour ; si on demande justice, on l'obtient du conseil ; si ce sont des secours, ce sont des devoirs pour lui : on n'aurait à solliciter que des injustices.

Il est presque toujours maître de son temps, et il en dispose pour maintenir l'union et la paix, persuadé que ce sont elles qui font fleurir les sociétés. Il ne croit pas que l'autorité du chef dépende de la division des membres. Je lui ai ouï dire que la meilleure politique était d'être droit et juste.

Il invite souvent à sa table les étrangers. Quoique âgé de 80 ans, sa conversation est fort gaie ; il connaît nos ouvrages d'esprit et les aime. De tous les Français qu'il a vus, celui qu'il regrette davantage est l'abbé de La Caille. Il lui avait fait bâtir un observatoire ; il estimait ses lumières, sa modestie, son désintéressement, ses qualités sociales. Je n'ai connu que les ouvrages de ce savant ; mais en rapportant le tribut que des étrangers rendent à sa cendre, je me félicite de finir le portrait de ces hommes estimables par l'éloge d'un homme de ma nation.

LETTRE XXIV.

SUITE DE MON JOURNAL AU CAP.

JE fus invité par M. Serrurier, premier ministre des églises, à aller voir la bibliothèque. C'est un édifice fort propre. J'y remarquai sur-tout beaucoup de livres de théologie qui n'y ont jamais occasioné de disputes, car les Hollandais ne les lisent pas. A l'extrémité du jardin de la Compagnie, il y a une ménagerie où l'on voit une grande quantité d'oiseaux. Les pélicans que j'avais vus sur le rivage à mon arrivée, étaient les commensaux de cette maison; mais on les en avait chassés parce qu'ils mangeaient les petits canards. Ils allaient, le jour, pêcher dans la rade, et revenaient coucher le soir à terre.

Le 10 février, on signala un navire français; c'était *l'Alliance*, un de ceux que l'ouragan avait forcés d'appareiller de Bourbon. Il avait perdu son artimon dans la tempête. Il ne put nous donner aucune nouvelle de *l'Indien*. Il prit quelques vivres et continua sa route pour l'Amérique, sans réparer la perte de son mât. Les Hollandais en ont de grandes provisions qu'ils conservent en les enterrant dans le sable, mais ils les vendent fort cher. Le mât de misaine de *la Normande* lui coûta mille écus.

Le 11, *la Digue*, flûte du roi, partie de l'Ile-de-France il y avait un mois, vint relâcher pour faire quelques provisions. Je connaissais le capitaine, M. Le Fer. Il me dit qu'il ne serait pas plus de huit jours au mouillage, et que de là il ferait route pour Lorient. Je ne comptais plus revoir *l'Indien* ni mes effets; cette occasion me parut favorable; je résolus d'en profiter.

Je fis part de ma résolution à M. Berg et à M. de Tolback : ils me réitérèrent l'un et l'autre l'offre de leur bourse. Un soir, soupant chez le gouverneur, on parla du vin de Constance. M. de Tolback me demanda si je n'en emporterais pas en Europe. Je lui répondis naturellement que le désordre arrivé dans mon économie ne me permettait pas de faire cette emplette, à laquelle j'avais destiné une somme pour en faire présent à une personne à qui j'étais fort attaché. Il me dit qu'il voulait me tirer de cet embarras en me donnant une alverame de vin rouge ou blanc, ou toutes les deux à-la-fois si cela me faisait plaisir. Je lui répondis qu'une seule suffisait, et que je la présenterais de sa part à celui auquel je la destinais. «Non, dit-il, c'est vous à qui je la donne, »afin que vous vous souveniez de moi. Je ne vous

»demande, pour toute reconnaissance, que de
»m'écrire votre arrivée. » Il me l'envoya le lendemain. M. Berg, de son côté, à qui j'avais beaucoup parlé des honnêtetés que j'avais reçues de monsieur et de mademoiselle de Crémon, me dit qu'il se chargeait de ma reconnaissance, et qu'il leur enverrait de ma part vingt-quatre bouteilles de vin de Constance.

Dans une situation où je manquais de tout, je trouvais mon sort heureux d'avoir rencontré parmi des étrangers, des hommes si obligeants.

J'arrêtai avec le capitaine de *la Digue* mon passage en France, à raison de six cents livres. Il devait partir quelques jours après. J'usai avec beaucoup de circonspection, du crédit de M. Berg. Je me fis faire un habit uni et un peu de linge. C'était là tout l'équipage d'un officier qui revenait des Indes orientales. Non-seulement j'avais perdu tous mes effets, mais je me trouvais endetté de plus de quatorze cents livres.

A peine j'avais fait mes arrangements, que le vaisseau *l'Africain* vint mouiller au Cap; il venait y chercher des vivres; il était parti de l'Ile-de-France vers la mi-janvier. Il nous apportait des nouvelles de *l'Indien* : voici ce que nous en apprîmes.

Ce malheureux vaisseau avait perdu tous ses mâts dans la tempête; et après avoir tenu la mer plus d'un mois, il était enfin retourné à l'Ile-de-

France, en si mauvais état, qu'on l'avait désarmé. Il avait reçu des coups de mer par ses hauts, qui avaient mouillé une partie de sa cargaison, et inondé la sainte-barbe au point que les malles des passagers y flottaient. Un honnête homme, appelé M. de Moncherat, m'écrivait qu'il s'était chargé de visiter les miennes à leur arrivée, et qu'à l'exception de ce qui était dans ma chambre, il y avait eu peu de dommage.

On nous raconta un événement bien étrange arrivé sur *l'Indien*. Entre les mauvais sujets qui viennent à l'Ile-de-France, on y avait fait passer un homme de bonne maison, appelé M. de****. Il avait assassiné, en France, son beau-frère. Dans la traversée, il eut une querelle avec le subrécargue de son vaisseau. En arrivant à terre, en plein jour, sur la place publique, sans autre formalité, il le perça de son épée, et lui en rompit la lame dans le corps. Il s'enfuit dans les bois, d'où on le ramena en prison. Son procès fut fait, et il allait être condamné au supplice lorsqu'on fit, la nuit, un trou au mur de sa prison, par où il s'évada.

Cet événement était arrivé deux mois avant mon départ.

Pendant la tempête qu'essuya *l'Indien*, le mât de misaine rompit, et tomba à la mer. On se hâtait d'en couper les cordages, lorsqu'on vit au milieu des lames, un matelot accroché à la hune de ce mât flottant. Il criait : Sauvez-moi, sauvez-moi, je suis ****. En effet, c'était ce misérable. Au retour de *l'Indien* à l'Ile-de-France, on le fit encore évader. M. de Tolback disait à ce sujet : « Qui doit être pendu ne peut » pas se noyer. »

On n'avait reçu aucune nouvelle de *l'Amitié*, qui avait probablement péri.

Ce fut pour moi un grand bonheur de recevoir mes effets à la veille de mon départ, et de n'être plus sur *l'Indien*, qui probablement resterait long-temps à l'Ile-de-France.

La *Digue* différa son départ jusqu'au 2 mars. Je payai toute ma dépense avec mes lettres de change sur le trésor des colonies, à six mois de vue, et j'y perdis vingt-deux pour cent d'escompte.

Je pris congé du gouverneur, et de M. Berg, qui me donna beaucoup de curiosités naturelles. Je lui avais fait part de quelques-unes des miennes. Mademoiselle Berg me donna trois perruches à tête grise, grosses comme des moineaux ; elles venaient de Madagascar. Mon hôtesse me fit une provision de fruits, et me souhaita, en pleurant, ainsi que sa famille, un heureux voyage.

Je quittai à regret de si bonnes gens, et ces jardins d'arbres fruitiers d'Europe, que je laissais, au mois de mars, chargés de fruits. J'avais cependant un grand plaisir à imaginer que j'allais les retrouver couverts de fleurs en Europe, et que dans un an j'aurais eu deux étés sans hiver; mais, ce qui vaut encore mieux que les beaux pays et les douces saisons, j'allais revoir ma patrie et mes amis.

LETTRE XXV.

DÉPART DU CAP; DESCRIPTION DE L'ASCENSION.

Le 2 mars, à deux heures après midi, nous appareillâmes avec six vaisseaux de la flotte de Batavia. Les six autres étaient partis il y avait quinze jours. Nous sortîmes par la deuxième ouverture de la baie, laissant l'île Roben à gauche. Nous dépassâmes bien vite les navires hollandais. Ils vont de compagnie jusqu'à la hauteur des Açores, où deux vaisseaux de guerre de leur nation les attendent pour les convoyer jusqu'en Hollande.

Les marins regardent le Cap comme le tiers du chemin de l'Ile-de-France en Europe : ils comptent un autre tiers, du Cap au passage de la Ligne inclusivement; le troisième est pour le reste de la route.

Huit jours après notre départ, pendant que nous étions sur le pont, après dîner, dans une parfaite sécurité, on vit sortir une grande flamme de la cheminée de la cuisine; elle s'élevait jusqu'à la hauteur de l'écoute de misaine. Tout le monde courut sur l'avant. Ce ne fut qu'une terreur panique : un cuisinier maladroit avait répandu des graisses dans le foyer de sa cuisine. On conta, à ce sujet, que le feu ayant pris à la misaine du vaisseau le **, toute la voilure de l'avant fut enflammée dans un instant. Les officiers et l'équipage avaient perdu la tête, et vinrent en tumulte avertir le capitaine. Il sortit de sa chambre, et leur dit froidement : Mes amis, ce n'est rien ; il n'y a qu'à arriver. En effet, la flamme poussée en avant par le vent arrière s'amortit dès qu'il n'y eut plus de toile. Cet homme de sang-froid s'appelait M. de Surville. C'était un capitaine de la Compagnie, du plus grand mérite.

Nous eûmes constamment le vent du sud-est, et une belle mer jusqu'à l'Ascension. Le 20 mars nous étions par sa latitude, qui est de huit degrés sud, mais nous avions trop pris de l'est. Nous fûmes obligés de courir en longitude, notre intention étant d'y mouiller pour y pêcher de la tortue.

Le 22 au matin, nous en eûmes la vue. On aperçoit cette île de dix lieues, quoiqu'elle n'ait guère qu'une lieue et demie de diamètre. On y distingue un morne pointu, appelé la Montagne verte. Le reste de l'île est formé de collines noires et rousses, et les parties des rochers, voisines de la mer, étaient toutes blanches de la fiente des oiseaux.

En approchant, le paysage devient bien plus affreux. Nous longeâmes la côte pour arriver au mouillage, qui est dans le nord-ouest. Nous aperçûmes au pied de ces mornes noirs, comme les ruines d'une ville immense. Ce sont des rochers fondus, qui ont coulé d'un ancien volcan; ils se sont répandus dans la plaine et jusqu'à la mer, sous des formes très-bizarres. Tout le rivage, dans cette partie, en est formé. Ce sont des pyramides, des grottes, des demi-voûtes, des culs-de-lampe ; les flots se brisent contre ces anfractuosités : tantôt ils les couvrent et forment, en retombant, des nappes d'écume ; tantôt, trouvant des plateaux élevés, percés de trous, ils les frappent en dessous, et jaillissent au-dessus en longs jets d'eau ou en aigrettes. Ces rivages, noirs et blancs, étaient couverts d'oiseaux marins. Quantité de frégates nous entourèrent et volaient dans nos manœuvres, où on les prenait à la main.

Nous mouillâmes le soir à l'entrée de la grande anse. Je descendis dans le canot avec les gens destinés à la pêche de la tortue. Le débarquement est au pied d'une masse de rochers, que l'on aperçoit, du mouillage, à l'extrémité de l'anse sur la droite. Nous descendîmes sur un gros sable très-beau. Il est blanc, mêlé de grains rouges, jaunes, et de toutes les couleurs, comme ces grains d'anis appelés mignonnette. A quelques pas de là, nous trouvâmes une petite grotte dans laquelle est une bouteille, où les vaisseaux qui passent mettent des lettres. On casse la bouteille pour les lire, après quoi on les remet dans une autre.

Nous avançâmes environ cinquante pas, en prenant sur la gauche derrière les rochers. Il y a là une petite plaine, dont le sol se brisait sous nos pieds, comme s'il eût été glacé. J'y goûtai ; c'était du sel, ce qui me parut étrange, n'y ayant pas d'apparence que la mer vienne jusque là.

On apporta du bois, la marmite, et la voile du canot sur laquelle nos matelots se couchèrent en attendant la nuit. Ce n'est que sur les huit heures du soir que les tortues montent au rivage. Nos gens se reposaient tranquillement, lorsque l'un d'eux se leva en sursaut, en criant : Un mort, voici un mort.... En effet, à une petite croix élevée sur un monceau de sable, nous vîmes qu'on y avait enterré quelqu'un. Cet homme s'était couché dessus sans y penser ; aucun de nos matelots ne voulut rester là davantage : il fallut, pour leur complaire, avancer cent pas plus loin.

La lune se leva et vint éclairer cette solitude. Sa lumière, qui rend les sites agréables plus touchants, rendait celui-ci plus effroyable. Nous étions au pied d'un morne noir, au haut duquel on distinguait une grande croix, que des marins y ont plantée. Devant nous, la plaine était couverte de rochers, d'où s'élevaient une infinité de pointes de la hauteur d'un homme. La lune faisait briller leurs sommets blanchis de la fiente des oiseaux. Ces têtes blanches sur ces corps noirs, dont les uns étaient debout, et les autres inclinés, paraissaient comme des spectres errants sur des tombeaux. Le plus profond silence régnait sur cette terre désolée ; de temps à autre, on entendait seulement le bruit de la mer sur la côte, ou le cri vague de quelque frégate, effrayée d'y voir des habitants.

Nous fûmes dans la grande anse, attendre les tortues. Nous étions couchés sur le ventre dans le plus grand silence. Au moindre bruit cet animal se retire. Enfin nous en vîmes sortir trois des flots ; on les distinguait comme des masses noires qui grimpaient lentement sur le sable du rivage. Nous courûmes à la première ; mais notre impatience nous la fit manquer. Elle redescendit la pente et se mit à la nage. La seconde était plus avancée, et ne put retourner sur ses pas. Nous la jetâmes sur le dos. Dans le reste de la nuit, et dans la même anse, nous en tournâmes plus de cinquante, dont quelques-unes pesaient cinq cents livres.

Le rivage était tout creusé de trous où elles pondent jusqu'à trois cents œufs, qu'elles recouvrent de sable, où le soleil les fait éclore. On tua une tortue et on en fit du bouillon ; après quoi, je fus me coucher dans la grotte où l'on met les lettres, afin de jouir de l'abri du rocher, du bruit de la mer et de la mollesse du sable. J'avais chargé un matelot d'y porter mon sac de nuit; mais jamais il n'osa passer seul devant le lieu où il avait vu un homme enterré. Il n'y a rien à-la-fois de si hardi et de si superstitieux que les matelots.

Je dormis avec grand plaisir. A mon réveil, je trouvai un scorpion et des cancrelas à l'entrée de ma caverne. Je ne vis, aux environs, d'autres herbes qu'une espèce de tithymale. Son suc était laiteux et très-âcre : l'herbe et les animaux étaient dignes du pays.

Je montai sur le flanc d'un des mornes, dont le sol retentissait sous mes pieds. C'était une véritable cendre rousse et salée. C'est peut-être de là que provient la petite saline où nous avions passé la nuit. Un fou vint s'abattre à quelques pas de moi. Je lui présentai ma canne ; il la saisit de son bec sans prendre son vol. Ces oiseaux se laissaient prendre à la main, ainsi que toutes les espèces qui n'ont pas éprouvé la société de l'homme; ce qui prouve qu'il y a une sorte de bonté et de confiance naturelle à toutes les créatures envers les animaux qu'ils ne croient pas malfaisants. Les oiseaux n'ont pas peur des bœufs.

Nos matelots tuèrent beaucoup de frégates

pour leur enlever une petite portion de graisse qu'elles ont vers le cou. Ils croient que c'est un spécifique contre la goutte, parce que cet oiseau est fort léger ; mais la nature, qui a attaché ce mal à notre intempérance, n'en a pas mis le remède dans notre cruauté.

Sur les dix heures du matin, la chaloupe vint embarquer les tortues. Comme la lame était grosse, elle mouilla au large, et avec une corde placée à terre, en va-et-vient, elle les tira à elle l'une après l'autre.

Cette manœuvre nous occupa toute la journée. Le soir, on remit à la mer les tortues qui nous étaient inutiles. Quand elles sont long-temps sur le dos, les yeux leur deviennent rouges comme des cerises, et leur sortent de la tête. Il y en avait plusieurs sur le rivage, que d'autres vaisseaux avaient laissé mourir dans cette situation. C'est une négligence cruelle.

LETTRE XXVI.

CONJECTURES SUR L'ANTIQUITÉ DU SOL DE L'AS-CENSION, DE L'ILE-DE-FRANCE, DU CAP DE BONNE-ESPÉRANCE, ET DE L'EUROPE.

PENDANT que nos matelots travaillaient à embarquer les tortues, je fus m'asseoir dans une des cavités de ces rochers dont la plaine est couverte: à la vue de ce désordre effroyable, je fis quelques réflexions.

Si ces ruines, me disais-je, étaient celles d'une ville, que de mémoires nous aurions sur ceux qui l'ont bâtie et sur ceux qui l'ont ruinée! Il n'y a point de colonne en Europe qui n'ait son historien.

Pourquoi faut-il que nous, qui savons tant de choses, ne sachions ni d'où nous venons, ni où nous sommes! Tous les savants conviennent de l'origine et de la durée de Babylone, qui n'a plus d'habitants; et personne n'est d'accord sur la nature et l'antiquité du globe, qui est la patrie de tous les hommes. Les uns le forment par le feu, les autres par l'eau; ceux-ci par les lois du mouvement, ceux-là par celles de la cristallisation. Les peuples d'occident croient qu'il n'a pas six mille ans, ceux de l'orient disent qu'il est éternel.

Il est probable qu'il n'y aurait qu'un système, si le reste de la terre ressemblait à cette île. Ces pierres ponces, ces collines de cendres, ces rocs fondus qui ont bouillonné comme du mâchefer, prouvent évidemment qu'elle doit son origine à un volcan : mais combien y a-t-il d'années que son explosion s'est faite ?

Il me semble que si ce temps était fort reculé, ces monceaux de cendres ne seraient pas en pyramides : la pluie les eût affaissés. Les angles et les contours de ces roches ne seraient pas aigus et tranchants, parce qu'une longue action de l'atmosphère détruit les parties saillantes des corps : des statues de marbre, taillées par les Grecs, sont redevenues à l'air des blocs informes.

Serait-il donc si difficile de juger de l'ancienneté d'un corps par son dépérissement, puisqu'on juge bien de l'antiquité d'une médaille par sa rouille ? Un vieux rocher n'est-il pas une médaille de la terre, frappée par le temps ?

D'ailleurs, si cette île était fort ancienne, ces blocs de pierre qui sont à la surface de la terre, s'y seraient ensevelis par leur propre poids ; c'est un effet lent, mais sûr, de la pesanteur. Les piles de boulets et les canons posés sur le sol des arsenaux s'y enterrent en peu d'années. La plupart des monuments de la Grèce et de l'Italie se sont enfoncés au-dessus de leur soubassement. Quelques-uns même ont tout-à-fait disparu.

Si donc je pouvais savoir *combien un corps dont la forme et la pesanteur est connue doit mettre de temps à s'enfoncer dans un terrain dont on connaît la résistance*, j'aurais un rapport qui me ferait trouver celui que je cherche. Le calcul sera facile quand les expériences seront faites ; en attendant, je puis croire raisonnablement que cette île est très-moderne.

J'en puis penser autant de l'Ile-de-France ; mais comme ses montagnes pointues ont déjà des croupes, comme ses rochers sont enfoncés au tiers ou au quart en terre, et que leurs angles sont un peu émoussés, je suis persuadé que sa date remonte plusieurs siècles au delà.

Le cap de Bonne-Espérance me paraît beaucoup plus ancien. Les rochers qui se sont détachés du sommet des montagnes, sont, au Cap, tout-à-fait enfoncés dans la terre, où on les retrouve en creusant. Les montagnes ont toutes à leur pied des talus fort élevés, formés par les débris de leurs parties supérieures. Ces débris en ont été détachés par une longue action de l'atmosphère ; ce qui est si vrai, qu'ils sont en plus grande quantité aux endroits où les vents ont coutume de souffler. Je l'ai observé sur la montagne de la Table, dont la partie opposée au vent de sud-est est bien plus en talus que celle qui regarde la ville.

J'ai remarqué encore sur la montagne de la Table, des pierres isolées de la grosseur d'un tonneau, dont les angles étaient bien arrondis. Leurs fragments même n'ont plus d'arêtes vives ; ils forment un gravier blanc et lisse, semblable à des amandes aplaties. Ces pierres sont fort dures, et ressemblent, pour la couleur et le grain, à des tablettes de porcelaine usées.

Le dépérissement de ces corps annonce une assez grande antiquité ; cependant je n'ai pas trouvé sur la Table que la couche de terre végétale eût plus de deux pouces de profondeur, quoique les plantes y soient communes ; en beaucoup d'endroits même le roc est nu. Il n'y a donc pas un grand nombre de siècles que les végétaux y croissent. Toutefois on n'en peut rien conclure, parce que le sommet n'étant ni de sable ni de pierre poreuse, mais une espèce de caillou blanc, poli et dur, les semences des plantes y auront été long-temps portées par les vents avant d'y pouvoir germer.

La couche végétale dans les plaines est beaucoup plus épaisse, mais on n'en pourrait rien conclure pour l'antiquité du sol; parce que quand cette couche y est considérable, elle peut y avoir été apportée des montagnes voisines par les pluies, ou avoir été entraînée plus loin, quand elle y est rare.

S'il existait en Europe une montagne élevée, isolée, et dont le sommet fût aplati comme celui de la Table, sans être, comme lui, d'une matière contraire à la végétation, on pourrait comparer l'épaisseur de sa terre végétale à celle d'un terrain nouveau et pareillement isolé, par exemple à la croûte de quelques-unes de ces îles qui, depuis cent ans, se sont formées à l'embouchure de la Loire.

En attendant l'expérience, je présume que l'Europe est plus ancienne que la terre du Cap, parce que le sommet de ses montagnes a moins d'escarpement, que leurs flancs ont une pente plus douce, et que les rochers qui sont encore à la surface de la terre, sont écornés et arrondis.

Il ne s'agit point ici des rochers qui paraissent sur le flanc des montagnes que la mer, les torrents ou le débordement des rivières ont escarpées, ni des pierres que les pluies mettent à découvert dans les plaines dont elles entraînent la terre, et encore moins des cailloux des champs que la charrue couvre et découvre chaque année; mais de ceux qui, par leur masse et leur situation, n'obéissent qu'aux seules lois de la pesanteur. Je n'en ai vu aucun de cette espèce dans les plaines de la Russie et de la Pologne. La Finlande est pavée de rochers, mais ils sont d'une configuration toute différente ; ce sont des collines et des vallons entiers de roc vif; c'est en quelque sorte la terre qui est pétrifiée. Cependant, comme les sapins croissent sur les croupes de ces collines, il paraît qu'elles sont depuis long-temps à l'air, qui les décompose. Il paraît même que, sous une température moins froide, cette décomposition se serait accélérée bien plus vite ; mais la neige les met pendant six mois à couvert de l'action de l'atmosphère, et le froid qui durcit la terre, retarde l'effet de leur pesanteur.

L'espèce de roche que je crois propre aux expériences, est celle des environs de Fontainebleau. Ce sont de grosses masses de grès, arrondies, détachées les unes des autres. Quelques-unes sont ensevelies dans le sol à moitié ou aux deux tiers, d'autres sont empilées à la surface, comme des amas de pierre à bâtir. Ce sont probablement les sommets de quelque montagne pierreuse, qui n'ont pas tout-à-fait disparu. Il est probable que chaque siècle achève de les enfoncer dans le sol, et qu'il y en avait beaucoup plus il y a deux mille ans. L'action des éléments et de la pesanteur tend à arrondir le globe. Un jour les montagnes de l'Europe auront beaucoup moins de pente ; un jour la mer aura dissous les rochers des côtes où elle se brise aujourd'hui, comme elle a détruit ceux de Carybde et de Scylla.

J'ouvris ensuite un livre d'histoire pour me dissiper. Je tombai sur un endroit où l'auteur dit de quelques familles européennes, que leur origine *se perd dans la nuit du temps*, comme si leurs ancêtres étaient nés avant le soleil. Il parlait ailleurs des peuples du nord comme des fabricateurs du genre humain, *officina gentium* : ce déluge de barbares, dit-il, que le nord ne pouvait plus contenir.

J'ai vécu quelque temps dans le nord, où j'ai parcouru plus de 800 lieues, et je ne me rappelle pas y avoir vu aucun monument ancien. Cependant les sociétés nombreuses laissent des traces durables ; et, depuis le petit clocher d'un village jusqu'aux pyramides d'Égypte, toute terre qui fut cultivée porte des témoignages de l'industrie humaine. Les champs de la Grèce et de l'Italie sont couverts de ruines antiques ; pourquoi n'en trouve-t-on pas en Russie et en Pologne ? C'est que les hommes ne se multiplient qu'avec les fruits de la terre ; c'est que le nord de l'Europe était inculte lorsque le midi était couvert de moissons, de vignobles et d'oliviers. *
Ces peuples, dans l'abondance, élevèrent des autels à tous les biens. Cérès, Pomone, Bacchus, Flore, Palès, les Zéphyrs, les Nymphes, etc., tout ce qui était plaisir, fut divinité.

* Voyez la note première, à la fin de ce volume.

La jeune fille offrait des colombes à l'Amour, des guirlandes aux Graces, et priait* Lucine de lui donner un mari fidèle. La religion ne s'était point séparée de la nature; et comme la reconnaissance était dans tous les cœurs, la terre, sous un ciel favorable, se couvrait d'autels. On vit dans chaque verger le Dieu des jardins, Neptune sur tous les rivages, l'Amour dans tous les bosquets: les Naïades eurent des grottes, les Muses des portiques, Minerve des péristyles; l'obélisque de Diane parut dans les taillis, et le temple de Vénus éleva sa coupole au-dessus des forêts.

Mais lorsqu'un habitant de ces belles contrées fut obligé de chercher au nord une nouvelle patrie, lorsqu'il eut pénétré avec sa famille malheureuse sous l'ourse glacée, Dieux! quel fut son effroi aux approches de l'hiver! Le soleil paraissait à peine au-dessus de l'horizon, son disque était rouge et ténébreux. Le souffle des vents faisait éclater le tronc des sapins; les fontaines se figeaient, et les fleuves s'étaient arrêtés. Une neige épaisse couvrait les prés, les bois et les lacs. Les plantes, les graines, les sources, tout ce qui soutient la vie, était mort. On ne pouvait même ni respirer, ni toucher à rien, car la mort était dans l'air, et la douleur sortait de tous les corps.

* Voyez la note seconde, à la fin de ce volume.

Ah ! quand cet infortuné entendit les cris de ses enfants que le climat dévorait, quand il vit sur leurs joues les larmes se vitrifier, et leurs bras tendus vers lui se roidir..... qu'il eut d'horreur de ces retraites funestes ! Osa-t-il espérer une postérité de la nature, et des moissons de ces campagnes de fer ! Sa main dut frémir d'ouvrir un sol qui tuait ses habitants. Il ne lui resta que de joindre sa misère à celle d'un troupeau, de chercher avec lui la mousse des arbres, et d'errer sur une terre où le repos coûtait la vie. Seulement il s'y creusa des tanières, et si, dans la suite, on vit du sein de ces neiges sortir quelque monument, sans doute ce fut un tombeau.

Il est probable que le nord de l'Europe ne se peupla que lorsque le midi lui-même fut abandonné. Les Grecs, si souvent tourmentés par leurs tyrans, préférèrent enfin la liberté à la beauté du ciel. Une partie d'entre eux transporta en Hongrie, en Bohême, en Pologne et en Russie les arts par lesquels l'homme surmonte les éléments, et, seul de tous les animaux, peut vivre dans tous les climats. Depuis la Morée jusqu'à Archangel, sur une largeur de plus de 500 lieues, on ne parle que la langue esclavone, dont les mots et les lettres mêmes dérivent du grec. Les nations du Nord doivent donc leur origine aux Grecs; elles ont dû rentrer dans la barbarie, en sortir tard, et ne développer leur puissance que sous une bonne législation. Pierre 1ᵉʳ a jeté les fondements de leur grandeur moderne, et, aujourd'hui, une grande impératrice leur donne des lois dignes de l'Aréopage.

LETTRE XXVII.

OBSERVATIONS SUR L'ASCENSION. DÉPART. ARRIVÉE EN FRANCE.

MES réflexions sur l'Ascension m'avaient mené assez loin : c'est qu'on jouit des objets agréables, et que les tristes font réfléchir. Aussi l'homme heureux ne raisonne guère ; il n'y a que celui qui souffre qui médite, pour trouver au moins des rapports utiles dans les maux qui l'environnent. Il est si vrai que la nature a fait, du plaisir, le ressort de l'homme, que quand elle n'a pu le placer dans son cœur, elle l'a mis dans sa tête.

Quoique l'Ascension soit sans terre et sans eau, elle ne tient point sur le globe une place inutile. La tortue y trouve, trois mois de l'année, à faire ses pontes loin du bruit. C'est un animal solitaire qui fuit les rivages fréquentés. Un vaisseau qui mouille ici pendant vingt-quatre heures, la chasse de la baie pendant plusieurs jours ; et s'il tire du canon, elle ne reparaît pas de plusieurs semaines. Les frégates et les fous ont plus de familiarité, parce qu'ils ont moins d'expérience; mais sur les côtes habitées, ils choisissent les pics les plus inaccessibles, et ne se laissent point approcher. L'Ascension est pour eux une république : les mœurs primitives s'y conservent, et l'espèce s'y multiplie, parce qu'aucun tyran n'y peut vivre. Sans doute la mère commune des êtres a voulu qu'il existât des sables stériles au milieu de la mer, des terres désolées, mais protégées par les éléments, comme des lieux de refuge et des asiles sacrés où les animaux pussent goûter des biens qui ne leur sont pas moins chers qu'aux hommes, le repos et la liberté.

Cette île a encore sa franchise naturelle, que de si belles contrées ont perdue. Quoique située entre l'Afrique et l'Amérique, elle a échappé à l'esclavage qui a flétri ces deux vastes continents. Elle est commune à toutes les nations, et n'appartient à aucune. Il est rare cependant d'y voir mouiller d'autres vaisseaux que des anglais et des français, qui s'y arrêtent en revenant des Indes. Les Hollandais, qui relâchent au Cap, n'ont pas besoin de chercher de nouveaux vivres.

L'air de l'Ascension est très-pur. J'y ai couché deux nuits à l'air, sans couverture : j'y ai vu tomber de la pluie, et les nuages s'arrêter au sommet de la Montagne verte, qui ne m'a paru guère plus élevée que Montmartre. C'est sans doute un effet de l'attraction, qui est plus sensible sur la mer que sur la terre.

Lorsqu'on débarque dans cette île quelque matelot scorbutique, on le couvre de sable, et il éprouve un soulagement très-prompt. Quoique je me portasse bien, je me tins quelque temps les jambes dans cette espèce de bain sec, et j'éprouvai, pendant plusieurs jours, une agitation extraordinaire dans mon sang; je n'en sais pas trop la raison. Je crois cependant que ce sable n'étant formé que de parties calcaires, il aspire sur la peau où il s'attache, les humeurs internes : à-peu-près comme ces pierres absorbantes que l'on pose sur les piqûres des bêtes venimeuses, en tirent le venin. Il serait à souhaiter que quelque habile médecin essayât sur d'autres maladies, un remède que le seul instinct a appris aux matelots scorbutiques.

Nous passâmes encore cette nuit à terre. A dix heures du soir, je fus me baigner dans une petite anse, qui est entre la grande et le débarquement. Elle est entourée d'une chaîne de rochers en demi-cercle. Au fond de cette anse, le sable est élevé de plus de quinze pieds, et va en pente jusqu'à la mer. A l'entrée, il y a plusieurs bancs de rochers à fleur d'eau. La mer, qui était fort agitée, s'y brisait avec un bruit terrible, et venait se développer bien avant dans la petite baie. Je me tenais accroché aux angles des rochers, et les vagues, en roulant, venaient me passer quelquefois jusque sur la tête.

Le 24 au matin, la barre se trouva très-grosse. *La Digue* mit son pavillon, et nous fit signal de départ. Il n'était plus possible à la chaloupe de mettre à terre au lieu ordinaire du débarquement. Elle fut prendre dans la baie une douzaine de tortues qu'on avait réservées, et revint ensuite mouiller un grappin à une demi-portée de fusil du lieu où nous étions. Les matelots les plus vigoureux se mirent tout nus; et, profitant de l'instant où la lame quittait le rivage, ils portaient en courant les effets et les passagers.

J'avais fait remarquer à l'officier qu'elle était suffisamment chargée. Il restait vingt hommes à terre, il y en avait autant sur son bord. Il voulut épargner au canot un second voyage: on continua d'embarquer. Sur ces entrefaites, une lame monstrueuse, soulevant la chaloupe, fit casser son grappin, et la jeta sur le sable. Huit ou dix hommes qui étaient dans l'eau jusqu'à la ceinture, pensèrent en être écrasés. Si elle était venue en travers, elle était perdue: heureusement elle s'échoua sur l'arrière. Deux ou trois vagues consécutives la mâtèrent presque debout; et dans ce mouvement, elle embarqua de son avant une grande quantité d'eau: la frayeur prit à plusieurs passagers qui étaient dessus, ils se jetèrent à la mer et pensèrent se noyer; enfin, tous nos matelots réunis faisant effort tous à-la-fois, parvinrent à la remettre à flot.

6.

Le canot revint quelque temps après embarquer ce qui était resté; peu s'en fallut que le même accident ne lui arrivât.

Si ce double malheur fût survenu, nous eussions été fort à plaindre : le vaisseau eût continué sa route, et nous n'eussions trouvé ni eau ni bois dans cette île. On prétend cependant qu'il se trouve quelques flaques d'eau dans les rochers au pied de la Montagne verte. On assure qu'il y a aussi des cabris fort maigres, qui y vivent d'une espèce de chiendent. On y avait planté des cocotiers, qui n'y ont pas réussi. Il est probable que ces cabris affamés en auront mangé les germes.

J'observai à l'Ascension que la partie du sud-est était toute formée de laves, et celle du nord-ouest de collines de cendres, d'où je conclus que les vents étaient au sud-est lorsque ce volcan sortit de la mer, et qu'ils soufflaient lentement; sans quoi ils auraient dispersé les cendres de ces mornes, au lieu de les rassembler. J'en présumai aussi que le foyer des volcans n'était point allumé par les révolutions de l'atmosphère, et que les orages de la terre étaient indépendants de ceux de l'air.

Ils paraîtraient plutôt dépendre des eaux. De tous les volcans que je connais, il n'y en a pas un qui ne soit dans le voisinage de la mer, ou d'un grand lac. J'ai fait autrefois cette observation, en cherchant à expliquer leur cause. Elle fut le résultat de mon opinion, qui pourrait être bonne, puisqu'elle est confirmée par la nature.

J'ai trouvé, sur les rochers de l'Ascension, l'espèce d'huître appelée *la feuille*. Le sable, comme je l'ai dit, n'est formé que de débris de madrépores et de coquilles, dans lesquels je reconnus quelques pétoncles, de petits buccins et le manteau-ducal. Nous prîmes, au pied des rochers, des requins et des bourses de toutes les couleurs. Il y a aussi des carangues, et entre autres des morènes, espèce de serpent marin, qu'on dit être un excellent poisson; ses arêtes sont bleues.

Nous appareillâmes le même jour 24 mars, à cinq heures du soir. Nous vécûmes de tortues près d'un mois. On les conserva vivantes tout ce temps-là, en les mettant tantôt sur le ventre, tantôt sur le dos, et on les arrosait d'eau de mer plusieurs fois par jour.

La chair de tortue est une bonne nourriture, mais on s'en lasse bien vite. Cette chair est toujours dure, et les œufs sont d'un goût très-médiocre.

Nous repassâmes la Ligne avec des calmes et quelques orages. Les courants portaient sensiblement au nord : il y a apparence que c'étaient des contre-courants du courant général du nord. Plus d'une fois, ils nous firent faire, sans vent, 10 lieues en 24 heures. Le 28 avril, nous vîmes une éclipse de lune, dont le milieu à 11 heures de nuit ; nous étions par le 32e degré de latitude nord. Nous éprouvâmes, à cette hauteur, plusieurs jours de calme. On prétend que ces calmes sont comme autant de limites entre différents règnes de vents. Depuis le 28e degré nord jusqu'au 32e, nous trouvâmes la mer couverte d'une plante marine, appelée *grappe-de-raisin;* elle était remplie de petits crabes et de frai de poisson. C'est peut-être un moyen dont la nature se sert pour peupler les rivages des îles, d'animaux qui ne pourraient s'y transporter autrement ; les poissons des côtes ne se rencontrent jamais en pleine mer.

Nous avions vu, avec une grande joie, l'étoile polaire reparaître sur l'horizon ; et, chaque nuit, nous la voyions s'élever avec un nouveau plaisir. Cette vue me rendait les promenades de nuit très-agréables. Un soir, à 10 heures, comme je me promenais sur le gaillard d'arrière, je vis le contre-maître parler avec beaucoup d'agitation à l'officier de quart. Celui-ci fit allumer une lanterne, et le suivit sur le gaillard d'avant. Je m'y acheminai comme eux. Nous ne fûmes pas peu étonnés de voir sortir de l'écoutille un torrent de fumée noire et épaisse. Les matelots de quart étaient couchés tranquillement sur une voile en avant du mât de misaine, et quand on les eut appelés, ils furent saisis de frayeur. Les plus hardis descendirent par l'écoutille avec la lanterne, en criant que nous étions perdus. Nous nous occupâmes à chercher des seaux de tous côtés, mais nous n'en trouvâmes pas un seul. Les uns voulaient sonner la cloche pour appeler tout le monde, d'autres voulaient faire jouer la pompe de l'avant pour en porter l'eau, à tout hasard, dans l'entrepont.

Nous étions tous rangés, la tête baissée, autour de l'écoutille, en attendant notre arrêt. La fumée redoublait, et nous vîmes même briller de la flamme. Dans le moment, une voix sortit de cet abîme, et nous dit que c'était le feu qui avait pris à du bois qu'on avait mis sécher dans le four. Cet instant d'inquiétude nous parut un siècle. Triste condition des marins! au milieu du plus beau temps, dans la sécurité la plus parfaite, au moment de revoir la patrie, un misérable accident pouvait nous faire périr du genre de mort le plus effroyable.

Le 16 mai, on exerça les matelots à tirer au blanc, sur une bouteille suspendue à l'extrémité de la grande vergue: on essaya les canons; nous en avions cinq. Cet exercice militaire se faisait dans la crainte d'être attaqués par les Saltins. Heureusement nous n'en vîmes point. Nous avions de si mauvais fusils, qu'à la première décharge l'un d'eux creva près de moi, dans la main d'un matelot, et le blessa dangereusement.

Le 17, j'aperçus en plein midi, sur la mer, une

longue bande verdâtre dirigée nord et sud. Elle était immobile ; elle avait près d'une demi-lieue de longueur. Le vaisseau passa à son extrémité sud : la mer n'y était point houleuse. J'appelai le capitaine, qui jugea, ainsi que ses officiers, que c'était un haut-fond : il n'est pas marqué sur les cartes. Nous étions par la hauteur des Açores.

Le 20 mai, nous trouvâmes un vaisseau anglais allant en Amérique. Il nous apprit que nous étions par les 23 degrés de longitude, ce qui nous mettait 140 lieues plus à l'ouest que nous ne croyions.

Le 22 mai, par les 46 degrés 45 minutes de latitude nord, nous crûmes voir un récif où la mer brisait. Comme il faisait calme, on mit le canot à la mer. C'était un banc d'écume formé par des lits de marée. Deux heures après, nous trouvâmes un mât de hune garni de tous ses agrès. On crut le reconnaître pour appartenir à un vaisseau anglais, que la tempête avait obligé de couper ses mâts. Nous l'embarquâmes avec plaisir ; car nous manquions de bois à brûler, et, qui pis est, de vivres. Depuis huit jours, on ne faisait plus qu'un repas en vingt-quatre heures.

Pendant plusieurs jours le ciel fut couvert à midi, de sorte que nous ignorions notre latitude. Le 28, il s'éleva un très-gros temps : le vaisseau tint la cape sous ses basses voiles. A onze heures du matin, nous aperçûmes un petit navire devant nous. Nous gouvernâmes sur lui, et nous le rangeâmes sous le vent. Il y avait, sur son bord, sept hommes qui pompaient de toutes leurs forces : l'eau sortait de tous les dalots de son pont. Nous roulions l'un et l'autre panne sur panne, et, dans quelques arrivées, les lames pensèrent le jeter sur nos lisses. Le patron, en bonnet rouge, nous cria, dans son porte-voix, qu'il était parti de Bordeaux depuis vingt-quatre heures, qu'il allait en Irlande, et il se hâta de s'éloigner. On jugea que c'était un contrebandier, la coutume étant sur mer comme sur terre, d'avoir mauvaise opinion des gens qui sont en mauvais ordre.

Vers une heure après midi le vent s'apaisa ; les nuages se partagèrent en deux longues bandes, et le soleil parut. On appareilla toutes les voiles ; on plaça des matelots en sentinelle sur les barres du perroquet, et on mit le cap au nord-est pour tâcher d'avoir connaissance de terre avant le soir.

A quatre heures nous vîmes un petit chasse-marée : on le questionna ; il ne put rien nous répondre ; le mauvais temps l'avait mis hors de route. A cinq heures on cria *terre ! terre ! à bâbord* : nous courûmes aussitôt sur le gaillard d'avant ; quelques-uns grimpèrent dans les haubans. Nous vîmes distinctement, à l'horizon, des rochers qui blanchissaient : on assura que c'étaient les rochers de Penmare. Nous mîmes, le soir, en travers, et nous fîmes des bords toute la nuit. Au point du jour, nous aperçûmes la côte à trois lieues devant nous ; mais personne ne la reconnaissait. Il faisait calme ; nous brûlions d'impatience d'arriver. Enfin on aperçut une chaloupe : nous la hélâmes ; on nous répondit : *C'est un pilote.* Quelle joie d'entendre une voix française sortir de la mer ! Chacun s'empressait, sur les lisses, à voir monter le pilote à bord. Bonjour, mon ami, lui dit le capitaine ; quelle est cette terre ? *C'est Belle-Isle, mon ami*, répondit ce bon-homme. Aurons-nous du vent ? *S'il plaît à Dieu, mon ami.*

Il avait de gros pain de seigle, que nous mangeâmes de grand appétit, parce qu'il avait été cuit en France.

Le calme dura tout le jour ; vers le soir, le vent fraîchit. L'équipage passa la nuit sur le pont : on fit petites voiles. Le matin nous longeâmes l'île de Grois, et nous vînmes au mouillage.

Les commis des fermes, suivant l'usage, montèrent sur le vaisseau ; après quoi, une infinité de barques de pêcheurs nous abordèrent. On acheta du poisson frais ; on se hâta de préparer un dernier repas ; mais on se levait, on se rasseyait, on ne mangeait point ; nous ne pouvions nous lasser d'admirer la terre de France.

Je voulais débarquer avec mon équipage ; on appelait en vain les matelots ; ils ne répondaient plus. Ils avaient mis leurs beaux habits : ils étaient saisis d'une joie muette ; ils ne disaient mot : quelques-uns parlaient tout seuls.

Je pris mon parti ; j'entrai dans la chambre du capitaine pour lui dire adieu. Il me serra la main, et me dit, les larmes aux yeux : J'écris à ma mère. De tous côtés je ne voyais que des gens émus. J'appelai un pêcheur ; et je descendis dans sa barque. En mettant pied à terre, je remerciai Dieu de m'avoir enfin rendu à une vie naturelle.

LETTRE XXVIII ET DERNIÈRE.

SUR LES VOYAGEURS ET LES VOYAGES.

Il est d'usage de chercher au commencement d'un livre à captiver la bienveillance d'un lecteur, qui souvent ne lit point la préface. Il vaut mieux, ce me semble, attendre à la fin, au moment où il est prêt à porter son jugement. Il est impossible alors que le lecteur échappe, et ne fasse pas attention aux excuses de l'auteur. Voici les miennes.

J'ai fait cet ouvrage aussi bien qu'il m'a été possible, et rien ne m'a manqué pour lui donner toute la perfection dont je suis capable. S'il est mal fait, ce n'est donc pas ma faute; car on n'a tort de mal faire que quand on peut faire mieux.

S'il y a des défauts dans le style, je serai très-aise qu'on les relève : je m'en corrigerai. Depuis dix ans que je suis hors de ma patrie, j'oublie ma langue, et j'ai observé qu'il est souvent plus utile de bien parler que de bien penser, et même que de bien agir.

Mes conjectures et mes idées sur la nature sont des matériaux que je destine à un édifice considérable. En attendant que je puisse l'élever, je les livre à la critique. Les bonnes censures sont comme ces dégels, qui dissolvent les pierres tendres, et durcissent les pierres de taille. Il ne me resterait qu'une bonne observation, que j'en ferais usage. On dit qu'un saint commença avec un seul moellon un bâtiment qui est devenu une magnifique abbaye. Il fit ce miracle avec le temps et la patience ; mais je pourrais bien avoir perdu l'un et l'autre.

C'est assez parler de moi ; passons à des objets plus importants.

Il est assez singulier qu'il n'y ait eu aucun voyage publié par ceux de nos écrivains qui se sont rendus les plus célèbres dans la littérature et la philosophie. Il nous manque un modèle dans un genre si intéressant, et il nous manquera long-temps, puisque messieurs de Voltaire, d'Alembert, de Buffon et Rousseau ne nous l'ont pas donné. Montaigne et Montesquieu avaient écrit leurs voyages, qu'ils n'ont pas fait paraître. On ne peut pas dire qu'ils aient jugé suffisamment connus les pays de l'Europe où ils avaient été, puisqu'ils ont donné tant d'observations neuves sur nos mœurs, qui nous sont si familières. Je crois que ce genre, si peu traité, est rempli de grandes difficultés. Il faut des connaissances universelles, de l'ordre dans le plan, de la chaleur dans le style, de la sincérité; et il faut parler de tout. Si quelque sujet est omis, l'ouvrage est imparfait; si tout est dit, on est diffus, et l'intérêt cesse.

Nous avons, cependant, des voyageurs estimables; Addisson me paraît au premier rang: par malheur, il n'est pas Français. Chardin a de la philosophie et des longueurs: l'abbé de Choisy sauve au lecteur les ennuis de la navigation; il n'est qu'agréable : Tournefort décrit savamment les monuments et les plantes de l'Archipel; mais on voudrait voir un homme plus sensible sur les ruines de la Grèce : La Hontan spécule et s'égare quelquefois dans les solitudes du Canada: Léry peint très-naïvement les mœurs des Brésiliens, et ses aventures personnelles. De ces différents génies, on en composerait un excellent; mais chacun n'a que le sien; témoin ce marin, qui écrivit sur son journal « qu'il avait » passé à quatre lieues de Ténériffe, dont les ha- » bitants lui parurent fort affables. »

Il y a des voyageurs qui n'ont qu'un objet, celui de rechercher les monuments, les statues, les inscriptions, les médailles, etc. S'ils rencontrent quelque savant distingué, ils le prient d'inscrire son nom et une sentence sur leur *album*. Quoique cet usage soit louable, il conviendrait mieux, ce me semble, de s'enquérir des traits de probité, de vertu, de grandeur d'ame, et du plus honnête homme de chaque lieu : un bon exemple vaut bien une belle maxime. Si j'eusse écrit mes voyages du nord, on eût vu sur mes tablettes les noms de Dolgorouki, de Munich ; du palatin de Russie Czartorinski, de Duval, de Taubenheim, etc. J'aurais parlé aussi des monuments, sur-tout de ceux qui servent à l'utilité publique, comme l'arsenal de Berlin, le corps des Cadets de Pétersbourg, etc. Quant aux antiquités, j'avoue qu'elles me donnent des idées tristes. Je ne vois dans un arc de triomphe qu'une preuve de la faiblesse d'un homme : l'arc est resté, et le vainqueur a disparu.

Je préfère un cep de vigne à une colonne, et j'aimerais mieux avoir enrichi ma patrie d'une seule plante alimentaire, que du bouclier d'argent de Scipion.

A force de nous naturaliser avec les arts, la nature nous devient étrangère ; nous sommes même si artificiels, que nous appelons les objets naturels des *curiosités*, et que nous cherchons les preuves de la Divinité dans des livres. On ne trouve dans ces livres (la révélation à part), que des réflexions vagues et des indications générales de l'ordre universel : cependant, pour montrer l'intelligence d'un artiste, il ne suffit pas d'indiquer son ouvrage, il faut le décomposer. La nature offre des rapports si ingénieux, des intentions si bienveillantes, des scènes muettes si expressives et si peu aperçues, que qui pourrait en présenter un faible tableau à l'homme le plus inattentif, le ferait s'écrier : « Il y a quelqu'un ici ! ».

L'art de rendre la nature est si nouveau, que les termes même n'en sont pas inventés. Essayez de faire la description d'une montagne, de manière à la faire reconnaître : quand vous aurez parlé de la base, des flancs et du sommet, vous aurez tout dit. Mais que de variété dans ces formes bombées, arrondies, alongées, aplaties, cavées, etc. ! vous ne trouvez que des périphrases ; c'est la même difficulté pour les plaines et les vallons. Qu'on ait à décrire un palais, ce n'est plus le même embarras. On le rapporte à un ou à plusieurs des cinq ordres ; on le subdivise en soubassement, en corps principal, en entablement ; et dans chacune de ces masses, depuis le socle jusqu'à la corniche, il n'y a pas une moulure qui n'ait son nom.

Il n'est donc pas étonnant que les voyageurs rendent si mal les objets naturels. S'ils vous dépeignent un pays, vous y voyez des villes, des fleuves et des montagnes ; mais leurs descriptions sont arides comme des cartes de géographie : l'Indoustan ressemble à l'Europe. La physionomie n'y est pas. Parlent-ils d'une plante ? ils en détaillent bien les fleurs, les feuilles, l'écorce, les racines ; mais son port, son ensemble, son élégance, sa rudesse ou sa grace, c'est ce qu'aucun ne rend. Cependant la ressemblance d'un objet dépend de l'harmonie de toutes ses parties, et vous auriez la mesure de tous les muscles d'un homme, que vous n'auriez pas son portrait.

Si les voyageurs, en rendant la nature, pèchent par défaut d'expressions, ils pèchent encore par excès de conjectures. J'ai cru fort long-temps, sur la foi des relations, que l'homme sauvage pouvait vivre dans les bois. Je n'ai pas trouvé un seul fruit bon à manger dans ceux de l'Ile-de-France; je les ai goûtés tous, au risque de m'empoisonner. Il y avait quelques graines d'un goût passable, en petite quantité; et dans certaines saisons, on n'en eût pas ramassé pour le déjeuner d'un singe. Il n'y a que l'ognon dangereux d'une espèce de *nymphœa;* encore croît-il sous l'eau dans la terre, et il n'est pas vraisemblable que l'homme naturel l'eût deviné là. Je crus au Cap que l'homme avait été mieux servi. J'y vis des buissons couverts de gros artichauts couleur de chair, qui étaient d'une âpreté insupportable. Dans les bois de la France et de l'Allemagne, on ne trouve de mangeable que les faînes du hêtre et les fruits du châtaignier; encore ce n'est que dans une courte saison. On assure, il est vrai, que dans l'âge d'or des Gaules, nos ancêtres vivaient de gland; mais le gland de nos chênes constipe. Il n'y a que celui du chêne vert qu'on puisse digérer. Il est très-rare en France, et il n'est commun qu'en Italie, d'où nous est venue aussi cette tradition. Un peu d'histoire naturelle servirait à écrire l'histoire des hommes.

On ne trouve dans les forêts du nord, que les pommes du sapin, dont les écureuils s'accommodent fort bien. Il est fort douteux que les hommes pussent en vivre. La nature aurait traité bien mal le roi des animaux, puisque la table est mise pour tous, excepté pour lui, si elle ne lui avait pas donné une raison universelle qui tire parti de tout, et la sociabilité, sans laquelle ses forces ne sauraient servir sa raison. Ainsi, d'une seule observation naturelle on peut prouver, 1°. que le plus stupide des paysans est supérieur au plus intelligent des animaux, qu'on ne dressera jamais à semer et à labourer de lui-même; 2°. que l'homme est né pour la société, hors de laquelle il ne pourrait vivre; 3°. que la société doit, à son tour, à tous ses membres une subsistance qu'ils ne peuvent attendre que d'elle.

Les voyageurs pèchent encore par un autre excès. Ils mettent presque toujours le bonheur hors de leur patrie. Ils font des descriptions si agréables des pays étrangers, qu'on en est toute la vie de mauvaise humeur contre le sien.

Si je l'ose dire, la nature paraît avoir tout compensé; et je ne sais lequel est préférable d'un climat très-chaud ou d'un climat très-froid.

Celui-ci est plus sain; d'ailleurs, le froid est une douleur dont on peut se garantir, et la chaleur une incommodité qu'on ne saurait éviter. Pendant six mois, j'ai vu le paysage blanc à Pétersbourg; pendant six mois, je l'ai vu noir à l'Ile-de-France; joignez-y les insectes si dévorants, les ouragans qui renversent tout, et choisissez. Il est vrai qu'aux Indes les arbres ont toujours des feuilles, que les vergers rapportent sans être greffés, et que les oiseaux ont de belles couleurs.

> Mais j'aime mieux notre nature,
> Nos fruits, nos fleurs, notre verdure;
> Un rossignol qu'un perroquet,
> Le sentiment que le caquet;
> Et même je préfère encore
> L'odeur de la rose et du thym
> A l'ambre que la main du More
> Recueille aux rives du matin.

On doit compter aussi pour un grand inconvénient le spectacle d'une société malheureuse, puisque la vue d'un seul misérable peut empoisonner le bonheur. Peut-on penser sans frémir que l'Afrique, l'Amérique, et presque toute l'Asie sont dans l'esclavage? Dans l'Indoustan on ne fait agir le peuple qu'à coups de rotin, de sorte qu'on en a appelé le bâton *le roi des Indes;* en Chine même, ce pays si vanté, la plupart des punitions de simple police sont corporelles. Chez nous les lois ont un peu plus respecté les hommes.

D'ailleurs, quelque rudes que soient nos climats, la nature la plus sauvage m'y plaît toujours par un coin. Il est des sites touchants jusque dans les rochers de la pauvre Finlande. J'y ai vu des étés plus beaux que ceux des tropiques, des jours sans nuits, des lacs si couverts de cygnes, de canards, de bécasses, de pluviers, etc., qu'on eût dit que les oiseaux de toutes les rivières s'y étaient rendus pour y faire leurs nids. Des flancs des rochers tout brillants de mousses pourprées, et des tapis rouges du Kloucva * s'élevaient de grands bouleaux, dont les feuillages verts, souples et odorants se mariaient aux pyramides sombres des sapins, et offraient à-la-fois des retraites à l'amour et à la philosophie. Au fond d'un petit vallon, sur une lisière de pré, loin de l'envie, était l'héritage d'un bon gentilhomme, dont rien ne troublait le repos que le bruit d'un torrent que l'œil voyait avec plaisir bondir et écumer sur la croupe noire d'une roche voisine. Il est vrai qu'en hiver la verdure et les oiseaux disparaissent. Le vent, la neige, le grésil, les frimas, entourent et secouent la petite maison; mais l'hospitalité est dedans. On se visite de quinze lieues, et l'arrivée d'un ami est une fête de huit jours : on boit au

---

* Plante rampante d'un beau vert, dont la feuille ressemble à celle du buis. Elle donne un petit fruit rouge qui est un antiscorbutique.

bruit des cors et des timbales la santé du convive, des princes et des dames. * Les vieillards, auprès du poêle, fument et parlent des anciennes guerres ; les garçons, en bottes, dansent au son d'un fifre ou d'un tambour, autour de la jeune Finlandaise en pelisse, qui paraît comme Pallas au milieu de la jeunesse de Sparte.

Si les organes y semblent rudes, les cœurs y sont sensibles. On parle d'aimer, de plaire, de la France, et de Paris sur-tout; car Paris est la capitale de toutes les femmes. C'est là que la Russe, la Polonaise et l'Italienne viennent apprendre l'art de gouverner les hommes avec des rubans et des blondes ; c'est là que règne la Parisienne à l'humeur folle, aux graces toujours nouvelles. Elle voit l'Anglais mettre à ses genoux son or et sa mélancolie, tandis que, du sein des arts, elle prépare en riant la guirlande qui enchaîne par les plaisirs tous les peuples de l'Europe.

Je préférerais Paris à toutes les villes, non pas à cause de ses fêtes, mais parce que le peuple y est bon, et qu'on y vit en liberté. Que m'importent ses carrosses, ses hôtels, son bruit, sa foule,

---

* Les femmes sont de ces parties, et il est juste qu'accompagnant les hommes à la guerre, elles président à leurs plaisirs. On ne trouve point ailleurs de plus grands exemples de l'amitié conjugale. J'y ai vu des femmes de généraux qui avaient suivi leurs maris à l'armée depuis le premier grade militaire.

ses jeux, ses repas, ses visites, ses amitiés si promptes et si vaines? Des plaisirs si nombreux mettent le bonheur en surface, et la jouissance en observation. La vie ne doit pas être un spectacle. Ce n'est qu'à la campagne qu'on jouit des biens du cœur, de soi-même, de sa femme, de ses enfants, de ses amis. En tout, la campagne me semble préférable aux villes : l'air y est pur, la vue riante, le marcher doux, le vivre facile, les mœurs simples, et les hommes meilleurs. Les passions s'y développent sans nuire à personne. Celui qui aime la liberté n'y dépend que du ciel ; l'avare en reçoit des présents toujours renouvelés, le guerrier s'y livre à la chasse, le voluptueux y place ses jardins, et le philosophe y trouve à méditer sans sortir de chez lui. Où trouvera-t-il un animal plus utile que le bœuf, plus noble que le cheval et plus aimable que le chien? Apporte-t-on des Indes une plante plus nécessaire que le blé et aussi gracieuse que la vigne?

Je préférerais de toutes les campagnes, celle de mon pays, non pas parce qu'elle est belle, mais parce que j'y ai été élevé. Il est dans le lieu natal un attrait caché, je ne sais quoi d'attendrissant qu'aucune fortune ne saurait donner et qu'aucun pays ne peut rendre. Où sont ces jeux du premier âge, ces jours si pleins, sans prévoyance et sans amertume? La prise d'un oiseau me comblait de joie. Que j'avais de plaisir à caresser une perdrix, à recevoir ses coups de bec, à sentir dans mes mains palpiter son cœur et frissonner ses plumes ! Heureux qui revoit les lieux où tout fut aimé, où tout parut aimable, et la prairie où il courut, et le verger qu'il ravagea ! Plus heureux qui ne vous a jamais quitté, toit paternel, asyle saint ! Que de voyageurs reviennent sans trouver de retraite ! De leurs amis, les uns sont morts, les autres éloignés, une famille est dispersée, des protecteurs.... Mais la vie n'est qu'un petit voyage, et l'âge de l'homme un jour rapide. J'en veux oublier les orages pour ne me ressouvenir que des services, des vertus et de la constance de mes amis. Peut-être ces lettres conserveront leurs noms, et les feront survivre à ma reconnaissance ! Peut-être iront-elles jusqu'à vous, bons Hollandais du Cap ! Pour toi, Nègre infortuné qui pleures sur les rochers de Maurice, si ma main, qui ne peut essuyer tes larmes, en fait verser de regret et de repentir à tes tyrans, je n'ai plus rien à demander aux Indes, j'y ai fait fortune !

D. S. P.

A Paris, ce 1er janvier 1773.

CONSEILS

A UN JEUNE COLON

DE L'ILE-DE-FRANCE.

FRAGMENT.

CONSEILS

A UN JEUNE COLON

DE L'ILE-DE-FRANCE.

La première année se passera dans des travaux continuels, et souvent au milieu des pluies journalières qui feront moisir tous les meubles de votre habitation. Vous verrez votre maïs croître avec rapidité, et s'élever à onze ou douze pieds de hauteur. Ses épis seront vides ; alors ne vous découragez pas. Augmentez la grandeur de vos carrés, et vous verrez les nuages, comme je les ai vus souvent, filer le long de vos bois en épaisses vapeurs ; et, par un phénomène assez étonnant, le soleil brillera sur votre champ tandis que la pluie tombera dans vos bois.

Si votre habitation est située dans un fond, il faut vous résoudre à semer du riz qui croît dans l'eau, et la fataque qui sert de pâturage aux bestiaux ; car il faut préférer une riche prairie à un champ marécageux. Comme cette terre porte deux récoltes, au lieu de semer dans la saison pluvieuse, vous semerez dans la saison sèche. Cependant, une des meilleures nourritures et des plus abondantes est le manioc et la patate ; dès la première année faites bêcher votre terre et plantez-y vos racines, ce qui ne vous empêchera pas de semer du maïs et de recueillir deux récoltes.

Alors votre famille est augmentée, vos nègres ont des enfants, vos troupeaux sont multipliés. Ayez soin que vos enfants soient chaudement vêtus, de peur de les voir saisis de convulsions de nerfs occasionées par le froid ; lorsqu'ils seront attaqués des vers, vous battrez de l'huile de palma-christi avec du vin blanc, et vous la leur ferez avaler.

Il sera temps dès lors de songer à rendre votre habitation moins sauvage, car elle n'offre que des arbres sans fruits et une cabane couverte de feuilles. Vous ferez apporter des arbres équarris. Vous les poserez par assises les uns sur les autres. Vous tournerez votre bâtiment du côté du vent du sud-est. Une salle et quatre cabinets aux quatre coins feront votre maison. A quelque distance, deux autres pavillons sur la droite et sur la gauche sont destinés pour la cuisine et pour le magasin des provisions. Du côté de la cour, les toits de ces trois pavillons seront vos greniers.

Choisissez de préférence le bord du ruisseau qui doit borner votre cour; c'est la disposition générale imaginée par les habitants. Mais voici ce qu'ils ne font pas, et que je vous conseille de faire. Votre maison sera entre cour et jardin; votre cour sera sous le vent, et bordée des cases de vos nègres, de hangards pour loger les bestiaux, d'un poulailler, de votre magasin et de votre cuisine, avec assez d'intervalle des cases aux pavillons. Au lieu d'un mur de bambous, qui croissent à la hauteur des plus grands arbres et ne donnent que de bien faible bois, la cour sera plantée d'arbres fruitiers, de bananiers, de mangliers, que les nègres aiment beaucoup, et ce sera le jardin commun de vos noirs; car il faut que vous inspiriez à vos nègres un intérêt commun, après leur avoir inspiré de l'attachement pour vous. Il arrivera encore qu'ils se surveilleront les uns les autres pour la sûreté de ce bien public. Au reste, ce sera dans cet enclos que, tous les dimanches, ils aimeront à s'assembler et à danser bien avant dans la nuit. Vous choisirez ce jour pour leur donner des récompenses et un bon repas au coucher du soleil; ceux-là en seront exclus qui auront manqué à leurs devoirs, et vous les punirez par cette privation, à laquelle ils seront très-sensibles. On a vu un habitant, M. Harmand, ancien militaire, en faire des compagnies très-bien exercées, qui entendaient la manœuvre, et regardaient le dimanche comme un jour de grande fête. Mais comme ces fêtes militaires sont très-coûteuses, et dérangent l'ordre établi dans l'habitation, bornez-vous à inspirer à vos esclaves la joie et la gaieté.

Le terrain ordinaire d'une habitation a besoin de cinquante noirs pour être mis en valeur. Votre habitation ainsi disposée pour être un jour celle d'une famille considérable, vous diviserez le terrain en un carré coupé au centre par des avenues de bananiers. Vous laisserez de grands bouquets de bois alentour pour les abriter des vents, et en attendant que vous puissiez cultiver ce jardin avec les légumes nécessaires, vous le semerez de graines comme le reste de votre terre.

Si des noirs marrons, pressés par la faim, rôdent autour de votre habitation, ce que vos noirs affidés vous diront, ne souffrez pas que la nécessité les oblige à vous voler, mais engagez vos gens à leur donner d'abord à manger; ensuite vous leur ferez proposer de venir à vous, ce qu'ils feront sur la foi de vos gens qui vous connaissent pour un homme juste. Alors vous leur proposerez de travailler à votre défriché moyennant une certaine nourriture, ce que très-probablement ils accepteront.

Croyez que ces conditions leur plairont; car il est à ma connaissance que beaucoup de noirs marrons venaient à la ville se louer à nos soldats la nuit. Ils allaient leur chercher du bois de leur ajoupa moyennant quelques vivres ; ils passaient quelquefois des semaines entières avec eux, sans défiance, parce que c'étaient des malheureux comme eux, qu'ils appelaient quelquefois des nègres blancs.

Quand vous les aurez bien apprivoisés, ne les livrez jamais à leurs maîtres : votre honneur, non pas aux yeux des habitants, mais au jugement de votre conscience, y est intéressé. Alors, si leurs maîtres sont des hommes raisonnables, et que les fautes des noirs ne viennent que d'étourderie, tâchez d'arranger leur accord : que si vous voyez de la répugnance dans l'esclave, ne l'y forcez pas. Les Athéniens ne permettaient pas qu'on remît un esclave fugitif entre les mains d'un maître irrité. J'ai vu de ces infortunés, ramenés et cruellement punis, se livrer à des actes de fureur. Un jour une femme plaça l'enfant de son maître dans son lit et y mit le feu.

Sans doute que parmi ces malheureux vous en trouverez de laborieux, et que vous les gagnerez par de petits bienfaits. Vous leur ferez voir que vos noirs sont chaudement vêtus, bien nourris, jamais frappés; qu'ils ont des femmes, qu'ils vivent tranquilles, et vous leur proposerez d'en augmenter le nombre, puisqu'avec plus de travail ils sont beaucoup plus mal. Une fois que vous aurez bien éprouvé un esclave, proposez à son maître de vous le vendre; certainement il vous le vendra à bon marché, et quoique vous n'ayez pas d'argent, il vous donnera des termes pour le payer même en grains, si vous l'aimez mieux. Voilà donc comment vous tirerez parti de vos ennemis, car la reconnaissance apprivoise le cœur humain. Les habitants disent que les nègres sont des ingrats, parce qu'ils fuient ceux mêmes qui leur accordent des secours passagers; mais il ne faut point oublier les coups de fouet, les travaux forcés. Ces souvenirs sont restés dans leurs cœurs. Le parfum de la rose passe vite, mais la piqûre de son épine reste long-temps.

O hommes qui rêvez des républiques! voyez comme vos semblables abusent de l'autorité lorsque les lois la leur confient. Voyez la Pologne, dont les paysans sont si malheureux, la pauvre noblesse si humiliée. Voyez les Colonies, où coule le sang humain, où l'on entend le bruit des fouets. Ce sont pourtant vos semblables, qui parlent d'humanité comme vous, qui lisent les livres des philosophes, qui crient contre le despotisme, et qui sont des bourreaux lorsqu'ils ont le pouvoir. Dans un pays où les mœurs sont corrompues, il faut un gouvernement absolu : la force voir sa compagnie, et m'assura que le capitaine d'un maître, aidée de la force de la loi, s'opposera à toutes les injustices du peuple et des grands ; j'aime mieux les excès d'un seul que les crimes de tous.

ENTRETIENS

SUR LES ARBRES, LES FLEURS

ET LES FRUITS.

DIALOGUE PREMIER. *

DES ARBRES.

UNE DAME ET UN VOYAGEUR.

LA DAME.

Vous m'avez donné, monsieur, des curiosités fort rares. Comment appelez-vous ces jolis arbres de pierre qui ont des racines, des tiges, des masses de feuilles, et même des fleurs couleur de pêcher, dites-vous ? S'ils étaient verts, on les prendrait pour des plantes de nos jardins.

LE VOYAGEUR.

Madame, ce sont des madrépores. Rien n'est si commun dans les mers des Indes. Presque toutes les îles en sont environnées. Ils croissent

---

* On peut voir au tome 1ᵉʳ des Études, page 35, une critique faite par l'auteur lui-même du système développé dans ces Dialogues. Il n'écrivit ce badinage que pour prouver combien il est aisé d'étayer un principe faux d'observations vraies. (*Note de l'Éditeur.*)

sous l'eau, et y forment des forêts de plusieurs lieues. On y voit nager des poissons de toutes couleurs, comme les oiseaux volent dans nos bois.

LA DAME.

Ce doit être un spectacle charmant. Avez-vous apporté des fruits de ces arbres-là?

LE VOYAGEUR.

Ces plantes ne donnent point de fruits ; ce ne sont point des végétaux : ils sont l'ouvrage de petits animaux qui travaillent en société.

LA DAME.

Je ne m'en serais jamais doutée.

LE VOYAGEUR.

Il y a quelque chose de plus merveilleux. Vous voyez avec mes madrépores, des arbrisseaux qui ont de véritables feuilles, et dont les branches sont flexibles comme le bois : ce sont des lithophytes. Ces lithophytes et ces coraux sont également l'ouvrage de petits animaux marins.

LA DAME.

Mais enfin, quelle preuve en a-t-on ?

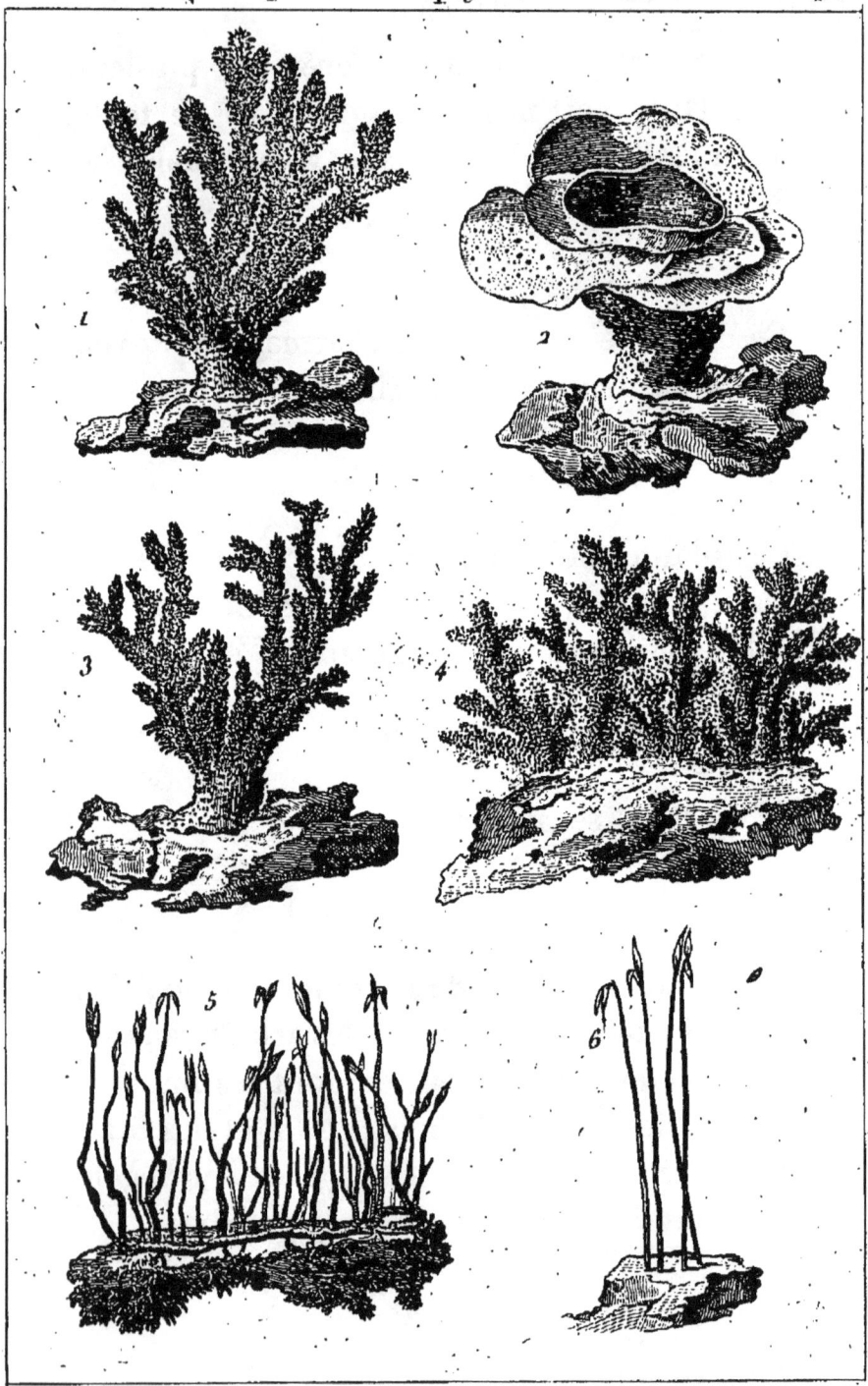

MADRÉPORES. 1. La Gerbe. 2. Le Chou. 3. Le Bouquet. 4. Le Réseda.
LITHOPHYTES. 5. La Forêt. 6. La Paille.

LE VOYAGEUR.

On les a vus avec de bons microscopes. La chimie a fait sur eux quelques expériences toujours un peu douteuses, parce qu'elle ne raisonne que sur ce qu'elle détruit.* Enfin, on a conclu que ces ouvrages si réguliers devaient appartenir à des êtres doués d'un esprit d'ordre et d'intelligence.

Après tout, de petits arbrisseaux ne sont pas plus difficiles à faire que les cellules de cire à six pans que maçonnent nos abeilles. On a disputé quelque temps ; à la fin tout le monde est resté d'accord.

LA DAME.

Si tout le monde le dit, il faut bien le croire. Je ne serai pas seule d'un avis contraire.

---

* Lorsque la chimie décompose une pêche ou un melon, elle trouve le même résultat. Une plante vénéneuse et une plante alimentaire, paraissent, dans ses opérations, formées des mêmes éléments. Il est vrai qu'en brûlant des matières animales, il s'en exhale une odeur alkaline, qui se retrouve dans la combustion des madrépores : mais nous avons des plantes végétales qui, même sans être détruites, ont le goût et l'odeur de la viande bouillie, de la morue sèche, etc. D'ailleurs, comment imaginer qu'il y ait une différence réelle entre les éléments du végétal et de l'animal, lorsqu'on voit un bœuf changer en sa substance l'herbe d'un pré ?

LE VOYAGEUR.

Ah ! si j'osais, j'aurais quelque chose de bien plus difficile à vous faire croire.

LA DAME.

Osez, monsieur. Il y a tant de choses incompréhensibles où il faut s'en rapporter à l'opinion publique !

LE VOYAGEUR.

Malheureusement mon opinion est à moi seul.

LA DAME.

Tant mieux ; j'aurai le plaisir de la combattre. Quand nous paraissons dans le monde, notre catéchisme est tout fait. Les hommes nous ont prescrit ce que nous devions penser, désirer et faire. J'aime à rencontrer des gens qui ne sont pas de l'avis des autres : on a le plaisir de détruire une erreur, ou d'adopter une vérité nouvelle. Voyons votre hérésie.

LE VOYAGEUR.

Madame, je crois que les fleurs de votre parterre et les arbres de votre parc sont habités.

LA DAME.

Vous croyez aux Hamadryades ? Vraiment votre système est renouvelé des Grecs. Je suis fâchée qu'on ait quitté leur philosophie ; elle était plus touchante que la nôtre. J'aimerais à croire que mes lauriers sont autant de Daphnés.

LE VOYAGEUR.

Les anciens étaient peut-être aussi ignorants que nous ; mais je ne suis ni de leur avis ni de celui des modernes.

LA DAME.

Quels sont donc les habitants de nos forêts ?

LE VOYAGEUR.

Ceux qu'ils logeaient dans les plantes étaient presque tous des infortunés ou des étourdis. L'un avait été tué au palet, l'autre était mort à force de s'aimer lui-même. Ils n'étaient pas plus heureux dans leur nouvelle condition. Un paysan coupait bras et jambes aux sœurs de Phaéton, pour faire un mauvais fagot de peuplier. Mes habitants sont très-sages, très-ingénieux, et n'ont rien à risquer.

LA DAME.

Je vous vois venir. Voilà une idée prise de vos

arbres de mer. Mais, monsieur, je vous avertis que je ne croirai point à vos animaux, que vous ne me les ayez fait voir occupés de leur travail.

LE VOYAGEUR.

Madame, vous avez cru ce que je vous ai dit des madrépores, dont personne ne doute.

LA DAME.

La chose n'intéresse personne. On s'embarrasse peu de ce qui se passe au fond de l'eau ; mais des objets qui sont sous la main, dont tout le monde fait usage, sur lesquels on a une opinion reçue, sont bien différents. Faites-moi voir, et je croirai.

LE VOYAGEUR.

Si vous étiez sur le sommet d'une très-haute montagne, et que vous vissiez à vos pieds la ville de Paris, vous jugeriez que ses clochers, ses rues, ses places si régulières, sont l'ouvrage des hommes, quoique les habitants échappassent à votre vue ?

LA DAME.

Oh! quand on sait une fois qu'une ville est l'ouvrage des hommes, la vue d'une autre ville rappelle la même idée.

LE VOYAGEUR.

Eh bien ! puisque nos plantes ressemblent aux madrépores, leurs habitants se ressemblent aussi.

LA DAME.

Prouvez-moi qu'elles sont habitées, comme s'il n'y avait pas de mer dans le monde. Les gens qui raisonnent par analogie sont trop à craindre.

LE VOYAGEUR.

Vous m'avez invité au combat, et vous m'ôtez le choix des armes.

LA DAME.

C'est qu'elles sont trop dangereuses entre les mains des hommes. Quand ils n'ont pas de bonnes raisons à nous donner, ils nous citent des autorités, des exemples, et finissent par nous persuader quelque sottise.

LE VOYAGEUR.

Mes animaux sont si petits, qu'ils échappent à notre vue. Si j'avais un microscope, je vous ferais voir des animaux vivants, dans des feuilles : vous seriez persuadée tout d'un coup.

LA DAME.

Oh! non. J'en ai vu : j'ai vu même cette poussière si fine qui couvre les ailes des papillons ; c'étaient de fort belles plumes. Il ne s'agit pas de prouver qu'il y a des animaux dans le suc des plantes, mais qu'elles sont fabriquées par eux. Il faut prouver qu'un arbre n'est pas un assemblage ingénieux de pompes et de tuyaux, où la sève monte et descend. Vous m'obligez de me servir de toute ma science.

LE VOYAGEUR.

Madame, on a piqué dans vos prairies, des tronçons de saule, qui ont poussé des racines et des feuilles ; si on y avait planté une des pompes de Marly, croyez-vous qu'il y serait venu une machine hydraulique ?

LA DAME.

Quelle folie ! Chaque partie des arbres est une machine vivante et entière, que l'humidité et la chaleur mettent en mouvement. C'est un ouvrage de la nature, bien supérieur aux nôtres.

LE VOYAGEUR.

Toutes les machines de la nature ont une organisation intérieure, qui ne les rend propres qu'à produire un certain effet, et par un endroit particulier. Par exemple, on voit dans l'oreille un tympan élastique et concave, propre à rendre les sons ; et dans l'œil, des membranes transparentes et convexes, qui rassemblent les rayons de lumière sur la rétine. L'œil est évidemment construit pour voir, et l'oreille pour entendre. Jamais un aveugle ne verra par son ouïe, et un sourd n'entendra par sa vue.

LA DAME.

Vous vous donnez bien de la peine pour prouver ce qui est évident.

LE VOYAGEUR.

Si donc un arbre est une machine, il doit avoir un lieu destiné à donner des feuilles, et un autre pour les racines. Les premières viendront toujours à une extrémité, et les chevelus de la racine, à l'autre.

LA DAME.

Il faut que je vous aide. Vous pouvez ajouter qu'un bourgeon de feuilles ne donne point de fruits : je sais très-bien distinguer les bourgeons à feuilles des bourgeons à fruits.

LE VOYAGEUR.

Eh bien! madame, si vous faites replanter vos saules la tête en bas, leurs racines donneront des feuilles.

LA DAME.

J'imagine, monsieur, que vous ne seriez pas assez hardi pour me citer des faits douteux.

LE VOYAGEUR.

Celui-ci est très-certain. Croyez-vous que si on renversait la Samaritaine dans la rivière, il monterait beaucoup d'eau dans son réservoir?

LA DAME.

Je n'ai rien à dire : on ne s'attend pas à une expérience folle.... Mais peut-être chaque partie change d'usage en changeant de position.

LE VOYAGEUR.

Toutes ces lois, composées et variables, ne ressemblent point à celles de la nature : elles sont simples et constantes. Dans toutes les machines que l'homme a examinées, chaque partie a son effet, qu'on ne peut changer en un autre.

Qu'un animal reste couché toute la vie, il ne lui viendra point de pattes sur le dos.

LA DAME.

Si le fait du saule renversé est vrai, comment l'expliquez-vous ? Voyons votre système : après tout, j'aime mieux l'attaquer que de défendre le mien. La défense n'est pas aisée, et les hommes nous chargent toujours du rôle le plus difficile.

LE VOYAGEUR.

Je pense, madame, qu'un arbre est une république. Lorsqu'on a planté le long de ce ruisseau des branches de saule, les petits animaux qui y étaient renfermés se sont portés au plus pressé. On a laissé tous les accessoires. Les feuilles ont été abandonnées et sont tombées. Les uns se sont occupés à clore la brèche qu'on avait faite à leur habitation, en la fermant par un bourrelet. Les autres ont poussé en terre des galeries souterraines, pour chercher des vivres et des matériaux propres à la communauté. S'ils ont rencontré un rocher, ils se sont détournés, ou ils l'ont environné de leur ouvrage, pour en faire un point d'appui. Dans quelques espèces, comme ceux du chêne, ils ont coutume d'enfoncer un long pivot qui soutient toute l'habitation. Chaque nation a sa manière. L'une bâtit sur pilotis, comme les Vénitiens; l'autre, sur la surface de la terre, comme les Sauvages élèvent leurs cabanes.

Quand le désordre a été réparé, on a cherché à multiplier les vivres. Il paraît que chez ces petits républicains, la population est fort prompte, parce que la subsistance est fort aisée. Ils vivent d'huiles et de sels volatils, dont l'air et la terre sont remplis. Pour saisir ceux qui sont dans l'air, ils ont imaginé de faire ce que font les matelots sur les vaisseaux où ils manquent d'eau douce; quand il pleut, ils étendent des voiles: de même ils se sont empressés de déployer les feuilles comme autant de surfaces. Pour empêcher le vent d'emporter leurs tentes, ils les ont attachées sur un seul point d'appui, à l'extrémité d'une queue souple et élastique, ce qui est très-bien imaginé.

Les uns montent par le tronc avec des gouttes de liqueur, les autres redescendent par l'écorce avec les aliments superflus. Vous jugez bien que si on renverse leur ouvrage comme dans l'expérience du saule, mes architectes ne perdront pas la tête : c'est comme si vous renversiez une ruche.

LA DAME.

On pourrait expliquer cela par une sève qui monte et descend d'elle-même, et qui prend dans les conduits de l'arbre, une forme constante, comme l'or qui passe à la filière.

LE VOYAGEUR.

Si la sève formait les feuilles, elle formerait également les fleurs et les fruits. Mais dans un sauvageon enté, les fruits de l'ente sont bons, tandis que ceux du pied ne changent point de nature. Si la sève, qui a monté par le tronc de l'ente, et qui est redescendue par son écorce, avait acquis quelque qualité, elle se découvrirait dans les fruits du sauvageon. Pourquoi cela n'arrive-t-il pas ?

LA DAME.

C'est à vous à vous défendre.

LE VOYAGEUR.

Les animaux du sauvageon apportent des matériaux pour fermer la brèche ; ceux de l'ente les prennent à mesure qu'ils arrivent : ils en fabriquent des fruits excellents, tandis que les autres n'en font rien qui vaille. La matière est la même, les conduits sont communs, mais les ouvriers sont différents.

LA DAME.

Si les arbres étaient peuplés d'animaux, l'hiver les ferait tous mourir ; car vous ne me persuaderez pas qu'ils ont des fourrures comme les castors.

LE VOYAGEUR.

Ils ont eu la précaution d'envelopper leurs maisons de plusieurs étoffes fort épaisses. Les unes sont souples comme des cuirs, les autres bien sèches, et semblables à une grosse croûte. Personne n'est assez malavisé pour se loger dans cette enceinte extérieure. Les arbres du nord, comme le sapin et le bouleau, ont jusqu'à trois écorces différentes.

LA DAME.

Selon vous, les arbres des pays chauds n'en ont donc point?

LE VOYAGEUR.

Ils n'ont que des pellicules par où la sève descend ; mais je n'y ai jamais vu de ces écorces raboteuses, insensibles et multipliées, qui paraissent nécessaires aux arbres des pays froids. Comparez l'oranger au pommier, qui vient cependant dans les climats tempérés.

LA DAME.

Vous m'étonnez, mais vous ne me persuadez pas. Si un arbre n'était pas une machine, il n'aurait pas reçu toutes ses dimensions, comme les machines des bêtes qui ont, chacune, une grandeur fixe. Selon vous, un arbre croîtrait toujours. Vos petits animaux étant toujours en action, on verrait des chênes gros comme des montagnes; un cerisier s'élèverait autant qu'un orme : ce seraient des travaux monstrueux et sans fin, et nous voyons le contraire.

LE VOYAGEUR.

A quoi sert l'élévation pour le bonheur? Ces petits animaux ont beaucoup de sagesse ; ils proportionnent toujours la hauteur de leur édifice à sa base.

En jetant les fondements de leur habitation, ils trouvent de grands obstacles dans la terre. C'est le voisinage d'un autre arbre ; ce sont des rochers; c'est, à quelques pieds de profondeur, un mauvais sol. En l'air, rien ne les arrête que la considération de leur propre sûreté. La preuve en est bien forte ; c'est que les plantes qui s'accrochent vont toujours en s'alongeant sans s'arrêter. Il y a des lianes aux îles, dont il ne serait pas facile de trouver les deux bouts. Voyez jusqu'où s'élèvent les haricots qui grimpent, tandis que la fève de marais acquiert à peine trois pieds de hauteur; cependant, ces deux légumes naissent et meurent dans la même année. La fortune de ceux qui rampent paraît sûre ; ceux qui s'élèvent d'eux-mêmes sont plus circonspects. Les arbres qui croissent sur les montagnes sont peu élevés : ceux de la même espèce qui viennent dans des vallons resserrés et profonds, n'ayant rien à craindre des vents, s'élèvent avec plus de hardiesse ; ils sont beaucoup plus grands.

Je suis persuadé que si la tige d'un orme traversait, dans son élévation, plusieurs terrasses, ses habitants rassurés y enfonceraient des pivots et élèveraient sa tête à une hauteur prodigieuse.

LA DAME.

Vous m'assurez cela bien gratuitement. Vous devenez hardi.

LE VOYAGEUR.

J'ai vu, aux Indes, les lianes dont je vous parle. J'y ai vu de nos plantes potagères devenir vivaces, et de nos herbes devenir des arbrisseaux. Les Chinois font sur les arbres une expérience curieuse, qui prouve pour mon opinion. Ils choisissent, sur un oranger, une branche avec son fruit ; ils la serrent fortement d'un fil de cuivre : ils environnent cet étranglement de terre humide ; il s'y forme un bourrelet et des racines : on coupe ce petit arbre, et on le sert sur la table avec son gros fruit. Si on l'avait laissé sur pied, n'aurait-il pas formé un second étage d'oranger ?

La preuve donc que les arbres ne sont pas des machines, c'est qu'ils peuvent toujours croître, et qu'ils n'ont pas une grandeur déterminée.

LA DAME.

Vous n'avez évité un mauvais pas que pour tomber dans un autre. Selon vous, les arbres ne devraient jamais mourir. Un arbre étant une espèce de ville, dont les familles se reperpétuent, on devrait voir des chênes aussi vieux que Paris.

LE VOYAGEUR.

Tout a son terme ; à la longue les canaux s'obstruent. On prétend que les chênes vivent trois cents ans : trouvez-moi une ville dont les maisons aient duré si long-temps sans se renouveler. Les quartiers de Paris qui existaient il y a trois siècles, ne subsistent pas plus que les hommes qui les habitaient : il faut en excepter quelques édifices publics.

LA DAME.

Trois cents ans font une belle vieillesse : aussi je respecte beaucoup les vieux arbres. Je n'ai pas voulu faire abattre ceux de mon parc; ils ont vu mes aïeux, et ils verront mes petits-enfants. Cette idée-là me touche. Demain nous continuerons : je vous donne rendez-vous au milieu de mes fleurs.

DIALOGUE SECOND.

DES FLEURS.

LA DAME.

J'AI fait des rêves charmants. Je me croyais une reine plus puissante que Sémiramis. Dans chaque plante de mon jardin, j'avais une nation laborieuse, tout occupée à travailler pour moi. Les peuples du nord et ceux du midi vivaient sous mon empire. Je voyais les habitants du sapin couvrir leur habitation d'épaisses fourrures, et ceux de l'oranger s'habiller à la légère, comme s'ils étaient sous les tropiques.

LE VOYAGEUR.

Je suis charmé que mon système vous plaise ; vous commencez à en être persuadée.

LA DAME.

Oh! je n'en crois pas un mot. Vos animaux ne ressemblent point à ceux que nous connaissons ; il paraît qu'ils n'ont aucun des sens les plus communs. Ont-ils le goût, la respiration, la vue, le toucher ? Vous parlez bien de leurs actions, mais vous vous gardez de toucher à leurs personnes.

LE VOYAGEUR.

Madame, vous me faites une mauvaise querelle. Doutez-vous que les Romains qui ont bâti l'amphithéâtre de Nîmes, n'aient bu, mangé et dormi, quoique les historiens qui parlent de ce monument n'en fassent pas mention ?

Il y a des choses qui sautent aux yeux. Vous faites arroser tous les jours votre parterre; et vous demandez si ses habitants boivent? Vous savez que quand les plantes manquent d'air ; elles périssent ; et vous demandez s'ils respirent? Vous voyez beaucoup de fleurs se refermer pendant la nuit; * il y a même des arbres, comme le tamarinier, dont toutes les feuilles se reclosent dans les ténèbres : ils sont donc sensibles à la lumière.

* Non-seulement les fleurs se referment pendant la nuit, mais il y en a qui changent de couleurs.

N'avez-vous pas vu la sensitive se mouvoir et se resserrer dès qu'on la touche?

LA DAME.

J'en ai été bien étonnée. On prétendait que c'était un effet produit par la chaleur de la main; mais je vous assure qu'elle faisait le même mouvement quand on la touchait avec une canne.*

LE VOYAGEUR.

On expliquait de même, par la chaleur, la contraction des fleurs; comme si le même effet n'arrivait pas toutes les nuits, quelle que soit leur température. J'ai vérifié aussi la fausseté de ce raisonnement.

LA DAME.

Vous m'avez échappé; mais je vous rattraperai. Répondez à cette objection: Il n'y a point d'animaux qui fassent des travaux inutiles pour eux: cependant les vôtres bâtissent des fleurs qui ne sont qu'un objet d'agrément pour les hommes, de grandes roses qui ne durent qu'un jour, et qui ne leur servent à rien.

* Un bâton, une pierre jetée, et même le vent, font mouvoir la sensitive d'un mouvement intérieur et apparent.

LE VOYAGEUR.

Il faut reprendre le fil de leur histoire. Lorsque la nation est devenue nombreuse, elle songe à envoyer des colonies au dehors. On choisit les beaux jours du printemps pour travailler aux provisions des émigrants. On apporte le sucre, le lait et le miel. Ces riches denrées sont déposées dans des bâtiments construits avec un art admirable. L'action du soleil paraît ici de la plus grande importance, soit pour perfectionner les vivres, soit plutôt pour échauffer l'ardeur des mariages. Il paraît que chez ces peuples on ne fait point de détachement au dehors, sans unir chaque citoyen par le lien le plus puissant qui soit dans la nature. Nous faisions autrefois la même chose dans nos premiers établissements au Mississipi. On y envoyait des vaisseaux tout chargés de nouveaux mariés.

Les mâles élèvent des pistils, au sommet desquels ils se logent dans des poussières dorées; de là ils se laissent tomber au fond des fleurs, où les attendent leurs épouses.

Il paraît que la fleur est l'ouvrage des femmes. Elle est formée avec de riches tentures de pourpre, de bleu céleste, ou de satin blanc. C'est une chambre nuptiale, d'où s'exhalent les plus doux parfums. Souvent c'est un vaste temple, où se célèbrent à-la-fois plusieurs hymens ; alors chaque feuille est un lit, chaque étamine une épouse, et plusieurs familles viennent habiter sous le même toit.

Quelquefois les femelles paraissent seules sur un arbre, et les mâles sur un autre. Peut-être, dans ces républiques, le sexe le plus fort subjugue le plus faible, et dédaigne de l'associer aux fêtes publiques, quoiqu'il s'en serve pour les besoins particuliers ; à-peu-près comme les Amazones, qui avaient des esclaves mâles, mais qui ne s'alliaient qu'aux peuples libres.

Sur le palmier, la femelle dresse seule le lit conjugal; si le mâle, dans une forêt éloignée, aperçoit le temple de l'amour, il se laisse aller au gré des vents, sur des poussières que les botanistes appellent fécondantes.

LA DAME.

En vérité, monsieur, vous vous laissez aller à votre imagination. De tout ce que vous avez dit, je n'ai fait attention qu'à la forme de la fleur. Vous la croyez propre à réunir la chaleur : c'est une idée nouvelle, et qui me plaît : j'aime à croire qu'une rose est un petit réverbère.

LE VOYAGEUR.

Observez, je vous prie, que le plan des fleurs est presque toujours circulaire, de quelque forme que soit le fruit. Leurs pétales sont disposés alentour, comme des miroirs plans, sphériques, ou elliptiques, propres à réfléchir la chaleur au foyer de leurs courbes : c'est là que doit se former l'embryon qui contient la graine. Les fleurs qui donnent des graines sont simples, parce qu'il eût été inutile de mettre des miroirs derrière d'autres miroirs.

Dans les végétaux dont le suc est visqueux et plus difficile à échauffer, comme les plantes bulbeuses et aquatiques, mes petits géomètres construisent des réverbères contournés en fourneaux ; ce sont des portions de cylindre, de larges entonnoirs, ou des cloches. C'est ce que vous pouvez voir dans les lis, les tulipes, les hyacinthes, les jonquilles, les muguets, les narcisses, etc... Ceux qui travaillent dès l'hiver adoptent aussi cette disposition avantageuse, comme on le voit dans les perce-neiges et les primevères.

Ceux qui bâtissent à une exposition découverte, et qui s'élèvent peu,* comme dans la marguerite et le pissenlit, font des miroirs presque plans. Ceux qui sont un peu plus à l'ombre, comme dans les violettes et les fraises, se forment des miroirs plus concaves.

---

* Les plantes qui s'élèvent peu sont échauffées par le sol même. En beaucoup d'endroits, l'herbe conserve sa verdure toute l'année. Les mousses fleurissent en hiver.

Ceux qui travaillent à s'expatrier dans une saison chaude, découpent la circonférence de la fleur, afin de diminuer son effet; comme on le voit dans les cruciées, les bluets, les œillets, etc... D'autres en chiffonnent les pavillons, comme ceux de la grenade et du coquelicot; où ils cessent d'en présenter le disque au soleil, et naissent à l'abri des feuilles, comme dans les papilionacées, dont la forme ne doit pas réunir les rayons directs du soleil, mais doit rassembler une chaleur reflétée.

Ils ont encore une industrie : c'est que les fleurs de l'été, qui ont de grands bassins, ne sont attachées qu'à des ligaments très-faibles; elles défleurissent vite : par exemple, le coquelicot, le pavot, les roses de Provence, les fleurs de grenade.

Il y en a, comme les plantes appelées *soleils*, qui n'ont que des rayons autour de leur circonférence; mais la fleur est posée sur un pivot flexible, et tous ses habitants sont attentifs à la tourner vers le soleil. Ne croiriez-vous pas voir des académiciens qui dirigent vers cet astre un grand miroir ou un long télescope ?

LA DAME.

Mais la couleur des fleurs ne servirait-elle pas encore à l'effet des rayons réfléchis?

LE VOYAGEUR.

Je suis charmé, madame, que vous me fournissiez cette observation. Le blanc et le jaune sont, comme vous le savez, les plus favorables : aussi la plupart des fleurs du printemps et de l'automne ne sortent guère de ces teintes légères ; avec une chaleur faible, il fallait des miroirs fort actifs.

Les fleurs de ces deux saisons qui ont des réverbères d'un rouge foncé, comme les anémones, les pivoines et quelques tulipes, ont leur centre noir et propre à absorber directement les rayons. Les fleurs d'été ont des couleurs plus foncées et moins propres à réverbérer. On trouve dans cette saison beaucoup de bleu et de rouge ; mais le noir est très-rare, parce qu'il ne réfléchit rien du tout.*

L'élévation des plantes, la grandeur, la couleur et la coupe de leurs fleurs, paraissent combinées entre elles. Cette manière nouvelle de les considérer peut exercer la plus sublime géométrie.

LA DAME.

Je suis bien aise que vous donniez à mes fleurs un air savant ; je croyais qu'elles n'étaient faites que pour plaire. Mais pourquoi les fleurs qui

---

* Dans les pavots, dont la couleur est brune et très-foncée, on remarque que les corolles sont brûlées du soleil avant que la fleur soit tout-à-fait développée.

mûrissent des graines inutiles sont-elles si belles, tandis que celles du blé, de l'olivier et de la vigne sont si petites ?

LE VOYAGEUR.

La nature fait souvent des compensations. Elle a peut-être voulu nous donner le nécessaire avec simplicité, et le superflu avec magnificence.

LA DAME.

A vous entendre, dans les pays très-chauds les fleurs doivent être fort rares.

LE VOYAGEUR.

Entre les tropiques, je n'ai vu aucune fleur apparente dans les prairies, quoiqu'on ait essayé d'y faire venir des marguerites, des trèfles, des bassinets, etc. La plupart même de celles d'Europe n'y réussissent pas dans les jardins. De grands réverbères donnent trop de chaleur.

LA DAME.

Aucun voyageur n'avait encore dit cela. Ces prairies doivent être bien tristes. Les arbres de ces pays ne doivent donc pas porter de fleurs ?

LE VOYAGEUR.

Pardonnez-moi. Sans fleurs, il n'y a pas de graines.

Quand les arbres des Indes sont bien feuillés, les fleurs naissent à l'abri des feuilles. Leur circonférence n'est jamais bien entière, comme vous pouvez le voir dans celle des fleurs d'oranger et de citronnier.

Quand les arbres ont peu de feuilles, comme une espèce appelée *agati*, et les familles des palmiers, telles que les dattiers, cocotiers, lataniers, palmistes, etc., leurs fleurs naissent en grappes pendantes. Dans cette situation renversée, elles ne sauraient être brûlées par un soleil trop ardent; il ne s'y rassemble qu'une chaleur réfléchie. Les arbres de nos climats qui donnent des grappes de fleurs, les portent droites, comme le troène, la vigne, le lilas, etc.

LA DAME.

Il me semble que les petits animaux des Indes ont plus d'esprit que ceux d'Europe.

LE VOYAGEUR.

Ils ont des besoins contraires. Dans nos climats, il leur faut de la chaleur : aussi les nôtres bâtissent les fleurs avant les feuilles, et les ouvrent à découvert aux premiers jours du printemps, comme on le voit dans les amandiers, pêchers, abricotiers, cerisiers, poiriers, pruniers, coudriers, et même dans les ormes et les saules. Leur forme est ordinairement en rose, ce qui donne des formes de miroir bien concaves et bien circulaires.

Dans les pays du nord, ils bâtissent des fleurs solides formées de chatons et d'écailles. Elles sont rangées sur des cônes comme sur des espaliers. Les fleurs et les parois qui les appuient sont échauffés à-la-fois par le soleil. Celles des sapins et des bouleaux en seraient brûlées dans les pays chauds; aussi ces arbres n'y peuvent-ils croître.

Enfin, une preuve bien forte que les pétales des fleurs servent à échauffer l'embryon où est la graine, c'est qu'on ne les trouve pas sur les fleurs mâles qui naissent sur des arbres séparés; ces parties n'y seraient d'aucune utilité.

LA DAME.

Voilà qui est admirable, de quelque façon que cela arrive. Il me semble que je pourrais faire mûrir ici du café en mettant des réverbères autour des fleurs. Il me semble qu'à l'inspection de la fleur, on peut juger si l'arbre qui la donne résistera à un climat ardent. Je croirais bien que les papilionacées peuvent y réussir, parce qu'elles sont renversées.

LE VOYAGEUR.

Vous avez raison, madame ; les fleurs de beaucoup d'arbres et d'arbrisseaux de l'Inde ont cette forme ; beaucoup donnent des fruits légumineux, ce qui est très-rare en Europe. Ici les fruits semblent chercher le soleil ; là, ils semblent l'éviter. La plupart naissent au tronc, ou pendent à des grappes.

LA DAME.

Vous ne m'échapperez pas de tout le jour, vous viendrez dîner avec moi ; nous raisonnerons sur les fruits au dessert. Je ne puis pas fournir à votre système une meilleure bibliothèque. Vous tirerez parti des livres d'une manière ou d'autre.

DIALOGUE TROISIÈME.

DES FRUITS.

LA DAME.

Je trouve un grand défaut à votre système : vos animaux raisonnent trop conséquemment ; ils sont plus sages que les hommes.

LE VOYAGEUR.

C'est que l'homme acquiert son expérience, et que l'animal la reçoit. L'araignée file dès qu'elle sort de son œuf. La portion d'intelligence qui a été donnée à chaque espèce est toujours parfaite, et suffit à ses besoins. Je vous prie même d'observer que plus l'animal est petit, plus il est industrieux. Dans les oiseaux, l'hirondelle est plus adroite que l'autruche ; dans les insectes, c'est la fourmi. Il semble que l'adresse a été donnée aux plus faibles, comme une compensation de la force. Ainsi mes animaux étant très-petits, il y a apparence qu'ils sont très-prudents.

LA DAME.

J'ai bien envie de les voir partir pour les Colonies.

LE VOYAGEUR.

Dès qu'une chaleur suffisante, rassemblée par la fleur, a réuni les familles au fond des calices, toute la nation est occupée à y porter du miel et du lait. Le lait est une substance qui paraît destinée à tous les jeunes animaux : le jaune d'un œuf même, délayé dans l'eau, donne une substance laiteuse. La colonie réside d'abord dans le lieu qu'on appelle le germe. Les provisions sont alentour, sous la forme d'un lait qui se change ensuite, par l'action du soleil, en une substance solide et huileuse.

On enveloppe la colonie et ses provisions d'une coque fort dure, pour la mettre à l'abri des événements. Cette couverture a quelquefois la dureté d'une pierre, comme dans les fruits à noyau, mais on a grande attention d'y ménager une suture, comme dans la noix, ou de petits trous à l'extrémité, fermés par une soupape ; c'est par cette porte que doit sortir la nouvelle famille. Il n'y a pas une graine qui n'ait l'équivalent de cette organisation.

LA DAME.

Ah ! vous leur supposez trop d'industrie.

LE VOYAGEUR.

Je ne leur en donne pas plus qu'aux insectes les plus communs. L'araignée, qui met ses œufs dans un sac, y laisse une ouverture. Le ver-à-soie, qui s'enferme dans un cocon, en rend le tissu fort serré, excepté à l'endroit de la tête où il se ménage une sortie. C'est une précaution commune à tous les vers. Mais comme les animaux qui travaillent en société ont plus d'adresse que les autres, ceux-ci en ont une bien merveilleuse. Pendant qu'on travaille à construire le bâtiment, et à rassembler le lait de la nouvelle colonie, de peur que les oiseaux ne détruisent l'ouvrage, on l'environne d'une substance désagréable au goût, comme le brou des noix qui est amer; quelquefois aussi on fortifie la ville nouvelle de palissades pointues, comme celles qui hérissent la coque de la châtaigne.

LA DAME.

Vous leur accordez bien de l'expérience : qui leur a dit que les oiseaux viendraient les attaquer ?

LE VOYAGEUR.

Celui qui a dit au lapin de se creuser des terriers, et à la huppe de suspendre son nid au bout de trois fils. Leur postérité agira toujours de même ; comme les canards qui vont à l'eau sans avoir vu leurs pères nager.

LA DAME.

Je ne suis plus étonnée que la rose ait des épines ; ceux qui l'ont bâtie ont pris pour toute la plante les précautions que ceux du châtaignier ont prises pour le fruit. Je suis charmée de leur prévoyance ; la fleur la mérite.

LE VOYAGEUR.

Cette défense est commune à plusieurs arbrisseaux qui naissent sur les lisières des bois, exposés aux insultes des animaux qui paissent ; le jonc marin, la ronce, les épines blanche et noire ; les groseillers, et même l'ortie et le chardon, qui croissent le long des chemins, sont garnis et hérissés de pointes très-aiguës. Ces plantes sont fortifiées comme des places frontières.

LA DAME.

Eh bien ! quand la colonie a ses provisions, comment fait-elle pour s'établir ailleurs ?

LE VOYAGEUR.

Si ces insectes avaient reçu des ailes, ils se seraient envolés ; mais il paraît qu'ils ne peuvent s'exposer à l'air sans danger. Ils ne vivent que dans les liqueurs. Ils s'enferment dans des vaisseaux bien carénés, bien pourvus, et voici comme ils entreprennent leur navigation.

Pour ceux qui sont suspendus en haut, toute la traversée ne consiste que dans une chute. Le fruit tombe et va en bondissant s'arrêter à trente pas de la métropole. Remarquez que les fruits qui tombent de haut sont arrondis, et que plus ils sont élevés, plus le fruit est dur. Le gland, la faîne, la châtaigne, la noix, la pomme de pin, résistent très-bien à la violence de la secousse. N'admirez-vous pas leur précaution d'avoir songé, en s'élevant si haut, à tomber avec sûreté ?

LA DAME.

Ce serait quelquefois une leçon utile aux hommes. Mais cette manière de tomber est commune à tous les fruits.....

LE VOYAGEUR.

Pardonnez-moi. Les animaux qui travaillent dans le tilleul, qui croît dans les terres humides et molles, savent bien que, s'ils avaient bâti des vaisseaux lourds, le poids les eût enfoncés dans le lieu même de leur chute. Ils ont construit des graines attachées à un long aileron. Elles tombent en pirouettant, et le vent les porte fort loin de là. Le saule, qui vient aux mêmes lieux, a des aigrettes ainsi que le roseau. L'orme a une graine placée au milieu d'une large follicule. Vous voyez qu'au moyen de ces voiles, on peut aller loin. Je suis porté à croire que l'orme est l'arbre des vallées par la construction de sa graine.

LA DAME.

Je ne suis plus étonnée de voir les cerisiers et les pêchers s'élever à une hauteur médiocre. Une pêche mûre qui tomberait de la hauteur d'un orme n'irait pas loin. Mais comment font ceux qui ne s'élèvent pas ? Il ne leur est pas possible de rouler.

LE VOYAGEUR.

Les animaux des bluets, des artichauts, des chardons, etc., attachent leurs colonies à des volants ; le vent les emporte. Vous en voyez, en automne, l'air rempli. Ils sont suspendus avec beaucoup d'industrie, et quoiqu'ils voyagent fort loin, la graine tombe toujours perpendiculairement. Il y a des espèces de pois qui ont des coques élastiques ; en s'ouvrant, lorsqu'elles sont mûres, elles lancent leurs graines à dix pas de là. C'est aussi l'industrie de la balsamine. Croyez-vous à présent qu'une plante soit une machine hydraulique ?

LA DAME.

Vous ne me citez que les exemples qui vous sont favorables ; vous ne me dites pas comment font ceux qui bâtissent des fruits mous et peu élevés ; ceux de la framboise et de la fraise ne volent ni ne roulent.

LE VOYAGEUR.

Vous avez vu que les habitants du noyer et du châtaignier se fortifiaient contre les oiseaux : ceux du fraisier et du framboisier font bien mieux, ils tirent parti de leurs ennemis. Ceux-là sont des guerriers, ceux-ci sont des politiques. Ils s'entourent d'une substance agréable et d'une couleur éclatante. Les oiseaux s'en nourrissent, et les ressèment dans les bois, qui en sont remplis. Ils avalent les fruits sans faire tort à la graine ; elle est si dure qu'elle échappe à leur digestion. Beaucoup de fruits mous, qui ont des noyaux, sont ressemés de la même manière. Cette ruse n'est pas réservée aux seuls animaux de notre hémisphère. La muscade est une espèce de pêche des Moluques ; sa noix est d'un grand revenu aux Hollandais : ils la détruisent dans toutes les îles éloignées de leurs comptoirs, pour s'en réserver la récolte à eux seuls ; mais elle repousse par-tout : c'est un oiseau marin qui la ressème après l'avoir avalée. Tant l'homme est faible, quand il attaque la nature : une nation ne saurait détruire un végétal.

LA DAME.

Hélas ! l'homme n'a pas été préservé avec tant de soin ; des nations entières ont été exterminées par d'autres nations, sans qu'il en soit réchappé un seul. Mais il faut adorer la Providence : je l'admire dans sa prévoyance, que je n'aurais pas soupçonnée. Je croyais qu'un arbre laissait tout simplement tomber ses graines : je vois bien qu'elles auraient manqué d'air et d'espace, et, pour me servir de vos termes, que la métropole, en vieillissant, aurait anéanti toutes les colonies sous ses ruines. Mais l'idée de vos animaux est-elle bien conforme à l'action de cette Providence ?

LE VOYAGEUR.

Le roi de Prusse avait ordonné que l'on coupât des forêts pour donner des terrains à de nouvelles familles. La chambre du domaine de Berlin lui représenta que le bois allait devenir fort rare. Il lui répondit : J'aime mieux avoir des hommes que des arbres. Croyez-vous que le grand Roi de tous les êtres n'a pas mieux aimé régner sur des millions de peuples différents que sur des machines aveugles ?

LA DAME.

Vous allez rendre aussi le bois fort rare. Votre système est séduisant, mais il me laisse des doutes : vous ne me montrez pas les animaux ; on ne croit qu'à moitié, quand on n'a pas vu.

LE VOYAGEUR.

Vous avez vu des animaux se mouvoir dans le suc des plantes.

LA DAME.

Mais je ne les ai pas vus travailler, agir de concert, et faire toutes les choses admirables que vous m'avez dites.

LE VOYAGEUR.

Regardez mes madrépores et mes lithophytes : il y en a qui ressemblent à des choux, d'autres à des gerbes de blé. Ce sont les plantes de la mer ; les nôtres sont les madrépores de l'air.

LA DAME.

Ce n'est plus la même chose : vous m'avez dit que les madrépores ne donnent pas de fruits.

LE VOYAGEUR.

Cela n'est pas bien prouvé. D'ailleurs, ils vivent dans un fluide où il n'y aurait eu pour leurs fruits, ni chute ni roulement : il était donc inutile d'environner la colonie d'un corps lourd, ou d'une substance légère comme les aigrettes des graines qui seraient venues à la surface de l'eau. Il est cependant certain qu'on a observé dans leurs fleurs, un suc laiteux semblable à celui des graines de nos fruits : cette laite se répand dans la mer, comme celle des poissons.

Les éléments changent les mœurs et les arts. Un matelot et un bourgeois sont des hommes, cependant un vaisseau n'est pas fait comme une maison.

Les petits animaux qui bâtissent les plantes de l'air, vivent au milieu d'un élément qui est pour eux dans un mouvement perpétuel. Ils sont si petits, qu'un zéphyr leur semble un ouragan. Ils ont pris les plus grandes précautions pour assurer les fondements de leurs édifices, et pour transporter leurs familles sans risques. Ils les enclosent dans des bâtiments bien couverts, afin qu'elles ne soient pas dispersées.

Ceux qui bâtissent dans la mer, vivent au milieu d'un fluide, dont les parties ne s'ébranlent pas aisément : elles ne sont remuées que par flots, et par grandes masses. Les gouttes n'en sont pas mobiles et pénétrantes comme les globules de l'air, que la chaleur dilate et resserre sans cesse. Il ne leur fallait donc pas des appartements bien clos comme les graines, puisqu'ils ne couraient pas le risque d'être dissipés si facilement. Je crois au reste avoir observé que leur laite est enduite d'une glaire qui n'est pas aisée à dissoudre.

Si les animaux qui travaillent dans l'eau, eussent vécu dans un élément encore plus solide, par exemple dans la terre, ils n'auraient été exposés à aucune espèce d'agitation. Il est probable qu'alors ils n'auraient pas eu besoin d'enfoncer des racines, d'élever des tiges, d'étendre des feuilles, de façonner des fleurs, et de fabriquer des fruits, comme ceux de l'air.

LA DAME.

Vraiment vous avez raison : aussi la truffe n'a aucune de ces parties-là ; elles lui seraient inutiles. J'ai vu des gens bien embarrassés à deviner comment elle peut se reproduire. J'imagine que dans les sécheresses, les petits animaux se communiquent entre eux par les fentes intérieures du sol où ils vivent. Il règne là un calme éternel : ce sont des canaux d'un fluide tranquille, où la navigation est fort aisée : il n'y faut point de vaisseaux ; on peut y nager en sûreté. A quoi serviraient les fleurs à une plante qui ne voit pas le soleil, et les racines à un végétal qui n'éprouve aucune secousse? Cette découverte me fait grand plaisir : je suis fâchée cependant que les animaux d'un fruit que j'aime beaucoup, aient si peu d'industrie.

LE VOYAGEUR.

Elle est proportionnée à leurs besoins : c'est une loi commune à tous les êtres animés. L'homme, qui est le plus indigent de tous, en est aussi le plus intelligent.

LA DAME.

Il vaudrait mieux en être le plus heureux. Ceux qui habitent les truffes sont peut-être plus contents que ceux qui vivent dans des palais.

Je trouve dans votre système des idées neuves. Il me paraît très-vraisemblable que les fleurs sont des miroirs. On peut, ce me semble, en tirer des conséquences utiles, ainsi que des graines. Je crois qu'il ne faut pas trop les enfoncer lorsqu'on les sème, puisque la nature les répand à la surface de la terre, et qu'elle repeuple ainsi les prairies et les forêts. L'industrie des graines qui volent, qui roulent, et qui s'élancent, me paraît admirable : mais sans doute ces mouvements peuvent s'attribuer à d'autres lois. Il faudrait, pour que votre système eût une certaine force, qu'après avoir rendu raison des effets ordinaires de la végétation, il en expliquât les phénomènes.

LE VOYAGEUR.

Vous en agissez avec moi comme les dames des anciens chevaliers : quand ils sortaient du tournoi, elles les envoyaient combattre un Géant ou un Maure. N'êtes-vous pas contente de savoir que la truffe est un madrépore de terre? Il a toutes les parties qui lui conviennent, et il ne peut en avoir d'autres. S'il y a d'autres végétations dans la terre, elles n'auront de même aucune des parties de celles qui vivent dans l'air. Je connais une racine et une fleur qui sont pareillement isolées, et par des raisons semblables : mais il me suffit de vous avoir résolu un fait inexplicable, la reproduction de la truffe.

LA DAME.

Oh! c'est moi qui l'ai expliqué : mais en voici un dont toutes les lois de l'hydraulique ne sauraient me rendre raison. Lorsqu'un arbre est jeune et plein de suc, souvent il continue de pousser des branches et des feuilles, sans donner de fleurs. Un jardinier expérimenté déterre une partie de ses racines, et il devient fécond. Pourquoi ne donne-t-il des fruits que quand il perd sa nourriture?

LE VOYAGEUR.

Les animaux qui ont des vivres en abondance, ne songent point à s'expatrier; ils cherchent à augmenter les logements : ils ne fabriquent que du bois. Dès qu'on leur a coupé les vivres, ils voient qu'il est temps d'envoyer des colonies s'établir au loin : on ne peut plus fourrager aux environs de la place.

LA DAME.

Celui-là était trop aisé : en voici un plus difficile. Lorsqu'un arbre a reçu quelque dommage considérable ; par exemple, lorsqu'on lui a enlevé une partie de son écorce, au printemps il se charge de fleurs, ensuite de fruits, après quoi il meurt. Pourquoi à la veille de sa ruine rapporte-t-il plus qu'à l'ordinaire ?

LE VOYAGEUR.

Dans l'arbre écorcé, le conseil s'assemble ; et voici comme on raisonne : « On nous a fait une » brèche irréparable ; nos remparts et nos che- » mins sont détruits : nous allons mourir de froid » ou de faim, allons nous-en. » Tout le monde se met à construire des fleurs ; on se retire dans les fruits; la métropole est abandonnée, et l'arbre meurt l'année suivante.

LA DAME.

Je ne sais par où vous prendre. Il me semble que vous satisfaites à toutes les difficultés; le système ordinaire en laisse de grandes. J'avais ouï expliquer le développement des plantes, par l'air qui monte en ligne droite dans les canaux de la végétation, et cependant j'avais vu les pivots des pois se recourber vers la terre qu'ils semblent chercher. J'avais ouï dire que dans les germes, la plante était tout entière avec ses graines à venir, qui contenaient encore les plantes futures, ainsi de suite à l'infini ; ce qui me paraissait tout-à-fait incompréhensible.

LE VOYAGEUR.

Il y a un degré en descendant où la matière n'est plus susceptible de forme ; car la forme n'est que les limites de la matière. Si cela n'était pas, il y aurait autant de matière dans un gland que dans un chêne, puisqu'il y aurait autant de formes, attendu qu'il y a, dit-on, un chêne tout entier renfermé dans le gland.

Si on me dit qu'il n'y a que les formes principales, je demanderai où sont les autres, qui sont toutes essentielles dans un chêne développé.

S'il n'y a que les formes principales, parce que l'espace est trop petit, celui des seconds glands étant beaucoup plus petit, le nombre des formes principales doit encore diminuer. Or, toute grandeur qui décroît vient nécessairement à rien. Dans ces glands imaginaires, qui vont toujours en diminuant, il y aurait un terme où la race des chênes devrait s'arrêter et finir.

Voilà, cependant, l'hypothèse dont on s'est servi pour raisonner sur la végétation. Je suis charmé que vous ayez adopté mes idées.

LA DAME.

Monsieur, point du tout, je vous assure.

LE VOYAGEUR.

Comment, madame, vous n'êtes pas persuadée ! Y a-t-il encore quelque dragon à combattre ?

LA DAME.

Un grand scrupule. Je ne saurais imaginer que, pour soutenir ma vie, je détruise celle d'une infinité d'êtres. Eussiez-vous raison, j'aime mieux me tromper que de croire une vérité cruelle.

LE VOYAGEUR.

On est sensible quand on est belle ; mais voilà la première fois qu'on rejette un système par compassion. Les anatomistes ont plus de courage ; quand ils en font un, ils tuent tout ce qui leur tombe sous la main. Il y eut un Anglais qui fit ouvrir toutes les biches pleines d'un grand parc, pour découvrir les lois de la génération, qu'il n'a point découvertes.

LA DAME.

Je ne veux point ressembler à ces savants-là. J'aime ceux d'aujourd'hui, qui recommandent la tolérance et l'humanité qu'on devrait étendre jusqu'aux animaux. Je sais bien bon gré à M. de Voltaire d'avoir traité de barbares ceux qui éventrent un chien vivant pour nous montrer les veines lactées. Cette idée fait horreur.

LE VOYAGEUR.

Mes expériences n'ont coûté la vie à aucun animal. J'ai même de quoi vous rassurer ; ceux qui vivent dans les fruits échappent à votre digestion comme à votre vue : n'en avez-vous pas une preuve dans les oiseaux qui ressèment les graines des fraisiers ?

LA DAME.

Je veux vous croire ; après tout, si je suis trompée, j'ai été amusée. Vous m'avez appris sur la nature, des faits plus piquants que les anecdotes de la société. Nous n'avons ni médit, ni joué ; et, ce qui est plus rare, vous ne m'avez point dit de fadeurs, suivant la coutume de ceux qui veulent instruire les dames. Le temps a été fort bien employé ; mais j'en dois faire encore un meilleur usage : je vais rejoindre mon mari et mes chers enfants. Adieu, monsieur le Voyageur.

LE VOYAGEUR *lui fait une profonde révérence.*

(*En s'en allant.*)

O le bon cœur ! ah la digne femme ! Quand en aurai-je une comme celle-là ?

EXPLICATION

DE QUELQUES TERMES DE MARINE,

A L'USAGE

DES LECTEURS QUI NE SONT PAS MARINS.

EXPLICATION

DE QUELQUES TERMES DE MARINE,

A L'USAGE

DES LECTEURS QUI NE SONT PAS MARINS.

J'AI joint à l'explication de quelques termes nautiques, employés dans ce Journal, des étymologies qui ne sont point savantes, mais conformes à l'esprit du peuple. Par-tout c'est le peuple qui donne le nom aux choses, et il le prend ordinairement de la partie la plus nécessaire de chaque objet : ainsi, le bord d'un vaisseau étant sa partie principale, puisqu'on n'est séparé de la mer que par un *bord*, les marins disent aller à *bord*, être sur le *bord*, pour dire aller, ou être sur le *vaisseau*.

Ne dit-on pas : *La maison de Bourbon* est très-ancienne ? Comme la maison renferme la famille, le peuple a transporté ce nom à ceux qui l'habitent, à leurs ancêtres, et à leur postérité. Remarquez bien qu'il n'emploie que le nom des choses qui sont à son propre usage. Pour désigner *la famille royale*, il ne dit pas l'hôtel, le château, ou le palais de Bourbon, parce qu'il n'habite lui-même que dans des maisons.

Les Arabes, qui demeurèrent fort long-temps sous des tentes, trouvèrent, en se fixant dans des maisons, que la *porte* en était la partie la plus essentielle : c'était aussi pour ce peuple errant, le lieu le plus agréable de ce logement ; on sortait par-là quand on voulait. Ils ne donnèrent point le nom de *maison* à la famille de leurs souverains, mais celui de *porte* ottomane.

Je crois les étymologies d'autant plus vraies, qu'elles sont plus simples. J'en dois quelques-unes au chevalier Grenier, mon ami, officier de mérite de la marine du roi : je lui fais hommage des meilleures ; je prends les autres pour mon compte.

A.

AMARRER. Lier, attacher. Il est probable que les premiers marins attachaient autour du mât ce qui était susceptible de mouvement. Ulysse, qui craignait beaucoup les sirènes, se fit attacher au mât. On *l'amarra*.

AMURER une voile. Attacher la voile contre le bord, qui est aussi le *mur* du vaisseau.

APPAREILLER. Partir, s'en aller. Cette manœuvre se fait avec beaucoup de préparatif ou *d'appareil*. Tout l'équipage est sur le pont. On lève l'ancre, on déferle les voiles, on hisse les huniers : tout le monde est en mouvement.

ARRIMAGE. Distribution des marchandises dans la cale, faite de manière que rien ne se dérange dans les roulis.

ARRIVER au vent. Lorsqu'un vaisseau reçoit le vent de côté dans ses voiles, s'il survient un orage imprévu, il obéit pour quelque temps à l'effort du vent, et lui présente sa poupe. Il reçoit alors le vent par son arrière. Il se trouve, par cette manœuvre, dans la direction qui lui est propre. *Arriver* signifie ici céder et se remettre dans son lieu naturel. Ce mot n'a point de relation avec dériver. Souvent un vaisseau dérive en *arrivant*.

ARTIMON. Mât près du *timon* : il fait venir au vent.

AUMÔNIER. Ecclésiastique qui fait les prières et dit la messe. J'imagine que nos ancêtres étaient fort charitables. Dans leurs courses de guerre, et quelquefois de brigandage, ils menaient avec eux un ecclésiastique chargé de faire les *aumônes*. Les vaisseaux ont aussi des *aumôniers*, quoiqu'il n'y ait point de mendiants sur leur chemin.

B.

Bord. A été expliqué. On fait des *bords* ou on louvoie lorsqu'on présente alternativement un des bords du vaisseau au vent : sa route est alors en zigzag ; cette manœuvre ne se fait que quand le vent est contraire.

Babord. C'est le bord gauche du vaisseau, lorsqu'on est tourné vers l'avant. *Tribord* ou *stribord* est le côté droit.

Bau ou *beau*. Un vaisseau a différentes largeurs. Elles se mesurent entre les couples, qui sont des courbes dont la carène est formée. Ces pièces sont rares, et les premiers charpentiers ont pu les trouver fort *belles*. Ils ont pu appeler *beaux* les espaces compris d'une courbe à l'autre. Le dernier de ces espaces est sur l'avant.

Voilà une étymologie comme celle de la Beauce. Gargantua, qui la trouva belle, s'écria : *beau-ce*. Gargantua peut fort bien être une allégorie du peuple.

Beaupré ou *près du beau*. C'est un mât incliné sur l'avant, au delà et près du dernier *beau*. C'est par la même raison qu'aux îles les charpentiers appellent *benjoin* un arbre assez commun, dont le *bois joint bien*.

Beausoir ou *bossoir*. Pièce de bois qu'on pose

ou qu'on *assied* sur le dernier *bau :* c'est là que s'attachent les ancres.

BANC-DE-QUART. C'est un *banc* où s'assied l'officier qui commande le *quart.*

BERNE (Pavillon en). C'est un pavillon qui n'est plus flottant, et qui n'est plus en quelque sorte dans ses honneurs. On l'élève à la moitié de son mât sans le déployer ; ce signal ne se fait guère que dans les dangers.

BOUT DEHORS. C'est un *bout* de mât ou de vergue, qu'on met *dehors* à l'extrémité d'une autre vergue.

BRAS. Ce sont des cordages qui servent à faire mouvoir les vergues à droite ou à gauche. Ce sont en quelque sorte les bras de l'équipage, qui n'y saurait autrement atteindre.

BRASSE. Distance comprise entre les *bras* étendus d'un homme. Sur mer, elle est fixée à cinq pieds. Je crois avoir observé que les matelots ont les bras plus longs et les épaules plus grosses que les autres hommes. Ils exercent plus leurs bras que leurs jambes.

C.

CAILLEBOTIS. Ce sont des panneaux de treillage à carreaux vides. On en ferme l'espace compris entre les gaillards, ce qui forme une espèce de pont, sous lequel l'air circule. Dans les gros temps on le couvre de toiles goudronnées, appelées *prélats*. Cette construction est ingénieuse, et peut-être parviendrait-on à former ainsi tous les ponts du vaisseau; ce qui donnerait une libre circulation d'air jusque dans la cale.

On appelle *caillebotte*, en Normandie, le lait *caillé* et *battu* qui forme une espèce de réseau. On appelle aussi *caillebotté* ou pommelé ces espaces blancs et bleus qui paraissent au ciel lorsqu'il se dispose à changer.

Cale. Est la partie inférieure du creux d'un vaisseau. C'est le lieu où l'on met les marchandises. On dit d'un vaisseau qu'il est bien *calé*, lorsque sa charge est bien distribuée dans sa cale. Pour l'ordinaire, on met au fond les poids les plus lourds; mais s'il y a une quantité considérable de fer ou de plomb, les mouvements du vaisseau sont trop durs et l'exposent à rompre sa mâture. Il y a encore beaucoup de précautions à prendre pour l'arrimage. *Le Marquis de Castries* était fort mal *calé*.

Cap (avoir le). Ce mot vient du portugais *il capo*, la tête. Mettre *le cap* au nord, c'est tourner la proue du vaisseau, ou *sa tête* vers le nord.

Cape (tenir la). Dans les gros temps, lorsque le vent est contraire, on ne porte que peu de voiles : ordinairement c'est la misaine. On dirige *le cap* du vaisseau le plus près du vent qu'il est possible. Le vaisseau fatigue beaucoup dans cette position.

CARGUER. C'est reployer les voiles, sans les lier, le long des vergues : ce qui se fait au moyen des cargue-fonds, qui sont des cordes qui retroussent la grande voile à-peu-près comme les rideaux d'un dais. Un marin qui verrait lever la toile à l'Opéra dirait qu'on l'a carguée.

CIVADIÈRE. C'est la voile attachée au beaupré.

COIFFÉ (être). Lorsque les vents sautent tout-à-coup de la poupe à la proue, les voiles sont repoussées contre les mâts, qui en sont, pour ainsi dire, coiffés : quelquefois on ne peut les descendre ni les manier. Un vaisseau alors est heureux d'en être quitte pour sa mâture, si le vent est fort.

COQ. Cuisinier des matelots. Ce mot vient évidemment de *coquus*, et nos traiteurs portent le titre de maîtres-*queux*.

COURANT. Quoique la mer ressemble à un grand étang, elle est remplie de courants particuliers. Nous avons peu d'observations sur cet objet, un des plus essentiels de la navigation. J'en ai vu de fort intéressantes sur les mers de l'Inde, faites par le chevalier Grenier.

D.

DÉFERLER *les voiles*. Les déployer.

Degré. C'est la 360ᵉ partie d'un cercle. Sous l'équateur, chaque degré est de vingt lieues marines, ou de vingt-cinq lieues de France; mais comme les cercles deviennent plus petits en s'approchant du pôle, les degrés diminuent à proportion. Les degrés de longitude sont nuls sous le pôle. Il est très-probable qu'il y a aussi une grande différence entre les degrés de latitude, sur-tout si la terre est fort aplatie aux pôles.

Dériver. Lorsqu'un vaisseau reçoit le vent de côté, il s'écarte sans cesse de la ligne droite sur laquelle il dirige sa route. Je ne connais point de moyen sûr d'évaluer la dérive. Les pilotes y sont souvent embarrassés : à la fin du voyage ils rejettent leurs erreurs sur les courants.

Dunette. Espèce de tente, d'une charpente légère, sur l'arrière du vaisseau.

E.

Écoute. Ce sont des ouvertures obliques au bord du vaisseau, par où passent les cordes des voiles inférieures. Ces ouvertures ressemblent à celles qu'on pratique au mur des parloirs dans les couvents, *pour écouter*. Comme il y a dans la marine beaucoup de termes portugais, il n'est pas étonnant qu'il s'y trouve des expressions monastiques.

Écoutilles. Sont de grandes ouvertures semblables à des trappes, au milieu des ponts du vaisseau. C'est par ces portes horizontales qu'on descend dans les cales.

Entre-pont. Dans les premiers vaisseaux, on fit les cales couvertes d'un seul plancher, qu'on appela un pont. Les matelots logeaient dans la cale, sous ce pont. Quand on fit de plus grands bâtiments, on trouva plus commode de séparer l'équipage des marchandises en leur ménageant un logement *entre* le *pont* et la cale.

Espontille. Petits pilastres de bois qui supportent les ponts.

Est. Le nom d'un des quatre vents principaux. C'est l'orient. On prétend que *est* signifie le voilà, en parlant du soleil. *Sud,* propter *sudorem,* parce qu'à midi le soleil est chaud. *Ouest. Où est-il?* parce qu'il disparaît au couchant.

F.

Fasier. Lorsque le vent, au lieu d'enfler la voile, la prend par le côté et l'agite en différents sens, on dit qu'elle fasie ; il vient peut-être de *phase,* révolution.

Focs. Voiles triangulaires disposées entre les mâts : elles ne servent que quand le vent souffle de côté. Leur nom pourrait bien venir de *focus,* foyer, soit parce que quelques-unes sont au-dessus des cuisines, soit parce que, leur plan étant dans l'axe du vaisseau, elles se trouvent dans les foyers de ses courbes.

G.

GALERIE. Espèce de balcon placé sur l'arrière des grands vaisseaux. C'est à-la-fois un ornement et une commodité. Il vient du vieux mot *gala*, *se guler*, se réjouir.

GAILLARDS. Ce sont les extrémités du pont supérieur. Celui de l'arrière s'étend jusqu'au grand mât: celui de l'avant commence au mât de misaine et va jusqu'à la proue. C'est où se rassemble l'équipage pour se promener et se réjouir. Il peut avoir la même origine que *galerie*. Le gaillard d'arrière est réservé aux seuls officiers et passagers, qui n'en sont pas plus gais.

GARANTS. Sont des cordages qu'on passe, dans le gros temps, à la barre du gouvernail, pour l'assurer davantage, ou la *garantir*.

GRAINS. Sont de petits orages de peu de durée. Ce sont, en quelque sorte, des *grains*, ou des parcelles de mauvais temps.

GRAPPINS. Ancres des chaloupes. Celles du vaisseau n'ont que deux becs; celles-ci en ont quatre, ce qui leur donne la forme d'une *grappe*. Le poids des grosses ancres ne permet pas de leur donner quatre branches. D'ailleurs, par leur forme elles pourraient s'accrocher au bord. Je crois qu'il serait possible d'en faire à trois becs, qui n'auraient pas cette incommodité, et qui auraient toujours l'avantage d'enfoncer à-la-fois deux de leurs becs dans le fond.

H.

HAUBANS. Échelles de corde, qui assurent les mâts, et par où grimpent les matelots.

HAUTEUR (Prendre). A midi, avec des quarts de cercle, ou plutôt des huitièmes, appelés octants, on voit à quelle hauteur le soleil est sur l'horizon. C'est par-là que l'on trouve la latitude.

HAUTS-FONDS. Ce sont les fonds élevés, qui sont couverts de peu d'eau. La mer, dans ces endroits, change de couleur, et les vagues, aux environs, sont plus fortes.

HISSER. Élever en l'air quelque fardeau au moyen des poulies. Ce nom vient du bruit même de la manœuvre. On ne doit pas me chicaner celui-là. Les Latins appelaient *hiatus* le choc de deux voyelles.

HUNE (Mât de). Il y a, comme on sait, trois mâts sur les grands vaisseaux : le grand mât, qui est à-peu-près au milieu ; le mât d'artimon, qui est sur l'arrière, et le mât de misaine qui est sur l'avant. On ne compte pas le beaupré, qui est incliné, et qui n'est pas *mâté*, c'est-à-dire, perpendiculaire. Le mât de pavillon ne porte pas de voile.

Les mâts ont une très-grande élévation. Il n'est pas possible de trouver des pièces de bois d'une longueur suffisante, sur-tout pour le grand mât et le mât de misaine, qui ont quelquefois plus de cent trente pieds d'élévation : on les fait à trois étages. Dans le mât du milieu, l'arbre inférieur s'appelle le grand mât; le supérieur, grand mât de hune; le troisième, qui est le plus élevé, grand mât de perroquet. Aux endroits où ils sont attachés, il y a un espace autour en forme ronde, appelé hune. Les huniers sont les voiles des mâts de hune.

L.

LATITUDE. On sait que la latitude d'un lieu est sa distance à l'équateur ; et sa longitude, sa distance au premier méridien. Autrefois, on commençait à les compter du pic de Ténériffe ; aujourd'hui chaque nation maritime fait passer son premier méridien par sa capitale. Il est bon d'y faire attention quand on voit des cartes ou des relations étrangères.

LIGNE. Il y a des gens simples qui croient qu'on voit la Ligne au ciel : quelquefois de mauvais plaisants s'amusent, sur le vaisseau, à la leur faire voir dans une lunette où ils mettent un fil. Il y a aussi des marins qui ne savent pas ce que c'est que l'équateur, et qui ne connaissent la Ligne, que parce qu'elle est marquée d'un trait bien noir sur leurs cartes.

Lisses. Sont des barrières le long des passavants. Ce terme est pris des tournois. Les chevaliers entraient et sortaient des lisses (*Lices*). Il me semble que le nom de garde-fous conviendrait mieux à des vaisseaux.

Louvoyer. Ce mot peut venir de *voie* et de *loup*. Les loups s'approchent de leur proie en se tenant sous le vent, et en s'avançant en zigzag. Voyez Bord.

M.

Mat. Voyez Hune.

Matelots. Vient de *mât*, et du vieux mot *ost*, troupe, *l'ost du mât*. On disait l'ost des Grecs, pour l'armée des Grecs.

Marquis de Castries. Ce n'est point un nom de marine, mais celui d'un officier très-respectable : c'était aussi le nom de notre vaisseau.

Le bon Plutarque dit que les Grecs appelaient leurs vaisseaux, *l'Heureuse-Prévoyance, la Double-Sûreté, la Bonne-Navigation*. On peut voir, à ces noms, qu'ils n'étaient pas grands marins; ils avaient peur.

Les Portugais et les Espagnols ont beaucoup de *Saint-Antoine de Padoue*, de *Saint-François*, etc. : ils sont dévots.

Les Anglais naviguent sur *le Northumberland*, sur *le Devonshire*, sur *la Ville-de-Londres;* et les Hollandais ont beaucoup de *Batavia*, d'*Amsterdam;* ce sont des noms de villes ou de provinces : ils sont républicains.

J'ai vu des vaisseaux du roi, qui s'appelaient *la Boudeuse*, *l'Heure du Berger*, *la Brune* et *la Blonde*, etc. A la bonne heure ; ces noms-là valent bien ceux de *Flore* ou de *Galatée;* mais pourquoi prendre pour des noms de guerre, *l'Hector*, *le Sphinx* ou *l'Hercule ?* N'avons-nous pas *le Turenne*, *le Condé*, *le Richelieu*, *le Sully*, etc.... Pourquoi ne formons-nous pas des escadres de nos grands hommes? Il me semble que des noms chers à la nation en redoubleraient le courage.

On pourrait nommer nos frégates du nom de nos dames célèbres par leur beauté ou par leur esprit. J'aimerais mieux *la Marquise de Sévigné*, *de Brionne*, ou *la Comtesse d'Egmont*, que Thétis et toutes ses Néréides.

Mouiller. Jeter l'ancre à la mer. On dit aussi *mouiller* l'ancre.

Misaine (Voile de). C'est la plus utile dans les gros temps : elle agit à l'extrémité du vaisseau, et le fait obéir promptement à l'action du gouvernail.

P.

PANNE (Mettre en). Lorsqu'un vaisseau veut s'arrêter sans mouiller son ancre, il cargue ses basses voiles; il dispose les voiles de l'avant, de manière que le vent les coiffe contre le mât, tandis qu'il enfle celles de l'arrière. Dans cette situation, le vent fait, sur la voilure, deux efforts contraires qui se compensent. Le vaisseau reste comme immobile.

PERROQUET. C'est la voile supérieure aux huniers. De loin, cette petite voile, surmontée de la girouette, a quelque ressemblance avec cet oiseau.

PERRUCHE. C'est une voile placée au-dessus du perroquet. Il n'y a que les grands vaisseaux qui en fassent usage. Ces deux petites voilures sont d'une médiocre utilité. Elles sont à l'extrémité d'un trop grand levier, et leur effort ne sert guère qu'à faire ployer le mât en avant; il vaudrait mieux augmenter la largeur des voiles, que leur élévation.

PLAT-BORD. C'est la partie du pont qui avoisine le bord. Le bord du vaisseau est, en quelque sorte, perpendiculaire. Le pont, qui, dans un sens, est aussi un *bord*, est dans une situation horizontale ou à *plat*.

PLUS PRÈS (Être au). Lorsque le vent vient du point même où le vaisseau veut aller, on dispose la voilure de manière à s'approcher du vent le *plus près* qu'on peut.

Pont. C'est le plancher du vaisseau ; il est un peu convexe, pour l'écoulement de l'eau. Un vaisseau à trois ponts, est celui dont le creux est divisé en trois étages.

Q.

Quarts. On devrait plutôt dire des *quints*. Sur mer, on divise le jour de vingt-quatre heures en cinq portions appelées *quarts*. Le premier commence depuis midi jusqu'à six heures. Le second, depuis six heures jusqu'à minuit. Les trois derniers quarts sont formés des douze heures qui restent, et chacun d'eux est de quatre heures. L'équipage, partagé en deux brigades, veille et se relève alternativement.

R.

Récifs. Sont des rochers à fleur d'eau, où la mer brise, et où les vaisseaux se mettent en pièces quand ils y échouent. Ce mot peut venir du latin *rescindere*, couper, trancher. Il y a des *récifs* sur la côte de Bretagne, qu'on appelle *les charpentiers*.

Ris. On devrait dire des *rides*. On prend des *ris* dans le hunier, lorsqu'on ride une partie de cette voile sur sa vergue, quand la violence du vent ne permet pas de l'exposer tout entière.

Roulis. Balancement d'un vaisseau sur sa largeur. Le *tangage* est son balancement sur sa longueur. Un vaisseau *roule* vent arrière; il *tangue* au plus près. Le premier mouvement est moins dangereux : le second fatigue beaucoup la quille et la *mâture*.

S.

Sabords. Sont des ouvertures par où passent les canons. Ce mot peut venir de *sas* et de *bord*, trous ou pertuis au bord. En quelques endroits on appelle *sas*, un crible : on dit sasser la farine.

Sainte-Barbe. C'est le nom de la patrone et du lieu où l'on met les poudres. C'était une martyre qui fut renfermée dans le souterrain d'une tour. Comme nous y logeons aussi nos poudres, nos canonniers les ont mises sous sa protection. Ils la représentent aux genoux de son père armé d'un grand sabre, dont il va lui couper la tête, au pied d'une tour dont la plate-forme est couverte d'artillerie. Ce fait, que l'on rapporte, je crois, au temps de Dioclétien, est contredit par la nature, et ces tableaux par le costume.

T.

Tangage. Voyez Roulis.
Tribord. Voyez Babord.

V.

Vent (Venir au). Lorsqu'un vaisseau a trop de voilure sur l'arrière, sa proue vient dans le vent. Les voiles du mât d'artimon contribuent beaucoup à ce mouvement.

Vergue. De *virga* verge ou branche. Les vergues du mât sont comme les branches d'un arbre.

Virer. Tourner. On vire le câble ; on vire de bord. Comme ces manœuvres emploient beaucoup d'efforts, il y a apparence que *virer* vient de *vis*, force, dont on a fait aussi *vir* un homme.

Y.

Yole. Petite chaloupe fort légère et jolie. Ce nom-là pourrait fort bien venir du grec. Je n'en serais pas fâché pour l'honneur de notre marine. C'est la seule science qui ait emprunté ses termes des barbares du nord ou des Portugais. Si quelque savant veut se donner la peine de rechercher cette origine, je le prie de faire attention qu'Hercule fut un des premiers marins, et que son ami Iolas était avec lui.

Je ne garantis aucune de ces étymologies; mais elles ont cela de commode, qu'en rapprochant le nom des choses, de leurs usages, elles les expliquent; et c'est ce que je m'étais proposé.

NOTES.

¹ PAGE 76.

Danaüs vint d'Égypte chez les Grecs exprès pour leur apprendre à faire des puits, tant la plus belle partie de l'Europe et la première civilisée était encore dans l'enfance. Les Grecs furent si étonnés de voir les filles de Danaüs tirer de l'eau d'un puits sans le vider, qu'ils s'imaginèrent que c'était un tonneau inépuisable, ou que le seau du puits était criblé; et voilà la fable des Danaïdes. On n'a pas de date de l'arrivée de Danaüs, parce qu'il y a trois mille ans les peuples policés de l'Europe n'avaient pas de chronologie.

Quatre cent cinquante ans avant la fondation de Rome, Minos construisit les premiers bateaux. Dédale, dans le même temps, inventa les outils, l'art du charpentier, et les voiles de vaisseaux, qui passèrent pour des ailes; de là l'histoire de son fils Icare.

L'art de sculpter commença à Scio 300 ans avant la fondation de Rome. Celui de peindre et de jeter en fonte ne fut inventé que du temps de Phidias, l'an de Rome 308. D'autres arts encore plus utiles avaient une moindre antiquité.

Voyons en quel temps ils ont commencé chez les Romains. Avant Servius Tullius on ne battait point monnaie. Il fut le premier qui en fit frapper de cuivre. C'étaient des as qui pesaient deux livres, comme les pièces de Suède d'aujourd'hui. Ce ne fut que l'an de Rome 585 que l'on battit pour la première fois de la monnaie d'argent, et ce ne fut qu'en 647 que l'on frappa de la monnaie d'or.* On ne vécut à Rome que de bouillie ou de fromentée jusqu'à l'année 580, où pour la première fois les boulangers et les médecins grecs vinrent s'établir à Rome.

L'agriculture n'était pas plus avancée. Les Grecs avaient tiré la vigne de l'Asie, selon Plutarque. Elle passa ensuite chez les Latins; mais le vin était si rare sous Numa, qu'il défendit qu'on en arrosât les bûchers des funérailles. Lucius Papinianus, général contre les Samnites, fit vœu d'en offrir un petit gobelet à Jupiter s'il gagnait la bataille : tant le vin alors était rare, dit Pline.

Selon Fenestella, l'an de Rome 183, il n'y avait point d'oliviers en Italie, en Espagne, ni en Afrique. Pline dit qu'en 440 il n'y avait d'oliviers en Italie qu'à 40 milles de la mer, et que l'huile ne devint commune qu'en 690 : mais sous Caton on n'avait pas encore imaginé d'exprimer de l'huile d'autres graines que de l'olive.

Quant aux légumes, les Romains tirèrent les échalottes, ou ascalonites, d'Ascalon en Judée; les ognons, et la chicorée dont le nom *chicorium* est égyptien, de Chypre et d'Égypte; la menthe et cinq sortes de navets, de Grèce; la poirée blanche, de Sicile; les choux, de Naples; les cardons, de Carthage; le chervi ou carvi, de Carie; les melons, de Lacédémone et de Béotie.

Ils avaient importé de même la plupart de leurs arbres fruitiers des pays plus orientaux: les figuiers, des environs de Troie, d'Hyrcanie et de Syrie; les citronniers, de la Médie; les noyers et les pêchers, de la Perse; le néflier, le cognassier, le cyprès et le plane, de Crète; le châtaignier, de Sardaigne; le myrte,

---

* Depuis les Romains, on a imaginé de la monnaie de papier. Comme on voit, tout se perfectionne. J'ai perdu, sur cette perfection de l'art, trente-trois pour cent. Je ne sais pas si les autres arts font d'aussi grands progrès.

de la Grèce ; les lauriers, de Delphes et de Chypre ; les grenadiers, d'Afrique ; beaucoup d'espèces de pommiers et de poiriers, du royaume d'Épire. Les pruniers, du temps de Caton, étaient fort rares : ceux que nous appelons de Damas, venaient d'Arménie. De son temps, il n'y avait point d'amandiers en Italie. Les avelines vinrent à Rome du royaume de Pont, d'où Lucullus apporta aussi les cerises ; les pistaches furent apportées de Syrie par Vitellius, et les jujubes, par le consul Papinianus, sous Auguste.

Les Gaulois ont tiré de l'Italie leurs arts et leurs végétaux. De quoi vivaient-ils donc quand les Romains n'avaient encore ni légumes, ni fruits, ni pain, ni vin, ni argent, ni industrie ? S'ils vivaient en peuples pasteurs, ils n'étaient pas nombreux. Et qu'étaient-ce alors que les nations du Nord ? Celles qui firent une incursion en Italie du temps de Marius, étaient probablement des nations errantes comme celles du Canada. Les Scythes les chassaient vers l'occident et vers le midi.

[2] PAGE 77.

Les jeunes filles chantaient à Rome, dans les jeux séculaires :

>Rite maturos aperire partus
>Lenis Ilithyia, tuere matres,
>Sive tu Lucina probas vocari,
> Seu Genitalis;

>Diva, producas sobolem, Patrumque
>Prosperes decreta super jugandis
>Feminis, prolisque novæ feraci
> Lege maritâ.

Horat., Carmen seculare.

Ce qui veut dire : « Donnez à nos mères d'heureux accouchements, » douce Lucine, qui présidez à la naissance des hommes ; déesse de la » génération, préparez pour nous une nouvelle postérité, et faites réus— » sir les lois du sénat en faveur des mariages. »

OBSERVATIONS

SUR

LA HOLLANDE.

OBSERVATIONS

SUR

LA HOLLANDE.

DU PAYS.

> Pour forcer ta prison tu fais de vains efforts;
> La rage de tes flots expire sur tes bords.
> Louis Racine.

La Hollande est cette partie de l'Europe située au fond du golfe formé par la mer d'Allemagne, dont elle occupe toute la largeur. Dans cette position, les vents du nord, qui soufflent fréquemment et sans obstacle, poussent sans cesse les flots contre les terres. Il est vraisemblable que ce pays était autrefois plus étendu; mais ces terres étant basses et sablonneuses, il s'y est formé des baies, de petites mers méditerranées, un grand nombre d'îles, et des bancs qui, pour l'ordinaire, sont des terrains tout-à-fait submergés.

Cette plage unie, sans coteaux et sans rochers, est bordée en quelques endroits, le long de la mer, de dunes qui n'ont pas vingt pieds de hauteur; ailleurs, l'art supplée à la nature : l'Océan est retenu par des digues ; sans elles la mer inonderait les terres, et on la voit, avec surprise, élevée au-dessus des prairies.

Si la Hollande a tout à craindre des eaux, elle est aussi leur ouvrage. Le Rhin et la Meuse y déposent continuellement des sables et des vases qui couvrent les marais remplis de joncs et de roseaux: on en trouve par-tout, à peu de profondeur, changés en tourbe. C'est une masse de limon noir et de végétaux qui ont fermenté ; on y reconnaît des débris de feuilles, de tiges et de racines. On s'en sert pour le chauffage. Un autre bienfait des eaux, est une grande quantité de poissons, peut-être les meilleurs de l'Océan. Les anguilles, les turbots, les saumons, servent en beaucoup d'endroits de nourriture au peuple ; quelques-uns, comme les veaux marins, fournissent des peaux et des huiles pour les fabriques : ajoutez à cela, car ce peuple économe ne laisse rien perdre, les plumes d'une multitude de canards et d'oiseaux aquatiques, les joncs des canaux dont ils font des nattes, une terre propre à faire de la brique, une autre propre à faire des pipes ; voilà tous les trésors de leur territoire. D'ailleurs, ils manquent des choses les plus nécessaires à la vie : il y croît fort peu de blé. Il n'y a point de forêts : hors le tilleul, qui y est magnifique, peu d'arbres s'y plaisent. Ils n'ont point de pierre à bâtir. L'air y est malsain, beaucoup d'habitants y ont le scorbut, et les fièvres y sont communes.

Pendant l'été, les eaux se putréfient, les canaux sont couverts de poisson mort, une forte odeur de soufre sort du sein de la terre ; l'air y est si empesté qu'on est obligé, en traversant les rues, de se boucher la respiration. Les vents de nord-ouest amènent des orages mêlés de tonnerres affreux ; les vagues se brisent contre les digues, et quelquefois les ébranlent ; souvent elles jettent sur les sables des baleines monstrueuses. On voit la mer couverte de vaisseaux presque sans voiles, penchés sur les flots par la violence de la tempête : ils s'éloignent de ces rivages peu profonds; et près d'aborder leur patrie, ils gagnent la haute mer, et craignent que le port ne leur devienne funeste.

La liberté a peuplé ces sables, malgré la corruption des éléments, le peu de sûreté des côtes, et les fureurs de l'Océan. Cette terre, plus ingrate même que celle d'Égypte, nourrit un peuple plus riche et plus sage. On n'y voit point de monuments élevés à la gloire des rois ; mais l'industrie des hommes y a travaillé à l'utilité publique.

DES HOLLANDAIS.

...... Nonne vides croceos ut Tmolus odores,
India mittit ebur, molles sua thura Sabæi;
At Chalybes nudi ferrum, virosaque Pontus
Castorea......
Virg., Georg., lib. 1, v. 56-59.

« Voyez comme le mont Tmolus nous envoie son safran, l'Inde son
» ivoire, les douces contrées des Sabéens leur encens, les Chalybes leur
» fer, et le Pont ses castors. »

Les Hollandais sont grands, robustes, chargés d'embonpoint. La plupart sont blonds, et ont les yeux bleus. L'usage fréquent du thé leur gâte les dents. Leurs femmes sont fraîches, et communément belles. Une grande douceur, des mœurs simples, les soins du ménage, une tendresse extrême pour leurs époux et leurs enfants; voilà leurs graces, leurs plaisirs, et leurs passions. Les hommes ne sont point admis à leur société. Elles s'assemblent entre elles, et la conversation roule sur l'arrangement du logis et la propreté des meubles; c'est pour elles un objet inépuisable de dissertations, d'éloges, de compliments, et quelquefois de médisances. Une Hollandaise ne passe point la semaine sans faire une revue générale de sa maison. Tout ce qui est métal, est écuré et poli. Le fer, dans les cuisines, brille comme l'argent ; le bois et la pierre, les planches, les portes, l'escalier, la façade même, tout est lavé, frotté, essuyé, blanchi, peint, ou vernissé. La mauvaise qualité de l'air rend ces soins nécessaires, et ils seraient agréables, si, à force d'être répétés, ils ne devenaient incommodes ; mais il n'y a pas moyen de modérer là-dessus l'activité des dames.

Leurs maris ont des amusements plus tranquilles : une pipe, de la bière et une gazette leur suffisent, car ils sont flegmatiques et sérieux dans leurs plaisirs comme dans leurs affaires.

L'architecture de leurs maisons est simple et commode. On y entre par un perron élevé, à cause de l'humidité des rues. Elles sont de brique, à plusieurs étages : le toit en est fort aigu, et le frontispice est découpé comme les degrés d'un escalier. Souvent une cigogne vient y faire son nid ; ils la respectent, comme le symbole de l'hospitalité. Ils écrivent sur la façade quelque sentence latine, ou simplement le nom du maître et de la maîtresse. C'est le temple de l'hymen ; il est bien rare que les lois en soient violées. En ce pays on ne sait ce que c'est que de faire sa cour aux femmes, et l'adultère ne s'y appelle point galanterie. Leurs mariages sont tranquilles, et suivis d'une nombreuse postérité. Il est rare de voir ailleurs de plus beaux enfants ; ils les aiment passionnément ; le père occupe de bonne heure les garçons aux objets actifs du commerce. Ils grondent peu leurs enfants et ne les frappent point. On prétend que cette indulgence est cause de leur grossièreté. La rudesse des manières vient sans doute d'un défaut d'éducation ; mais mille tourments et des vices sans nombre sont les fruits d'une mauvaise. Quoi qu'il en soit, dans un âge avancé la reconnaissance filiale est égale à la tendresse paternelle ; les enfants écoutent en tout temps les conseils de leurs parents, et soulagent les infirmités de leur vieillesse avec la même amitié que ceux-ci ont supporté la faiblesse de leur enfance.

La propreté qui règne dans leurs maisons n'en exclut pas la magnificence. Souvent les marteaux des portes, les gonds, les serrures sont de cuivre ; les cuisines incrustées de carreaux de faïence, les appartements revêtus de marbre blanc, les buffets garnis de porcelaines de la Chine, les meubles de bois des Indes d'une beauté et d'une durée éternelle. Ils joignent à cela de très-beau linge, quelquefois des tableaux précieux, et un jardin où ils cultivent les fleurs les plus rares. Les gens du peuple portent sur leurs habits des boutons d'argent massif, et leurs femmes des chaînes d'or. Ce luxe est sage en ce que ces dépenses vont sans perte à leur postérité.

Leurs villes se ressemblent, comme leurs maisons. Les rues sont bordées de tilleuls, et le milieu est occupé par un canal où vont et viennent un grand nombre de bateaux ; ce sont les chariots du pays. On y voit rarement des carrosses sur des roues ; ceux dont on se sert sont montés sur des traîneaux : le cocher est à pied, conduisant d'une main le cheval, et tenant de l'autre une queue de chanvre imbibée d'eau, qu'il oppose de temps en temps au traîneau, afin qu'il glisse avec facilité. Ils mettent des droits considérables sur les voitures roulantes, parce qu'elles détruisent aisément les chemins, qui sont pavés de brique.

De toutes leurs villes, Amsterdam est la plus considérable, et la Bourse y offre chaque jour le plus singulier des spectacles : c'est une grande place carrée, entourée d'une colonnade ; chaque colonne y est le centre du commerce de quelque partie du monde, et y porte les noms de Surinam, de Londres, d'Archangel, de Bordeaux, etc., etc.

Ce sont là véritablement les colonnes de la république, qui appuie son commerce sur les principales villes de l'univers. A l'heure de midi, une foule de négociants s'y rassemblent ; là, arrivent de toutes parts les avis de ce qui manque ou de ce qui abonde chez les autres nations : tous projettent, tous calculent. Une multitude de vaisseaux sont prêts à partir à tous les vents ; ils portent au midi les bois du nord, au nord les vins et les fruits du midi. Ici l'intérêt l'emporte sur les préjugés : on voit des Juifs converser avec des Espagnols ; des Anglais traitent avec des Français, des Turcs avec des Chrétiens. Aucun objet de commerce n'y est exclu. On y trouve des domestiques à louer, des commis à placer ; on y propose des achats de terres et de maisons, des filles à marier, des armées à approvisionner et des flottes à équiper. Quelquefois on y marchande des villes, des provinces, et même des couronnes.

Il semble que les Hollandais sont les propriétaires de toute la terre, dont les autres peuples ne sont que les fermiers. En Russie et en Suède sont leurs chantiers pour les mâtures, leurs magasins de chanvre, de cuirs, de salpêtre et de goudrons, leurs mines de cuivre et de fer, enfin leurs arsenaux de marine et de guerre. Leurs greniers sont à Dantzick, où la Pologne leur envoie, chaque année, ses blés et ses bestiaux. Leur garde-robe est l'Allemagne, qui leur fournit à Leipsick et à Francfort les toiles et les laines de Saxe et de Silésie. Leurs haras sont dans le Holstein et en Danemarck. Leurs vignobles en France, et leur cave à Bordeaux. Les Provençaux et les Italiens cultivent, pour eux, leurs jardins ; c'est pour eux qu'ils cueillent l'orange et le citron, d'un usage si universel dans le Nord ; pour eux, qu'ils dessèchent le raisin et la figue, et marinent l'olive. L'Asie et ses îles leur fournissent le thé, le girofle, les épiceries, les soieries et les perles. Pour eux le Chinois pétrit la porcelaine, et l'Indienne file la mousseline. C'est pour eux que l'Afrique brûlée étale sur ses rivages le poivre et les gommes. C'est pour eux qu'elle envoie ses noirs enfants fouiller l'or au Pérou et les diamants au Brésil; et planter, en Amérique, le cacao, le sucre, le café, l'indigo, le coton et le tabac. Les Hollandais vivent au milieu de ces richesses, comme s'ils n'en étaient que les dépositaires. Leurs aliments sont le beurre, le fromage et quelques légumes. Ils mangent cru et sans apprêt le poisson sec, le saumon fumé et le hareng salé, qu'ils regardent comme un remède souverain contre les fièvres bilieuses. Leurs habillements sont simples et d'une couleur modeste ; quand ils sortent de leur pays, ils ne changent en rien leurs anciennes coutumes; on ne voit sur eux ni dentelles, ni galons. Quelque quantité qu'ils trouvent de vivres et d'étoffes, ils n'emploient à leur usage que les provisions qu'ils ont tirées de leur patrie. Ainsi, conservant leur économie dans le sein de l'abondance, et des mœurs parmi la dissolution des étrangers, ils retrouvent par-tout la Hollande, qu'ils portent avec eux.

Outre les soins du commerce, l'agriculture et les arts utiles les occupent tour-à-tour. Beaucoup de Hollandais sont à-la-fois laboureurs, fabricants, marchands, et même mariniers. Plus la terre est ingrate, plus ils la cultivent. Ils sont parvenus, à

Scheveling, à faire croître des chênes dans le sable tout pur. Tel arbre y a été planté plus de vingt fois. Peu avares de leurs peines, ils n'économisent que sur les moyens. Leurs grains ne sont point serrés dans des granges; les gerbes sont disposées en cercle autour d'un mât planté au milieu d'un champ, les épis en dedans. Quand la meule est suffisamment élevée, ils la couvrent d'un toit de chaume qui glisse le long du mât. C'est dans les prairies et dans les bestiaux que consiste leur plus grand revenu; ils en tirent une quantité prodigieuse de fromage, qu'ils ont le secret de préparer et de conserver en le trempant dans des lies de vin. On peut connaître combien l'agriculture et le commerce se prêtent mutuellement de forces, puisqu'à Sardam, village près d'Amsterdam, il y a des paysans si riches, qu'un seul entreprend la construction d'un vaisseau de guerre, et assure en même temps un vaisseau de la compagnie des Indes.

De tous les arts, l'architecture hydraulique est celui qu'ils ont porté à une plus grande perfection. Leurs digues sont construites avec le plus grand soin. Ils en lient les terres en y plantant des arbres, et y mêlant des racines de chiendent. Les eaux qui filtrent sont pompées par des moulins, et rendues à la mer. Chaque ville communique de l'une à l'autre par des canaux. En quelques endroits, ces canaux passent sur des aqueducs; c'est ainsi qu'ils se traversent sans confondre leurs eaux. Ailleurs ils se communiquent par des sas; ce sont des réservoirs renfermés entre deux écluses où l'on fait monter et descendre les barques sur des terrains de niveaux différents. Si les eaux leur ouvrent des routes pour le commerce, elles servent en même temps à la défense des places par la facilité qu'ils ont de les répandre aux environs. D'ailleurs, leurs fortifications rasantes ne donnent aucune prise à l'ennemi; les feux y sont multipliés par un grand nombre de demi-lunes et de galeries très-meurtrières ; joignez à cela la difficulté de faire des circonvallations dans un pays coupé de canaux, d'ouvrir des tranchées dans une terre marécageuse, de trouver des fascines dans des prairies, de faire agir des mines dans le sable, vous aurez une idée de la difficulté d'y faire des siéges. L'architecture qui règne dans leurs villes, a quelque singularité. Ils inclinent le haut de la façade de leurs maisons du côté de la rue, soit pour donner plus de largeur aux appartements supérieurs, soit par quelque curiosité recherchée. Leurs jardins sont découpés en formes bizarres, et décorés de petites pyramides, de glorioles, et de grottes formées de coquillages. Ils montrent dans ces petits ouvrages plus de patience que de goût, mais ils aiment à surmonter des obstacles par l'habitude d'exécuter des choses difficiles. Ils ont perfectionné un grand nombre d'inventions utiles, entre autres l'imprimerie, l'art de construire des vaisseaux, de fabriquer le papier, le verre et la faïence; celui de manufacturer le tabac, le sucre, le savon, d'ourdir des toiles ouvragées et de les blanchir, de conserver le poisson par le sel et la fumée, de décomposer par la chimie le girofle et les épiceries, de préparer les vins, et même, dit-on, le secret d'en faire.

Tant d'arts, qui en exigent une infinité d'autres, occupent tout le monde. On ne souffre point de mendiants en Hollande; on emploie, dans les manufactures, les enfants orphelins, les vieillards, et jusqu'aux estropiés. On y voit des aveugles faire mouvoir des roues; ceux qui n'ont pas de pieds filent le lin et le chanvre, les manchots portent des fardeaux. Ceux qui troublent la société sont condamnés à des travaux publics. Mais il est rare qu'on entende parler de vol ou de meurtre. Les crimes ne naissent point où l'on a banni l'oisiveté et la misère.

Il n'y a pas d'endroit en Hollande d'où l'on n'aperçoive à-la-fois quelques villes, plusieurs villages, et une multitude de moulins à vent. Les uns scient le bois, d'autres moulent les blés; ceux-ci forent des canons, ceux-là broient la poudre à canon. Quantité de chaloupes traversent les campagnes; de grosses paysannes, la rame à la main, viennent en chantant apporter leurs denrées au port. C'est une ville flottante, composée de plusieurs milliers de barques et de vaisseaux. La plupart des habitants y vivent avec leurs familles. Les femmes s'y occupent des soins du ménage comme à terre. Lorsqu'on est en pleine mer, elles aident leurs maris, et prennent en main le gouvernail ; leurs enfants, nés sur les flots, s'accoutument de bonne heure à braver les tempêtes. En effet, il n'y a pas de nation plus intrépide sur cet élément ; on a vu des flottes marchandes résister à des escadres, et leur échapper par une défense opiniâtre. Les Hollandais sont lents dans leurs manœuvres, parce qu'ils emploient peu de matelots par économie, et que leurs vaisseaux sont d'une forme arrondie, mais d'ailleurs excellents pour porter de grands fardeaux sur des mers peu profondes. Ce pays a produit des marins excellents, d'habiles ingénieurs ; et Boerhaave, peut-être le premier des médecins modernes : dans les arts agréables, quelques poëtes pastoraux, des peintres plus célèbres par leur coloris que par leur composition ; dans les sciences, de grands philosophes, des jurisconsultes qu'on citera toujours, et des théologiens dont on ne parle plus.

DU GOUVERNEMENT.

Concordia res parvæ crescunt.

« Notre grandeur vient de notre union. »

L'INDUSTRIE des Hollandais vient de leurs besoins, et leur économie de leur pauvreté : c'est à cette vertu qu'ils doivent leurs richesses.

On représente le commerce entre deux peuples par les fléaux d'une balance que chacun d'eux cherche à faire pencher de son côté. Les choses étant égales, le poids le plus léger décide cette inclinaison, et une fois décidée, c'est une source perpétuelle de gain pour un parti, et de perte pour l'autre. Si, par exemple, les Anglais achètent chaque année pour dix millions de nos vins, et qu'ils nous fournissent en échange pour neuf millions de blé, il est clair qu'au bout de dix ans ils auront perdu dix millions. Ainsi, plus le commerce de ces deux nations augmentera, plus la perte des Anglais croîtra. Mais comme les hommes sont les premières richesses d'un état, celui de ces deux gouvernements qui aura le moins dépensé en hommes restera le plus riche. Or, on sait que si un laboureur tire de la terre pour la valeur de mille livres en blé, cinq vignerons recueilleront à peine pour mille livres de vin. Il s'ensuit donc que cinquante mille hommes seront occupés en France à balancer le travail que dix mille hommes feront en Angleterre. Les Anglais seront donc plus riches que nous de quarante mille hommes, qu'ils emploîront à d'autres branches de commerce.

Tel est l'état des Hollandais par rapport aux autres nations. Leur économie embrasse tout. Ils emploient un grand nombre de machines pour leurs fabriques. Ils mettent très-peu d'hommes sur leurs vaisseaux ; leurs vivres sont du poisson sec, qui ne leur coûte rien. Un marchand se contente du plus petit gain, parce qu'il vit sans faste, et que l'argent n'étant qu'à trois pour cent, les entreprises ne sont pas onéreuses.

Le gouvernement se conduit par le même principe. Sa monnaie est la plus pure ; ainsi le droit qu'il en tire étant moindre que celui d'aucun prince, toutes les nations la recherchent. Le ducat de Hollande est la monnaie de tous les pays. Pierre-le-Grand, par la même confiance, ordonna que les droits de douane s'acquitteraient en Russie en écus de Hollande.

Souvent les Hollandais profitent sur cet objet de l'avidité des princes. Dès qu'une monnaie hausse, ils en frappent chez eux des quantités, et la transportent dans le pays avant que les denrées se mettent au niveau de l'argent, en sorte qu'ils font des gains considérables.

Ils ont des lois admirables pour favoriser le commerce, la pêche, et maintenir la police; mais toutes ces choses demanderaient des volumes. L'Hôtel-de-Ville prête des secours aux négociants dont la fortune a été renversée par des pertes imprévues. Il propose des prix pour la pêche. La première barque de retour de la pêche du hareng, en donne un baril au gouvernement, qui paie une pistole chaque poisson. On dit que cette compagnie est aussi puissante que celle des Indes. On donne, dans les incendies, cent francs à la première pompe qui arrive au feu; l'incendie fait rarement des progrès, parce qu'on couvre les maisons voisines d'étoffes de laine mouillée.

Ils n'ont pas une grande estime pour l'état militaire : un matelot hollandais regarde un soldat comme un homme qui est à ses gages. Leur cavalerie est recrutée dans les nationaux. Elle est bonne, quoique pesante. L'infanterie est composée de Suisses et de Flamands. Ces troupes étrangères et mercenaires paraissent bien faibles; mais nous ne sommes plus aux temps des Romains. Chaque état confie aujourd'hui la défense de son pays à la portion d'hommes qui y prend le moins d'intérêt; et comme les Hollandais donnent une paye double à leurs soldats, il est vraisemblable que s'ils étaient campés tranquillement devant une armée ennemie, au bout de huit jours il ne resterait dans celle-ci que les officiers. D'ailleurs ils sont braves, et tout le monde sait qu'ils ne doivent leur liberté qu'à leurs victoires. Au reste, ils croient que la gloire d'une nation consiste dans ses richesses. Ils gardent sans soin et laissent voir sans ostentation les drapeaux qu'ils ont enlevés à leurs ennemis. Ils supportent avec patience les déprédations de leurs rivaux, et les calculent d'avance avec les frais d'une guerre, comptant pour peu les insultes, et toujours prêts à les sacrifier à leur intérêt.

L'intérêt de la Hollande, comme celui de toute société moderne, consiste dans le malheur de ses voisins : on dit que l'inclination de ce peuple s'accorde là-dessus avec sa politique. La simplicité d'un marchand ne s'accommode pas de l'astuce autrichienne, de la fierté anglaise, et des airs français ; mais s'il fallait se décider entre l'Angleterre et la France, il y a apparence qu'au commencement d'une guerre les Hollandais embrasseraient le parti le plus faible, afin de tenir la balance égale ; mais à la fin d'une guerre malheureuse, ils se rangeraient du côté le plus fort, parce qu'il est dangereux de défendre un parti tout-à-fait opprimé.

Leur ennemi naturel est la maison d'Autriche,

dont ils ont détruit le commerce dans les Pays-Bas ; et la France, dont l'ambition a presque causé leur perte. Ils ont donc pour alliés nécessaires la Prusse, qui partage l'Allemagne en deux puissances, les villes Anséatiques, et tous les ennemis de leurs voisins.

Par rapport à nous, les choses ont bien changé depuis Louis XIV, qui pénétra dans leur pays, et à qui dans la suite ils firent accepter la paix. La modération de notre gouvernement actuel ne leur laisse rien à redouter de nos entreprises, et ils ont plus à craindre notre luxe que nos armes.

Leur gouvernement est républicain, quoiqu'il y ait un stathouder héréditaire : c'est le chef de la milice. Quelques-uns regardent ce pouvoir comme dangereux pour la liberté publique. Un souverain qui commande des troupes étrangères au milieu d'un peuple paisible de marchands, paraît superflu ; cela serait vrai si le peuple était pauvre, mais il faut que des gens riches aient quelque chose à craindre. Il y a en Hollande des citoyens si opulents, qu'ils ne tarderaient pas à être ambitieux ; mais tant qu'ils craindront d'être subjugués, ils ne chercheront pas à établir leur propre autorité. Pressés par le pouvoir souverain, et occupés sans cesse à le repousser, il en naît pour l'état un mouvement salutaire ; les charges publiques sortent des familles, et n'étant point héréditaires, sont remplies avec plus de zèle : l'incapacité craint malgré son opulence, et le mérite espère malgré son obscurité. Un gouverneur des Indes, qui abuse de son pouvoir, ne se flatte pas d'acheter à son retour toutes les voix du conseil. Dans un état républicain, plus le sujet est riche, plus le prince est en garde.

Tel est en Hollande le contre-poids des lois et de l'autorité. Les six Provinces craignant la puissance d'Amsterdam, cherchèrent un tuteur à la liberté publique. Elles le choisirent dans la maison de Nassau. C'étaient des cadettes jalouses des richesses de leur aînée. Elles suspendirent cette épée sur sa tête, mais elles en rompirent la pointe. Le prince ne peut décider ni de la paix, ni de la guerre, ni du mouvement des troupes, ni de l'emploi des finances : les États font les lois, le prince les exécute.

OBSERVATIONS

SUR

LA PRUSSE.

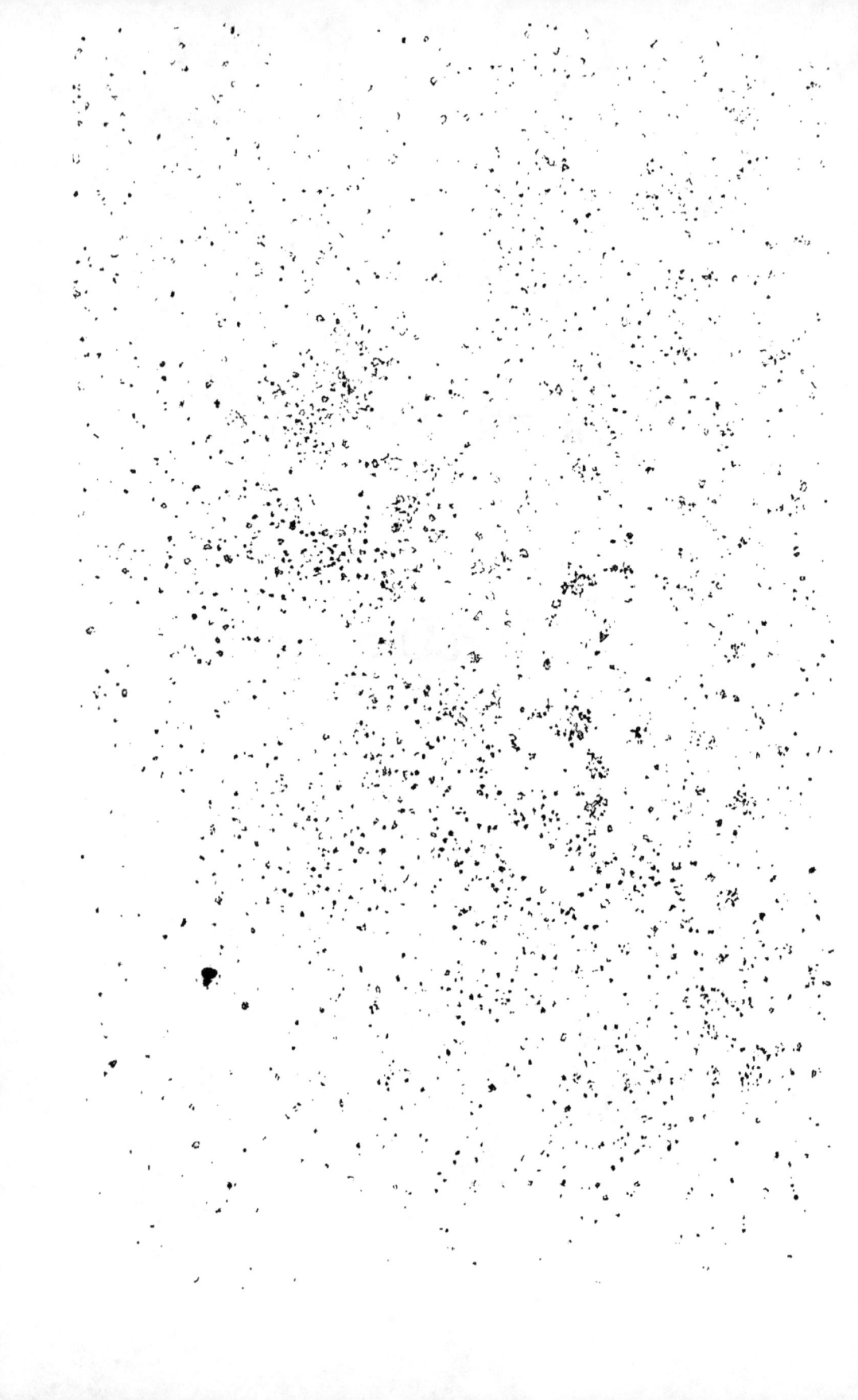

OBSERVATIONS
SUR
LA PRUSSE.

DU PAYS.

Rege sub hoc Pomona fuit, quâ nulla latinas
Inter Hamadryadas coluit solertius hortos,
Nec fuit arborei studiosior altera fetus....

OVID., l. XIV, Met.

« Sous le règne de ce prince on s'appliqua à la culture des jardins ;
» jamais en Italie on ne prit tant de soin des vergers, et on ne rendit
» tant d'honneurs à Pomone. »

LA géographie de la Prusse offre plus de singularités en politique qu'en physique. La Marche de Brandebourg fait le centre de ce royaume, d'où partent trois bras qui semblent saisir l'Allemagne et la Pologne. Cette disposition le met dans des occasions prochaines de guerre, jusqu'à ce qu'il achève de s'arrondir ou de se détruire par de nouvelles conquêtes.

Le premier de ces bras s'étend au sud-ouest, entre les Pays-Bas et l'Allemagne : il comprend une portion de la Lusace; en Saxe, le territoire de Hall, une partie du comté de Mansfeld, le duché de Magdebourg, la principauté d'Halberstadt; en Westphalie, la principauté de Minden, le comté de Ravensberg, celui de la Marck, et le duché de Clèves; dans les Pays-Bas, une partie de la Gueldre; plus loin, la principauté de Neufchâtel. Tous ces terrains sont isolés et comme autant de pierres d'attente.

Le second va au sud-est, entre l'Allemagne et la Pologne. C'est cette belle province de Silésie, regardée par les Allemands comme leurs champs élysées, dont on veut qu'elle tire son nom. Elle ressemble beaucoup à la Normandie; pâturages excellents, terre fertile, habitants laborieux, laines fines, tout est dans ce pays une source de richesses : c'est, sans contredit, la plus belle portion de l'Allemagne, sans en excepter la Saxe, qui ne l'emporte que par son industrie. Entre autres curiosités, on y a découvert depuis peu la chrysopale, pierre précieuse, verte et demi-transparente. Le général Fouquet, qui découvrit ces pierres dans les montagnes de Glatz, en trouva d'assez grandes pour en envoyer une tabatière à la cour. Le roi lui manda d'en faire tailler une colonnade. On trouve dans les prairies les œufs d'une sorte de bécasse qui passent pour un mets délicieux : en le conservant quelques années, le blanc devient si dur qu'on le taille comme une agate ; on en monte des anneaux. Cette propriété de se durcir n'est pas réservée à cette seule matière animale, et peut fournir des expériences à la physique et aux arts.

Le troisième bras est formé de la Poméranie et du royaume de Prusse. Il passe le long de la Pologne et de la mer Baltique. Le terrain est sablonneux, produit peu de blé, et n'offre d'autres singularités que l'ambre jaune, production incertaine de la mer, de la terre, des insectes, ou des végétaux. On ne sait encore si c'est une écume, un fossile, une cire, ou une gomme. J'en ai vu en Russie un cabinet entier, donné par le père du roi. Il est estimé quatre-vingt mille écus. Il y a des morceaux qui ont plus d'un pied et demi en carré, sculptés en bas-reliefs. On dit que c'est un phénomène de la nature, mais certainement ce n'est pas un chef-d'œuvre de l'art, à moins que ce n'en soit un fort grand d'en fondre ensemble plusieurs morceaux pour en composer une seule masse. Quoi qu'il en soit, ce qui n'est pas d'un usage universel doit être abandonné aux disputes des savants et confiné pour toujours dans les académies.

Ces rivages, où viennent se décharger de grands

fleuves, où de longs promontoires forment des ports pour de petits vaisseaux, étaient autrefois très-peuplés : on y remarque des coutumes anciennes, des restes de grandeur, d'aisance et de police dans les villes. Des guerres sans nombre ont tout ravagé. La grande Kœnigsberg s'élève encore au milieu de ces ruines, mais Dantzick seule a conservé sa liberté et son commerce.

La Marche de Brandebourg, où est Berlin, est la partie la plus stérile. Les cultivateurs y emploient toutes les ressources de l'agriculture. J'y ai vu des champs de sable pur ensemencés de blé ; on est content quand la récolte est triple de la semence. Les moineaux y sont proscrits, chaque paysan est obligé par an d'en apporter douze têtes ; on en fait du salpêtre. Dans les montagnes, ils plantent des pommes de terre, et se félicitent de n'avoir point de vœux à faire pour leur moisson ; près de la mer, on cultive des pommiers et des poiriers, dont ils portent les fruits en Russie ; les mûriers y viennent bien ; mais les fraîcheurs des nuits tuent les vers à soie ; enfin, ils sont parvenus à planter un vignoble auprès de Postdam. Ils entretiennent à Berlin un grand nombre de jardins. La terre végétale n'a pas quatre pouces d'épaisseur ; sous cette couche est un lit de sable, profond de six pieds ; ils défoncent ce terrain, et l'enlèvent avec de grands travaux. Ils y font croître la plupart des bons fruits de notre climat. Les melons y sont délicieux. Mais à peine le soleil est-il parvenu à l'équinoxe de septembre, que l'air s'obscurcit de brouillards froids et épais; les vents du nord agitent les vergers, les feuilles jaunies avant le temps tombent avec les fruits à moitié mûrs. Alors on se hâte de préserver les arbres des rigueurs de l'hiver; ils creusent des fosses profondes où ils enterrent les figuiers et les pêchers.

Cette terre désolée par un climat si dur, l'a été long-temps par la guerre. Par-tout on en voit des traces : point de défilé où ne soit quelque retranchement, de hauteur où l'on ne voie les fossés d'un camp, de ville dont les murailles ne soient écornées du boulet. On montrait à des voyageurs anglais ces campagnes fameuses par tant de combats : Nous n'avons, dirent-ils, rien ouï dire de tout cela en Angleterre. Le roi les reçut fort mal : c'était en effet bien peu de renommée pour tant de sang répandu.

DES PRUSSIENS.

> Quos ille, timorum
> Maximus, haud urget lethi metus: inde ruendi
> In ferrum mens prona viris, animæque capaces
> Mortis....
>
> LUCAN., lib. 1.

« Quoique la mort soit le plus terrible des objets, ils ne la craignent
» point ; de là vient qu'ils l'affrontent d'un air intrépide, et qu'ils donnent
» tête baissée dans le péril. »

Les Prussiens ont communément les yeux bleus, ils sont blonds, grands, robustes, et moins épais que les autres Allemands; ils sont aussi plus sobres. Dans les principales maisons de Berlin, hors les jours de cérémonie, on ne sert que trois plats sur la table, et le pain blanc y est un luxe. Un bourgeois de Paris est beaucoup mieux logé, mieux nourri, plus agréablement voituré que le prince royal de Prusse et que la plupart des monarques du Nord. Notre aisance et nos mœurs ont cependant passé le Rhin. Les Saxons joignent à la profusion allemande la délicatesse française. Leurs femmes sont maniérées ; les hommes frisés, poudrés, polis, charmants comme les gens de

Paris. La dernière guerre a montré combien toutes ces petites qualités leur coûtent cher. Le roi de Prusse a dit de leurs soldats qu'ils tombaient malades quand les alouettes de Leipsick leur manquaient.

Les Prussiennes en général ne sont point belles. Nos officiers prisonniers ont porté parmi elles le désordre de nos mœurs à un tel excès, que le roi les fit transférer à Magdebourg et dans les places fortes, afin d'arrêter les progrès de la corruption : il est triste de la voir commencer par les choses les plus parfaites. J'ai vu, à Berlin, beaucoup de femmes de la cour, persuadées par ces officiers que toutes les Françaises étaient entretenues ; d'autres, montrer leurs diamants et se vanter de les devoir à leurs charmes. Comme les Prussiens ne sont pas galants, elles s'attachent à captiver les ministres étrangers et les voyageurs qui veulent bien faire quelque dépense pour elles. Une autre cause de ce désordre, que leur franchise les empêche de dissimuler, est la mauvaise éducation qu'elles reçoivent en apprenant la langue française des réfugiés de Berlin. Ces réfugiés ressemblent beaucoup aux Juifs : à l'arrivée d'un étranger, une foule de marchands français accourent pour le friponner ; ils sont babillards, débauchés, menteurs, jaloux, et servilement complaisants ; ils sont haïs des Prussiens qu'ils méprisent sans raison ; il en faut excepter quelques familles qui ont embrassé l'état militaire, et ont conservé les vertus de leur nation.

Ce que j'ai dit ici des femmes, ne regarde que celles de la cour. Les autres sont économes, naïves, et bonnes ménagères ; elles vivent entre elles. Leur plus grande fête est de s'inviter à prendre du café. Les unes apportent des fruits confits, les autres des gâteaux qu'elles ont préparés elles-mêmes. Ces parties, où rarement les hommes sont invités, ne sont guère vives.

Les grands seigneurs accueillent les étrangers sans faste et sans caprice ; ce qu'ils vous offrent aujourd'hui, ils vous l'offriront demain. Ils n'ont point les fantaisies ni les préjugés de leur état. On n'entend point parler chez eux de ces jalousies, de ces prétentions, de ces frivolités qui naissent dans l'abondance et le repos des villes. La guerre a détruit ces petites passions qui désolent la société, comme le vent du nord détruit les chenilles. Le peuple même n'a pas adopté les erreurs communes aux autres Allemands. Ils croient, en Autriche, qu'un homme est déshonoré s'il touche à un cheval mort. Dans la dernière guerre, un capitaine d'artillerie ayant retiré avec ses gens un cheval tué, qui embarrassait le chemin, ses camarades ne voulurent plus avoir de commerce avec lui. L'impératrice, pour lui rendre l'honneur, le fit manger à sa table, et l'avança d'un grade pour avoir surmonté un préjugé si contraire au bien du service.

Le duel est toléré en Prusse. J'en ai vu un à Berlin, au mois d'août 1765. Il fut proposé plus de quinze jours auparavant, et ce qu'il y a de singulier, entre deux officiers dont l'un devait épouser la sœur de l'autre. Le mariage fut conclu, le beau-frère fut aux noces, et le lendemain ils se battirent suivant leur accord. Les Allemands préfèrent le pistolet à l'épée qui est tranchante, et souvent joignent ces deux armes ensemble. Ces exemples sont rares. Les Prussiens ne sont point querelleurs, ce sont pour l'ordinaire de bonnes gens, hospitaliers et fort charitables. J'ai entendu leurs ministres en chaire, non exhorter les peuples à la charité, mais les remercier de l'abondance de leurs aumônes. On ne voit point de mendiants chez eux, et le menu peuple n'y est point, comme ailleurs, sale et déchiré, mais couvert de bons habits bleus. Il trouve par-tout à travailler. Il y a grand nombre de manufactures en Silésie, et quantité de fabriques à Berlin : c'est, comme on sait, la capitale de toute la Prusse. Cette ville est grande et bien bâtie ; on y voit plusieurs beaux édifices, d'une architecture grecque et simple. L'arsenal, entre autres, est de la plus grande magnificence. La guerre a rendu cette ville déserte, et l'herbe croît dans la plupart des rues.

Berlin a une académie célèbre; elle s'occupe de sciences et d'expériences utiles aux arts. La guerre ayant rendu le linge rare, ils ont essayé de faire du papier avec des ceps de vigne. Ils n'ont pas mal réussi; mais on dit que par une grande singularité, les ceps du raisin blanc font le papier rouge, et ceux du raisin rouge rendent le papier blanc.

Les Prussiens ne s'appliquent guère au commerce; il est entre les mains des Juifs, qui sont fort riches. Leur unique occupation est la guerre. Dès qu'il naît un enfant à un paysan, on lui envoie un collier rouge; c'est la marque du soldat qui les engage pour toute leur vie. Les gentilshommes sont obligés de servir, et de commencer par les premiers grades de la milice; le mérite seul les avance. Ils sont si accoutumés à s'occuper des objets de leur état, qu'en voyageant même ils sont attentifs à considérer les hauteurs, les bois et les villages, y cherchant des positions dont on puisse profiter à la guerre : le plus beau paysage ne leur offre que l'image d'un camp.

Ils estiment peu le service de l'artillerie, et regardent les ingénieurs comme des artistes; ils pensent, comme la plupart des Allemands, que dans ces corps on a besoin de ruse et d'adresse, ce qui ne convient pas à la valeur franche d'un soldat. Peu de leur noblesse s'applique à ces études, qui, d'ailleurs, ne sont pas encouragées par le roi : il a pour maxime que celui qui est maître de la campagne est maître de tout ; qu'il suffit d'avoir sur la frontière deux ou trois villes en état de soutenir un long siége. On vante Magdebourg où j'ai passé. On mit un garde à la porte de ma chambre, quoique ce fût pendant la nuit : on ne saurait porter plus loin les précautions. A chaque ville elles sont à-peu-près semblables. Avant de vous laisser passer, on prend votre nom, votre qualité, votre demeure, et le temps de votre séjour. Au reste, j'ai remarqué dans les villes de Silésie, que la fortification est fort mal entretenue. J'ai vu dans les revêtements, des arbres de plus de dix ans, poussés au travers des briques. Le plus grand défaut est dans le peu de largeur de leurs fossés, ce qui rend la défense très-faible ; dans quelques endroits, ils ne sont enfilés que par une seule pièce de canon.

Le service le plus distingué en Prusse, est celui de l'infanterie, ensuite des hussards. On n'admet point d'officiers français dans ces corps, parce qu'on les croit trop indépendants.

L'exercice se fait tous les jours à onze heures, quelque temps qu'il fasse. A Postdam, les princes de Brunswick et le prince royal y vont régulièrement. Il est rare même que le roi y manque. Chaque soldat est d'une propreté recherchée. Ils sont tous en linge blanc, en guêtres blanches ; les yeux sont éblouis de l'éclat des armes et des bonnets de cuivre. L'heure sonnant, les pelotons et les lignes se forment. L'ordre est admirable, et l'aspect terrible. Cette forêt de baïonnettes toutes égales, ces épaules, ces bras, ces pieds posés semblablement, ces visages où règne une seule physionomie, ce silence profond de cette multitude, est le chef-d'œuvre de la discipline militaire. Au son bruyant des fifres et des tambours, se meut ensemble cette vaste ligne, aussi précise dans ses mouvements qu'exacte dans son repos. Rien ne flotte, soit qu'elle se partage en divisions, qu'elle double ses rangs, ou qu'elle étende ses files; vous la voyez sans confusion tourner à droite, à gauche, avancer, reculer, se resserrer, tirer par pelotons ou en billebaude. Tantôt on croirait, au bruit, qu'un seul feu est sorti d'une seule arme, tantôt qu'un seul homme a tiré successivement cette multitude de fusils. Le châtiment suit de près les moindres fautes, mais les coups de canne se donnent sans colère et se reçoivent sans rancune. On punit par les arrêts les officiers, les princes de Brunswick, et même le prince royal. L'exercice n'est pour personne un amusement, c'est une occupation sérieuse d'où dépend la force de l'état et le respect de la couronne. Souvent le roi fait des exercices généraux, où il est défendu aux étrangers de se trouver. C'est pour l'ordinaire l'essai de quelque nouvelle manœuvre. On tente de faire sauter des fossés à toute une ligne de cavalerie, de passer un gué, de traverser une rivière avec de nouveaux pontons, de gravir sur une hauteur, de faire une retraite en face d'un ennemi supérieur. Dans ces manœuvres, son génie lui offre une infinité de ressources. Un rideau, un chemin creux, les maisons d'un village, le cimetière, l'église, le clocher, sont autant de postes dont il apprend à tirer parti. Quelquefois il arrive qu'il est battu malgré ses dispositions, alors il fait mettre l'officier qui commande aux arrêts, sous prétexte de quelque faute particulière ; car il est jaloux même de la gloire qui s'acquiert dans ces sortes de jeux.

DU GOUVERNEMENT.

La loi dans tout pays doit être universelle ;
Les mortels, quels qu'ils soient, sont égaux devant elle.
VOLTAIRE.

LE gouvernement de Prusse est despotique, et par conséquent militaire. Un Prussien ne peut voyager sans permission ; ainsi l'argent ne sort point du royaume; et les mœurs étrangères n'y entrent point. L'administration de la justice est prompte et peu coûteuse ; les plus grands procès ne peuvent durer qu'un an. Si quelque sujet est lésé, il peut écrire au roi, qui fait réponse sur-le-champ, et quelquefois de sa main. On regarde les hommes comme la première richesse de l'état ; quoiqu'on ne travaille pas à leurs plaisirs, le nécessaire ne manque à aucun. Il est bien étrange que le plus grand bonheur qu'une nation puisse attendre de son prince, soit d'être traitée de lui à-peu-près comme il traite ses chevaux, et que ce bonheur soit par-tout si rare. C'étaient là les principes du gouvernement du feu roi. Il était si curieux de beaux soldats, que beaucoup lui ont coûté au delà de mille écus. On assure que le régiment des gardes lui était revenu à des sommes plus grandes que toute l'armée. Ce prince se plaisait à appareiller des couples, afin d'avoir de belles races d'hommes. S'il rencontrait une belle fille bourgeoise ou paysanne, il la mariait sur-le-champ avec des soldats choisis dans ses gardes, pensant que les convenances de nature doivent l'emporter sur celles de la fortune et de la naissance.

Le roi actuel a porté plus loin cette maxime. Il a ordonné, en 1765, qu'une fille pourrait avoir jusqu'à six enfants sans être déshonorée ; qu'un maître serait tenu d'avoir soin de sa servante, encore qu'elle fût grosse d'un autre que lui, et qu'il ne lui serait pas permis de la renvoyer pour cette cause. On peut voir, par beaucoup d'autres réglements, quel cas il fait des hommes; les faisant enlever chez ses voisins, les attirant par des promesses, leur donnant des maisons, des terres et des bestiaux. Dans les défrichements qu'il a ordonnés, la chambre du domaine lui a représenté que tant de forêts abattues rendraient le bois rare à Berlin. « J'aime mieux, répondit-il, avoir des hommes que des arbres. » Du reste, il les regarde comme des animaux dont les vices et les vertus sont également nécessaires à un état. Employant à la guerre des brigands et des voleurs publics ; dans la politique, des faussaires et des fripons, il n'estime personne, et s'embarrasse peu des égards qu'on porte à ses ministres, et à ceux dont l'honneur peut rejaillir sur le sien. Son ministre en Suède lui écrivait, que ses appointements ne suffisaient pas à entretenir un équipage et une table; le roi lui répondit : « Je ne vois pas la nécessité d'avoir carrosse, et je ne connais pas de meilleure table que celle d'autrui. »

L'armée prussienne est actuellement de cent cinquante mille hommes. Cinquante mille autres Prussiens naturels sont répartis dans les terres qu'ils cultivent, et sont toujours prêts à recruter l'armée. Chaque régiment est en état de marcher dans vingt-quatre heures, et de faire campagne dans huit jours. Ils ont parmi eux quantité de déserteurs français; il leur est bien difficile de s'échapper une seconde fois. L'appel se fait deux fois par jour. On tire le soir autant de coups de canon qu'il y a d'absents : les paysans ont 50 fr. par déserteur qu'ils ramènent. Quand ils éviteraient les environs de la garnison, il leur serait bien difficile de traverser la frontière, entourée de hussards qui patrouillent sans cesse.

Avant ce roi, la guerre était un art; il en a fait une science. Elle a reçu de lui des principes sûrs, et le succès est attaché à leur observation. Il est impossible de trouver ailleurs de meilleurs officiers. Avant la bataille de Collins, il leur avait persuadé que leur discipline les rendait invincibles. Un gros de sept à huit cents hommes paraissait sur une hauteur; il demanda à un lieutenant : « Combien faudrait-il d'hommes pour chasser cette canaille ? — Sire, dit-il, deux cents suffisent. — Allez, dit le roi. » L'officier partit et les chassa.

Toutes les religions sont permises en Prusse; on a même fondé une église grecque pour attirer des Russes. Il est fort singulier que dans un gouvernement militaire et sous une religion protestante, le moyen le plus prompt de faire fortune soit d'être ecclésiastique et catholique. La Silésie est remplie de bénéfices, et le roi n'a que des sujets autrichiens de cette religion; il n'est pas douteux qu'il leur préférerait des étrangers.

De tous les ministres étrangers, celui de Russie et celui de Hollande sont ceux auxquels il fait le plus d'accueil. Il paraît que son intérêt est lié avec ces deux puissances, dont l'une peut lui fournir des hommes et des munitions, l'autre des secours en argent. On assure que son inclination le portait à s'unir avec la France, et qu'il appelle son union avec l'Autriche une alliance dénaturée.

Il est difficile de présumer ce que ce royaume deviendra après la mort du roi. On dit que le prince royal n'aime point la guerre. Il fait beaucoup d'amitiés aux Français, dont il cherche à imiter les mœurs. Je me suis trouvé à un bal, où une femme de la cour le voyant passer sous le masque, lui dit : « Vous êtes certainement Français. » Ce prince me parut fort sensible à ce compliment. Le prince Henri paraît penser de la même manière; mais c'est peut-être pour s'attirer la bienveillance des peuples, toujours mécontents du gouvernement actuel. D'ailleurs les sentiments changent avec la fortune, et les circonstances déterminent la conduite des princes, comme celle des autres hommes.

Il ne faut pas penser que la cour de Berlin ressemble en rien à celle de France. Le roi n'en a point. La reine a deux chambellans boiteux, des pages fort mal vêtus, une table fort mal servie: il n'y a pas deux ans que les surtouts des plats n'étaient que d'étain. Sur la table de ses dames d'honneur il n'y a que deux mets, l'un de viande, l'autre de légumes. On va à sa cour en bottes; enfin c'est une misère qui étonne. Le roi a un sommelier à qui son emploi ne donne pas de quoi vivre. Le premier ministre a douze cents écus pour recevoir les placets: il ne manque pas de les présenter au roi, et reconduit son monde fort poliment.

DU ROI DE PRUSSE.

Qui miser in campis mœrens errabat Aleiis,
Ipse suum cor edens, hominum vestigia vitans.
Cic., Tuscul. 3.

« Je l'ai vu plein de tristesse, errer dans les déserts de la Cilicie ; son
» ame était dévorée de chagrins ; il fuyait la société des hommes. »

Le roi de Prusse est d'une taille médiocre; il a les yeux bleus et étincelants, le visage coloré et couvert de rides, les cheveux gris et négligés, la tête penchée du côté droit, le corps voûté, plus par les fatigues que par l'âge. Son regard est terrible, et sa physionomie sérieuse et sombre. Quand il rit, ce qui est rare, tous les traits de gaieté, toute la vivacité de la joie, viennent se peindre sur son visage; vous diriez d'Achille à la fleur de la jeunesse. Son habillement est l'uniforme de ses gardes : un gros habit bleu, toujours boutonné, une longue épée de cuivre, un grand chapeau retapé ; enfin, à son extérieur, on le prendrait pour un vieux soldat.

Il n'y a pas long-temps qu'un marchand hollandais le prit pour un garçon jardinier. Le roi l'avait rencontré seul dans les jardins de Sans-Souci, et s'était amusé à lui en montrer les curiosités. Cet étranger tira sa bourse et voulut payer ses peines :

« Il ne faut rien, dit Frédéric ; le roi l'a défendu.— Le roi n'en saura rien, repartit le Hollandais.— Il sait tout ce qui se passe, répliqua le roi ; » et il le congédia.

Il y a quelques singularités dans le caractère de ce prince, qui semble affecter de s'écarter des coutumes ordinaires. Il penche la tête du côté droit, peut-être parce qu'Alexandre la penchait du côté gauche.

Il ne souffre point de mendiants dans ses états; et à Postdam, sous les fenêtres de son appartement, huit ou dix soldats estropiés demandent l'aumône : il est vrai que ce sont des Français.

J'ai vu, l'année dernière, les fêtes du mariage du prince royal. Il est d'usage par-tout qu'un bal dure plus qu'un feu d'artifice. A Charlottembourg, le feu dura une heure et demie, et le bal qui suivit le souper, un demi-quart d'heure. Le roi était vêtu comme à l'ordinaire, servi par des hussards, au milieu de l'orangerie de Charlottembourg, dont les murailles étaient toutes nues. En revanche, sa table, de vingt-quatre couverts, était servie en vaisselle d'or, dont les grandes pièces étaient enrichies de diamants.

Quelque temps après, il fit jouer sur le théâtre de Postdam la tragédie très-licencieuse de *Saül et David*. Il invita la reine et les princesses, qui n'y vinrent point. Le roi fut fort gai pendant la pièce. Quand elle fut finie, il devint sérieux.

« Il faut avouer, dit-il, que voilà de grands coquins; comment peut-on jouer de pareilles indécences? » puis il donna ordre qu'on renvoyât les deux premiers acteurs.

Ce prince partage son temps entre les soins de l'armée et du gouvernement. Il se délasse en s'appliquant aux lettres et à l'agriculture. Les anecdotes que j'ai recueillies sont dignes de foi; je les tiens de plusieurs personnes qui ont vécu dans sa familiarité.

Parmi les modernes, Turenne, et chez les anciens, Épaminondas, sont les généraux qu'il estime le plus. Il a adopté la tactique de celui-ci. Comme lui, il fait son ordre de bataille carré, quoiqu'il ne soit formé que de deux lignes : il met entre les intervalles, sur les ailes, des piquets de grenadiers; comme lui, il attaque l'ennemi le premier, ce qui l'épouvante, et obliquement, ce qui le déconcerte. On peut voir, dans ses réglements pour l'infanterie prussienne, quelle confiance il avait dans ces principes; ce ne fut qu'après la malheureuse affaire de Collins, qu'il commença à la perdre. A deux lieues de là, il rencontra un de ses officiers avec lequel il était familier. « Il y a de grandes nouvelles, lui dit le roi : ils nous ont battus, mais bien battus; » et un moment après il se trouva mal.

Cette affaire de Collins lui tenait fort au cœur. Il rencontra un jour un capitaine, la tête couverte d'un bonnet : « Est-ce là, dit le roi, la coiffure d'un soldat ? vous avez l'air d'une femme. » L'officier, piqué, lui répondit : « Ce sont les blessures de Collins. » Depuis ce moment, le roi ne put souffrir cet homme.

Il vivait d'ailleurs dans une grande familiarité avec ses officiers, donnant aux uns des surnoms latins, les faisant manger souvent à sa table, leur conseillant de lire *Candide*, comme un tableau des misères humaines avec lesquelles il voulait les familiariser. Il ne s'offensait point de leurs libertés. Au moment d'une bataille, un officier de hussards enleva un détachement sous ses yeux. Le roi, charmé de l'augure, vient à lui, l'embrasse, et lui dit : « Je vous fais chevalier du Mérite, et vous donne mille écus. » En même temps, il détacha la croix de son côté et la lui donna. « Et les mille écus ? » dit le hussard. « Je ne les ai pas sur moi, répondit le roi; mais il suffit de ma parole. »—« Sire, reprit le hussard, on va donner la bataille : si votre majesté la gagne, elle ne se souviendra plus de moi; si elle la perd, elle ne sera pas en état de me payer. » Le roi tira sa montre, et lui dit : « Voilà mon gage. » Après la victoire, il la rapporta au roi, qui lui fit compter mille écus, et le créa lieutenant-colonel. Il disait un jour à ses officiers qu'il se retirerait en Hollande, lorsqu'il n'aurait plus de ressources. Un d'eux lui dit : « De quoi vivra votre majesté ? — Je me ferai libraire; »

dit-il. Ses soldats lui parlaient avec la même liberté. On les entendait souvent chanter ce refrain dans le camp :

> Savez-vous pourquoi
> Je m'en vais à la guerre?
> C'est que je n'ai ma foi
> Ni pré, ni bois, ni terre.

Quand il passait par les rangs, les soldats l'appelaient par son nom. Lui-même vivait comme le plus simple d'entre eux, et souvent plus mal logé qu'aucun de ses officiers, ne portant jamais ni robe de chambre, ni pantoufles, ni bonnet de nuit, et conservant même encore l'habitude de coucher avec son chapeau. Il choisissait dans les villages la plus mauvaise maison pour son logement. Il n'avait avec lui qu'un valet de chambre, et un hussard tenant son cheval à sa porte. Un jour, cet homme lui présentait son café, le roi fixa attentivement ses yeux sur lui : ce malheureux, déconcerté, se jette à ses pieds et lui dit : « Cette tasse est empoisonnée. » — « Je le savais, dit le roi ; mais je te pardonne, parce que tu as des remords. » Il le fit passer par les verges, et il est aujourd'hui fusilier dans le troisième bataillon des gardes. Le valet de chambre qui fut du complot, est à Spandau pour toute sa vie.

Il a rétabli, sans sollicitation, le fils du gentilhomme silésien qui l'avait voulu livrer aux Autrichiens, dans les biens de sa famille, en lui disant qu'il ne rendait point responsables les enfants des fautes de leurs pères. C'est ainsi qu'il vengeait ses injures personnelles, dans le temps qu'il désolait la Saxe pour celles qu'on avait eu intention de faire à sa couronne. D'ailleurs, n'estimant personne, et peu sensible à la perte de ses amis. Il passait auprès d'un de ses favoris, blessé à mort d'un boulet qui lui avait emporté la hanche : « Voilà, lui dit-il, les fruits qu'on recueille dans ce jardin. » S'il eût témoigné dans quelques circonstances semblables un peu de sensibilité, les faiblesses de Frédéric eussent peut'-être fait oublier les duretés du roi. Je l'ai vu pleurer à la représentation de *l'Écossaise*, lorsque ce père infortuné retrouve sa fille livrée aux horreurs de la misère. Ce sentiment passager parut extraordinaire à tout le monde. Sa tendresse ne semble réservée qu'aux animaux : il fait nourrir ses chevaux jusqu'à ce qu'ils meurent de vieillesse, et entretient quatre ou cinq chiens, qui couchent avec lui. Il leur rend même après la mort des devoirs funèbres. J'ai vu quatre tombes qui leur avaient été consacrées, et où leurs noms étaient gravés : ils sont enterrés à Sans-Souci, dans la partie de la terrasse où sont les bustes des bons empereurs romains ; de l'autre côté, sont ceux de Caligula, de Néron, etc., etc.

Ce prince s'occupe des belles-lettres : on connaît ses ouvrages. J'ai vu, dans sa bibliothèque de Breslau et de Sans-Souci, l'histoire de cette guerre, écrite en trois volumes. L'officier qui me les montra, m'assura qu'il n'y avait que ces deux exemplaires d'imprimés. On m'a fait voir aussi une médaille qui, certainement, n'est pas de sa composition. Le roi, sous la figure d'un lion, est attaqué par différents animaux. On y voit la Russie représentée par un ours, l'Autriche par un cerf qui s'enfuit, la Suède par une tortue, la Saxe par un mouton ; un épagneul marqué d'une fleur de lis, se retire avec une patte cassée. Cette médaille, frappée en argent, est grande comme la main. S'il compose des satires contre ses ennemis, il leur laisse la liberté des représailles sans s'offenser ; il s'amuse même de celles qui sont spirituelles. Après avoir lu un pamphlet qui a pour titre *les Matinées du roi de Prusse :* « C'est, dit-il, l'ouvrage de gens qui n'ont rien à faire. »

Il aime beaucoup la musique, et compose lui-même des airs très-difficiles, qu'il exécute sur la flûte.

Postdam est le séjour du roi. C'est une ville nouvelle, où l'on s'efforce d'appeler les arts. Le château a de la majesté. La cour des exercices est séparée de la place par un péristyle de colonnes accouplées, entre lesquelles sont des groupes de lutteurs dans différentes attitudes. On voit sur les rampes des escaliers, des Amours, des Faunes et des Nymphes qui supportent des flambeaux ; de semblables statues pyramident sur les toits : toutes ces figures sont colossales et absolument nues. Postdam a l'air d'un monument d'Athènes, habité par des Spartiates. La discipline s'y observe comme dans un camp, et on entend, la nuit, les cris des sentinelles qui répètent les heures.

Ce prince aime l'agriculture, et il ne se pique pas moins d'être son jardinier que son architecte. Sans-Souci a été bâti sur ses dessins. C'est un château à un quart de lieue de Postdam, formé seulement d'une galerie de peinture, terminée, à chaque extrémité, par un cabinet. La colline sablonneuse au haut de laquelle il est situé, est coupée en terrasses, où il cultive quantité d'arbres fruitiers tirés des Chartreux de Paris. Le parc qui l'environne est singulier, en ce que les massifs sont d'arbres et d'arbrisseaux de toute espèce ; chênes, rosiers, pruniers, sapins, lilas, pommiers, tout est pêle-mêle. On y voit des bosquets d'acacias, des berceaux de toutes les formes ; des allées, tantôt droites, tantôt formant une multitude d'angles ; de petits sentiers serpentent dans l'épaisseur des bois, et conduisent à des boulingrins où sont des espaliers chargés de fruits.

Au milieu de ces forêts, s'élève un pavillon chinois d'un goût qui enchante. C'est un dôme circulaire, tout brillant de dorure; il est supporté par un péristyle de palmiers accouplés; au bas, sont assises des figures de voyageurs fatigués. Ce dôme est éclairé par la voûte, et surmonté d'un Chinois qui en couvre l'ouverture d'un vaste parasol. L'intérieur de ce salon est lambrissé de cèdre, le pavé est de marbre rapporté en mosaïque, et le plafond magnifiquement peint.

Ce monument, où tout respire la gaieté et l'élégance, est d'un temps où l'imagination du roi se prêtait aux plaisirs. Les meubles sont couleur de rose, de lilas, de bleu céleste; les tentures, couleur de jonquille, et bordées de baguettes d'argent; les plafonds sont ornés de guirlandes de fleurs en relief, peintes de couleurs naturelles : il a fait bâtir pour point de vue les ruines d'un temple, comme un monument de la fragilité des grandeurs humaines. Le goût du roi a bien changé : le nouveau palais qu'il fait construire auprès de Sans-Souci est sans agrément; il est placé au milieu des bois, sans vue, et ressemble à une prison. Le roi vit seul, et n'admet que rarement les princes à sa table, où l'on ne sert que quatre plats. Aucune femme ne paraît à sa cour, et lorsqu'il vient quelque étrangère à Postdam, il ne lui permet pas d'y rester plus d'un jour.

Ce prince a eu de grands malheurs à toutes les époques de sa vie. Dans sa jeunesse, il courut risque de perdre la tête par l'ordre de son père. Il fut contraint de renoncer à une princesse qu'il aimait, pour en épouser une qu'il n'aimait pas. Devenu roi, ses favoris ont trahi sa confiance, ses maîtresses son amour; elles ont même altéré sa santé. Chef de la religion évangélique, et roi d'un royaume nouvellement formé, il a eu à combattre la jalousie de quelques électeurs et tout l'orgueil de la maison d'Autriche. Ses victoires lui ont coûté la fleur de sa noblesse et de ses sujets. Certain d'être écrasé sans pitié s'il était vaincu, il a porté dans cette guerre toute l'opiniâtreté du désespoir. Je chargerai, disait-il, mes derniers canons de mes derniers frédérics, et je les jetterai au visage de mes ennemis. La paix a relâché les ressorts de cette ame, que l'adversité avait tendus : il est tombé peu-à-peu dans une mélancolie profonde ; le passé ne lui rappelle que destruction, l'avenir ne lui présente qu'incertitude. Il accable son peuple d'impôts, et ses soldats d'exercices. Il admet toutes les religions dans ses états, et ne croit à aucune, pas même à l'immortalité de l'ame. * Il vit dans les infirmités, entouré d'ennemis, haï de ses sujets, insupportable à ses troupes, sans ami, sans maî-

* Voyez son Épître au maréchal Keit.

tresse, sans consolation dans ce monde, sans espérance pour l'autre.

A quoi servent donc pour le bonheur, l'esprit, les talents, le génie, un trône et des victoires?

OBSERVATIONS

SUR

LA POLOGNE.

OBSERVATIONS

SUR

LA POLOGNE.

DE LA POLOGNE.

... Pour la rendre illustre, il la faut asservir.

VOLTAIRE.

Dès qu'on a passé l'Oder, le reste de l'Europe n'est plus qu'une forêt. Depuis Breslau jusqu'aux roches de la Finlande, et en tournant à l'orient jusqu'à Moscou, pendant plus de cinq cents lieues, on voyage dans une plaine couverte de bois.

La Pologne, plus voisine du midi, est aussi la partie la plus fertile. Cette terre est sablonneuse, et ne laisse pas d'être féconde. Elle produit d'abondantes moissons; j'y ai vu du seigle de huit pieds de hauteur. Cette abondance ne vient point du travail des habitants; mais, je crois, de ce que le sol y est, en beaucoup d'endroits, imprégné de sel : les eaux de la Vistule sont salées au-dessous de Cracovie, et on trouve le sel en grande masse à plus de huit cents pieds de profondeur. Outre les usages ordinaires, on en donne aux bestiaux pour les engraisser ; il est aussi dur que le cristal, on en taille des figures et différents ouvrages.

Les chênes sont magnifiques en Pologne ; on en brûle le bois faute de communication pour les transporter ; ces cendres fournissent des sels utiles aux fabriques.

Les lacs y abondent en poissons ; on y trouve des lamproies, et une grande quantité de brochets qu'on sale. Les ruisseaux fourmillent d'écrevisses, qui sont d'autant plus grandes qu'on approche plus du nord. Les pâturages sont excellents et nourrissent beaucoup de bœufs et de chevaux : ceux-ci sont beaux, légers, et capables de supporter de longues fatigues.

Comme le territoire de la Pologne n'est pas fort élevé, l'hiver n'y est pas si rude que dans des parties même plus méridionales. On cultive à Varsovie la plupart de nos fruits, qui y mûrissent parfaitement. Il n'y a pas plus de quarante ans que les Français en ont apporté les plants.

Le printemps y paraît presque d'aussi bonne heure qu'en France, et avec une pompe plus sauvage. La terre sablonneuse s'échauffe aux premiers rayons du soleil ; et absorbe la neige qui la fertilise. Les chemins sont couverts de touffes d'absinthe et d'immortelles jaunes, et les marais sont bordés de roseaux aromatiques. On trouve des animaux dont les pelleteries sont très-estimées, entre autres le loup-cervier, dont la peau semblable à celle du renard blanc, est marquetée de points noirs. Il y a, dans les forêts, quantité de miel, de cire, et d'excellents bois de construction dont on pourrait faire un grand commerce; mais les Polonais ne tirent parti de rien.

Ils prétendent descendre de Curtius, fameux Romain, qui se précipita dans un gouffre à Rome. Ce gouffre communiquait à un souterrain qui le conduisit droit en Pologne : cette fable absurde est à la tête de leur histoire, et prouve qu'il n'y a point d'opinion si ridicule dont la vanité humaine ne sache s'accommoder.

DES POLONAIS.

Et quibus in solo vivendi causa palato est.
JUV. sat. XI, v. 11.

« Ces gens-ci ne semblent être au monde que pour boire et manger. »

Les Polonais sont grands et vigoureux. Il n'y a guère de nation dont le sang soit plus beau. C'est de leur pays que viennent ces beaux hommes que le faste des seigneurs enlève aux campagnes. La nature semble se plaire aussi à y faire naître des nains très-bien proportionnés.

L'habit des Polonais est une robe de drap à manches pendantes; ils portent dessous une veste de soie fermée d'une ceinture; un ceinturon d'où pend un long sabre, serre leur habit. Ils vont toujours bottés, montent à cheval sans grace comme les Tartares, et se servent du fouet au lieu d'éperon. Ils portent tous des moustaches, et la tête rasée, couverte d'un bonnet bordé d'une pelleterie légère : cette coutume de se raser dans un pays froid, vient, je pense, d'une maladie assez commune au peuple; c'est une sueur de sang qui découle des cheveux.

Il y a deux nations en Pologne, les paysans et les nobles; on pourrait en ajouter une troisième, les Juifs. On en compte près de deux millions, et c'est plus du tiers de la population. Ils portent la barbe, et sont vêtus de robes noires toutes déchirées; ils sont très-pauvres, quoiqu'ils exercent la plupart des métiers, et qu'ils tiennent les cabarets. Ils sont souvent injuriés et maltraités du peuple, et font paraître un attachement admirable pour leur loi, puisqu'un Juif qui se fait chrétien est fait gentilhomme. Ils paient par tête quarante sous, et c'est le principal revenu du roi: d'ailleurs, ils font vœu de ne jamais porter les armes, et de ne point labourer la terre, peut-être par le malheureux sort de ceux qui la cultivent.

En effet la pauvreté des paysans passe tout ce qu'on peut en dire. Ils couchent sur la paille pêle-mêle avec leurs bestiaux. Ils sont si sales que leur malpropreté a passé en proverbe: Ils n'ont ni linge, ni chaises, ni tables, ni aucun des meubles les plus nécessaires. Ils travaillent toute l'année pour des maîtres barbares qui ont sur eux droit de vie et de mort. Ils cultivent pour légume le pavot, dont ils mangent la graine, pour assoupir, je crois, le sentiment de leur misère. Le sort des pauvres gentilshommes n'est guère plus heureux. Ils n'ont d'autre ressource que de servir les grands, qui les emploient jusqu'aux derniers offices de la maison; il y en a beaucoup de palefreniers et de laquais. Dans ces emplois ils ont à peine de quoi vivre; ils couchent par terre dans les cuisines et sur l'escalier, car leurs maîtres ne leur donnent ni chambres, ni lits. La marque de leur noblesse consiste à porter le sabre; et lorsqu'on les punit, on étend sous eux un tapis avant de les bastonner. Ce sont là toutes leurs prérogatives, et leur unique preuve de noblesse, n'y ayant que très-peu de familles qui puissent la prouver par des titres.

Ils ne croient point déroger dans ces fonctions serviles, et j'ai vu deux princesses Visnioveski descendantes des rois Jagellons, femmes de chambre, l'une chez la chambellane de Lithuanie, l'autre chez la femme du grand-général. Cet état ne les empêche pas de parvenir souvent à de grands établissements, et un Polonais ne rougit point dans l'opulence de sa misère passée. L'évêque de Cujavie m'a dit lui-même qu'il avait été tovariste ou soldat aux gages d'un particulier.

Les Polonais sont fort assidus dans leurs églises, ils se prosternent et frappent leur poitrine à grands coups. Ils sont fort dévots. C'est le sort de tout peuple misérable de porter ses espérances dans une autre vie, et une preuve que la religion est le plus ferme lien de la société, puisqu'elle rend les plus grands maux supportables. Ils ont une grande vénération pour saint Jean

Népomucène ; il n'y a point de saint plus universellement honoré en Europe, en Pologne, en Silésie, en Moscovie, en Autriche, en Bohême, en Hongrie, en Saxe même, et le long du Rhin; on voit sa statue placée aux carrefours, dans les places publiques, dans les bois, sur les montagnes. Il fut le martyr de la discrétion, et les femmes reconnaissantes en ont fait l'objet de leur culte.

Le faste et la bonne chère sont les passions dominantes de ceux qui ont un peu d'aisance. Un bon gentilhomme donne sans façon le nom de palais à sa petite maison, et on appelle la cour de monseigneur quatre ou cinq valets mal vêtus qui l'environnent. Leur luxe, et quelquefois tout leur bien, consiste dans une ceinture d'étoffe de Perse d'or ou d'argent, dans leur cheval et son harnais brodé d'or. Avec cela ils font leur cour aux grands, qu'ils accompagnent par-tout, et dont ils reçoivent des gages. J'ai vu un gentilhomme riche de plus de dix mille livres de rente proposer à sa parente, la palatine de Volhinie, de prendre sa fille unique comme femme de chambre, pour lui donner l'usage du monde.

Les grands traitent les gentilshommes de leurs palatinats avec la plus grande magnificence. On ne leur épargne point les vins de Hongrie, qu'ils aiment passionnément. Plus leur table est bien servie, plus ils ont de créatures. Pour les persuader on les enivre, et ils boivent sans honte le prix de leur liberté. Dans un dîner que donnait le prince-chancelier, les convives rassemblés pour nommer le roi voulaient, à la fin du repas, l'élire lui-même. Ils ne voulaient point d'autre Amphitryon.

Il règne bien du désordre dans ces tables, où l'on se garde d'exposer aucun objet précieux ; plusieurs ne se font pas scrupule de mettre dans leur poche un couvert, en disant au maître de la maison : Monseigneur, c'est pour me ressouvenir de vous. Cet étrange usage s'observe chez les Cosaques. J'en ai vu d'autres se mettre aux genoux d'une princesse, la déchausser, plonger l'extrémité de son pied dans leur vin, et le boire ensuite à sa santé. Ils sont pleins de démonstration dans leurs actions. Ils saluent en s'inclinant profondément, et saisissent de la main le bas de la jambe de la personne qu'ils veulent honorer, homme ou femme. Ils sont outrés dans leurs éloges et enflés dans leurs compliments. J'ai vu des vers latins faits en l'honneur du roi : on lui disait que comme il portait un veau dans ses armes, il ne fallait pas douter qu'il ne défendît l'état avec le génie et les cornes d'un taureau.

Les grands seigneurs vivent avec le faste des rois. Il n'y a point ailleurs de noblesse plus magnifique, ni de pires citoyens. Ils dépensent leurs revenus à entretenir autour d'eux une grande suite de cavaliers : luxe ruineux pour l'état qu'il prive d'hommes, et inutile à leur postérité, qui ne profite point de ces dépenses. Ils aiment à paraître au milieu d'un cortége nombreux de soldats habillés en janissaires, spahis, tolpacs, houlands : troupes serviles propres à nuire à la liberté publique, et incapables de la défendre. On voit au milieu de ces habits orientaux des seigneurs décorés d'un cordon bleu ou rouge, très-souvent étranger. Ces ordres, qui sont des marques de distinction pour les sujets naturels d'un prince, ne font pas beaucoup d'honneur à des républicains. Cet empressement à rechercher la protection des puissances voisines vient de leur goût pour le faste, et de leur pauvreté.

Il y a en Pologne quantité de petits princes sans argent et sans train. Pour illustrer leur cortége, qu'ils ne peuvent augmenter, ils le composent de capitaines et de colonels. Quand ils viennent en visite, ces armées où il y a plus d'officiers que de soldats, restent dans les antichambres, et quelquefois viennent servir leur maître à table. Leurs plaisirs ne sont pas plus raisonnables que leur vanité ; ne sachant s'occuper d'aucun objet utile, ni du spectacle des arts, ils achèvent d'obscurcir, par l'ivresse, une raison mal cultivée : car dans ce pays, comme dans beaucoup d'autres, on confie l'éducation des seigneurs à des valets français qui les corrompent par leurs flatteries. On leur dit en mauvais vers que Monseigneur sera un jour l'espoir de sa patrie et la gloire de sa maison, et tout le monde trouve que monsieur le gouverneur est un homme de beaucoup de mérite. Le dernier gouvernement a ajouté à cette corruption : il introduisit les festins dans les plus petits événements domestiques ; on célèbre dans chaque famille les fêtes des patrons, l'anniversaire des naissances et des mariages du père, de la mère, des enfants, des oncles, des neveux et des amis, ainsi que des têtes couronnées : l'année, chez eux, est un cercle perpétuel de fêtes bachiques. Aussi la cour était remplie d'une multitude de musiciens, de peintres, de danseuses, de comédiens, de perruquiers, de cuisiniers ; et comme si ces gens efféminés n'eussent pas suffi pour éteindre l'esprit de vigueur dans la nation, on avilissait les titres militaires en les prodiguant : les valets de chambre du premier ministre étaient capitaines, tous les précepteurs étaient colonels, la plupart des généraux n'avaient pas vu la guerre.

Il est arrivé de là, que le service militaire est fort méprisé. J'en ai vu un exemple chez le prince Sangusko. Deux officiers entrèrent pendant qu'on était à table, et se tinrent respectueusement debout. Le prince dit à l'ambassadeur de Prusse : « Voici deux de mes colonels. — Ce sont de beaux hommes, » dit l'ambassadeur. « Je leur trouve un défaut, repart le prince ; ils sont trop gras. » Ensuite on les congédia. L'après-midi, il me fit voir sa compagnie, et m'assura que le capitaine était un homme d'un mérite rare; je lui répondis que je le plaignais d'être en Pologne.

Il s'en faut bien qu'ils portent le même jugement des officiers étrangers. Le général Poniatowski, frère du roi, a passé par tous les grades au service d'Autriche. Son frère, le chambellan, était capitaine, pendant cette guerre, au service de Hanovre. Le prince palatin de Russie, oncle du roi, a servi dans le même grade fort long-temps : c'est, de tous les étrangers, l'homme auquel j'ai connu le plus de mérite. Il a un goût exquis pour les arts, et des connaissances universelles et profondes. Les qualités de son cœur l'emportent encore sur les autres : il a ouvert sa bourse à quantité d'officiers que le roi de Prusse avait réformés; il les a prévenus par ses bienfaits, et n'a exigé de leur reconnaissance que de les cacher à tout le monde.

En général, les Polonais sont très-hospitaliers; ils accueillent les étrangers, qu'ils invitent tour-à-tour. La noblesse allemande trouve celle-ci fière. Ils le sont avec leurs égaux et avec ceux qui ont besoin d'eux; mais ils reçoivent fort bien les gens qui ont des talents agréables, et ceux qui ont beaucoup de dépenses à faire.

L'habitude de se transporter souvent à leurs assemblées, leur donne le goût des voyages; ils portent tout avec eux, sur des chariots de cuir où ils dorment la nuit. Cette facilité d'aller et de venir répand sur leurs actions une inconstance en quoi consiste presque toute leur liberté. Il n'y a pas de nation qui oublie plus facilement et les bienfaits et les injures. Ils se déterminent par le moment présent, sans prévoir l'avenir et sans s'instruire par le passé. L'hymen n'a point de chaînes qu'ils ne puissent rompre, et le divorce est fréquent chez eux ; leurs femmes communément ne sont pas belles ; mais elles ont une beauté particulière, c'est la petitesse de leurs pieds. Elles l'emportent de beaucoup sur les hommes, par la beauté et les grâces de leur caractère et les agréments de la conversation : la plupart parlent l'allemand et le français avec une pureté bien rare, même aux nationaux ; elles sont instruites des intérêts de leur pays, et souvent conduisent les affaires avec plus de fermeté que les hommes. Quelques-unes joignent des agréments infinis à ces qualités solides, et occupent leurs loisirs de la littérature, de la musique et des arts agréables : en cela d'autant plus estimables, qu'elles ne doivent cette éducation qu'à elles-mêmes. Il est probable que, sans elles, ce pays retomberait dans la barbarie ; en effet, tout y manque : point de commerce, point de police ; les bourgeois, les marchands, et même les gens de loi, sont fort peu considérés ; la plupart sont des domestiques de grands seigneurs, à qui l'on donne ces emplois.

Leurs villes ou villages renferment une place carrée, entourée de porches; l'église est au milieu ; mais la place et les rues qui y aboutissent sont de profonds bourbiers, où les chevaux enfoncent jusqu'aux sangles. Varsovie, leur capitale, n'est guère plus propre. Les faubourgs ne sont ni pavés, ni éclairés. On y voit cependant quelques beaux palais, beaucoup d'églises, et conséquemment une multitude de misérables maisons.

La monnaie du pays est celle de Prusse, qui est du plus mauvais aloi.

Tous ces désordres viennent du gouvernement, qui est, à mon avis, la chose la plus injuste qu'il y ait au monde.

DU GOUVERNEMENT.

Neu patriæ validas in viscera vertite vires.
Virg., Æneid., lib. vi, v. 833.

« N'employez pas vos forces à déchirer le sein de votre malheureuse
» patrie. »

Le gouvernement de Pologne tend à l'aristocratie. Vingt familles, dont les principales sont les Lubomirski, les Jablonowski, les Radziwil Gnolinski et les Czartorinski, se disputent les charges de l'état. Elles se confédèrent et s'emparent des affaires, jusqu'à ce qu'un parti plus puissant leur enlève l'autorité : alors tous les biens royaux, toutes les dignités, passent dans d'autres mains. Cette confusion, ce choc perpétuel d'intérêts produit une vraie anarchie. Pour empêcher leurs voisins d'en profiter, ils ont une loi qui exclut les étrangers des charges et de la possession des terres.

La discorde des grands fait le malheur de la république ; mais cette loi y met le comble en ôtant toute espérance de guérison.

Qu'on examine les Polonais avant Sobieski et de son temps : ils faisaient des conquêtes ; la Livonie leur appartenait ; ils possédaient l'Ukraine ; la Courlande et la Prusse étaient leurs tributaires ; ils faisaient des courses jusqu'à Moscou. Aujourd'hui, ils ont tout perdu. Leur valeur, dans ces temps, était exercée par les Tartares, les Turcs et les Russes; leur discipline convenait alors à leur esprit indépendant et au peu d'habileté de leurs voisins : chaque noble s'armait, comme aujourd'hui, à sa fantaisie ; ceux-ci du sabre, d'autres d'une lance ornée d'une banderole; quelques-uns faisaient porter leurs carabines par leurs valets; ceux-là s'ajustaient de grandes ailes qui épouvantaient les chevaux. Dans des combats d'homme à homme, dans le choc de petites troupes, la valeur d'un républicain l'emportait sur des esclaves qui n'avaient rien à conquérir ou à défendre. L'ambition des grands, favorisée de ces succès, et animée de l'espoir du butin, se portait au dehors et ne s'appesantissait point sur la république.

Depuis un siècle, tout a changé autour d'eux : leurs voisins ont perfectionné l'art de faire la guerre ; des fantassins ont appris à soutenir, sans s'effrayer, le choc irrégulier de la cavalerie ; l'artillerie s'est multipliée, des forteresses se sont élevées sur les frontières. Bonneval portait chez les Turcs une partie de ces connaissances ; Pierre-le-Grand les transplantait en Russie ; Frédéric-Guillaume les naturalisait en Prusse. Les Polonais n'ont rien adopté. En excluant les étrangers, ils ont encore banni de chez eux l'industrie, le commerce, l'agriculture, et l'émulation qui produit tout. Quel artiste s'établirait où les arts ne peuvent avoir d'asile? Quel négociant porterait ses richesses où il ne lui est pas permis d'acheter une portion de terre? Quel laboureur voudrait cultiver un champ où sa postérité serait toujours étrangère, où les compagnons de ses travaux sèment dans les larmes et recueillent pour autrui? Quel officier porterait son ambition où tous les emplois sont irrévocablement le partage d'un certain nombre de familles, où les exceptions à la loi ne sont qu'en faveur de quelques courtisans, de tous les hommes, peut-être, ceux dont l'esprit est le plus éloigné de l'esprit militaire?

Cependant, on sait que les empires ont dû souvent leur grandeur à des étrangers. Eugène n'a-t-il pas fait la gloire de l'Autriche? Maurice, celle de la France? Et, de nos jours, ne connaît-on pas Munich en Russie; Fouquet en Prusse? Il semble même qu'il y ait des succès réservés à des mains étrangères, comme si l'ambition se portait avec plus de force vers un seul objet, lorsqu'elle est sevrée des douceurs de la patrie.

Nous venons de voir les causes de leur faiblesse; et en voilà les suites : il y a en Pologne autant d'intérêts différents que l'on y compte de grandes maisons, et qu'il y a de puissances en Europe qui ont de l'argent à perdre. Les grandes maisons qui sont sous l'influence des femmes, tiennent pour la France, à cause des modes et des bijoux; d'autres sont pour les belles porcelaines de Saxe; quelques-unes pour l'Autriche, à cause des bons vins de Hongrie; mais les puissances qui ont des soldats l'emportent toujours. La Russie vient de donner trois rois consécutifs à la Pologne. Le roi de Prusse se contente d'envoyer de temps en temps des patrouilles de hussards, qui enlèvent des chevaux, des bestiaux, des paysans, sous prétexte que ce sont les descendants de ses anciens sujets. Il fait aussi reculer le long des frontières de Pologne les bornes de son pays, de quelques lieues, sans que personne ose s'y opposer. En effet, que ferait-on avec des soldats sans discipline, des officiers sans distinction, des généraux sans expérience, et des grands sans union? Il n'y a point d'argent dans les coffres, et je n'ai vu que douze canons dans l'arsenal de Varsovie.

Dantzick même, une ville marchande, brave leur pouvoir! Elle s'est emparée du commerce; elle met le prix à leur blé, qu'elle achète à bon marché; et leur vend fort cher les marchandises de luxe. Si le sénat veut y mettre ordre, elle achète les voix de quelques sénateurs, et rend inutiles des projets dont l'exécution serait d'ailleurs impossible.

La Pologne tire encore quelque force de sa faiblesse; les ennemis ne peuvent s'y établir, et les voisins se contiennent par leur jalousie, ce pays étant une carrière ouverte à tout le monde ; mais il y a apparence qu'insensiblement la Russie et la Prusse en démembreront toutes les parties. La Pologne a encore un ennemi d'autant plus à craindre, qu'il est caché ; c'est l'Autriche. Lorsque le moment fatal de décider de sa chute entière sera arrivé, il n'est pas douteux qu'il lui sera préférable de se livrer au Turc, qui se contenterait de lui donner un hospodar, et d'en tirer un bon tribut ; car le patelinage de tant de pays aristocratiques est plus insupportable que le plus dur esclavage : ce sont des gens froids qui vous égorgent paisiblement.

D'abord, le prince prend sa portion. Après, viennent ceux qui recueillent ses droits : les uns entourent la frontière ; ceux-ci bordent les rivages de la mer, le cours des rivières. Ils vous attendent au passage des montagnes et à l'entrée des villes : ce que l'on boit, ce que l'on mange, ce que l'on respire ; ce qui sert de vêtement, de coiffure, de chaussure ; ce qui croît dans la terre, dans les forêts ; ce qui nage dans les eaux ; ce qui vole dans les airs, tout est gâté, entamé ou dévoré par ces oiseaux de proie.

Ensuite, viennent les seigneurs ; il leur faut des gouvernements, des droits, des préséances, des honneurs. Ils partagent entre eux les emplois militaires, les bénéfices ecclésiastiques, et ce qu'il y a de plus distingué dans les emplois civils. Ce qui n'est pas moissonné par eux, est glané par leurs valets, qui se réservent les emplois subalternes, les projets de fabriques, les places aux académies, enfin tous les fruits et toutes les récompenses de l'industrie. Ils asservissent les ames libres d'une nation, en lui inspirant le goût de la domesticité, plus méprisable que l'esclavage, puisque l'un est l'effet de la volonté, et l'autre de la destinée. Je ne parle pas des valets de leurs valets, qui vendent les audiences, les entrées de la maison, et insultent à l'honnêteté lorsqu'elle est pauvre.

Après ce cortége arrivent les gens d'église, un œil au ciel, l'autre en terre. Il leur faut des palais, des équipages, des dîmes, des droits pour naître, pour se marier, pour mourir; mais, ce qu'il y a de plus dur, ils portent la tyrannie dans les pensées. Il faut s'expliquer sur des matières où se confond l'esprit humain; il faut courir les risques d'être catéchisé, béni, blâmé, admonesté, excommunié, quelquefois brûlé comme de viles ouailles sans intelligence. Voilà les chaînons de l'aristocratie, qui s'accrochent mutuellement, et se resserrent lorsqu'on les agite; voilà la conduite des Espagnols aux Pays-Bas et aux Indes, des Autrichiens à Gênes, des Romains lorsqu'ils devinrent insupportables par toute la terre; voilà le gouvernement aristocratique, plus cruel mille fois que le despotisme.

DU ROI DE POLOGNE.

C'est un poids bien pesant qu'un nom trop tôt fameux.
VOLTAIRE.

Le roi Stanislas Poniatowski est d'une figure noble, le visage pâle, le nez aquilin, de grands traits, les yeux bruns, bien fendus; mais un peu louches; ses portraits passeront à la postérité, car il se fait peindre souvent, en toutes sortes d'habits et d'attitudes. Il est d'une belle taille, danse à ravir, déclame à merveille, et parle souvent sans préparation. Il est affecté dans sa conversation, son geste et sa démarche; mais le personnage d'un roi est, comme on sait, une représentation continuelle.

Il aime toutes les femmes, et leur partage ses soins assez également. Son amitié est moins répandue; en cela il se pique de constance. Il a conservé sur le trône les liaisons d'un particulier. Ses favoris ne sont point de ces gens qui fatiguent les princes d'objets sérieux; ce sont : un peintre italien qui le dessine du matin au soir, un abbé français qui fait des vers à sa louange, un officier piémontais qui arrange ses plaisirs. Ce prince s'est appliqué toute sa vie à la philosophie, et il a tiré de cette étude les plus grands fruits. Il a fait sa fortune à force de parler du bien public, s'est élevé sur le trône en recommandant l'amour de la patrie, et s'est assujetti ses citoyens par les armes russes, en leur prêchant la concorde. Il s'occupe actuellement du projet de bannir de la Pologne l'indigence et l'oppression, en rassemblant dans son palais tous les arts du luxe.

OBSERVATIONS

SUR

LA RUSSIE.

OBSERVATIONS SUR LA RUSSIE.

DE LA RUSSIE.

La nature marâtre en ces affreux climats
Ne produit pour trésors que du fer, des soldats.
CRÉBILLON.

Il serait impossible de donner une description exacte de la Russie ; la géographie y est encore trop négligée. Il n'y a pas deux ans qu'on a reconnu que le fleuve qui se décharge à Riga est navigable pour les petites barques, et ne forme point un marais impraticable près de sa source, comme on l'avait pensé. J'ai vu en Finlande des îles, marquées sur les cartes comme des portions de continent; on imprime tous les jours que le chemin de Moscou à Pétersbourg est une allée droite : il en est ainsi d'une infinité d'autres erreurs, qui s'accréditent même dans les lieux où l'on cultive les arts.

Ici il ne sera donc question que de quelques observations sur les objets que j'ai vus; je parlerai de la mer Baltique, de la Livonie, de la Finlande, et des productions singulières qui croissent dans les autres parties.

On a blâmé Pierre-le-Grand d'avoir fixé le centre de son empire dans les marais de la Néva; mais pour ouvrir une route aux arts de l'Europe, il ne pouvait choisir d'autre position que le fond du golfe de Cronstadt; puisqu'alors la Livonie et la Finlande ne lui appartenaient pas.

C'est à la mer Baltique que la Russie doit sa puissance; cette mer, peu sûre aux vaisseaux, est, près de la moitié de l'année, glacée à plus de vingt lieues de ses rivages. Les vents du nord y soufflent violemment dès la fin de septembre; c'est le temps de l'arrivée des vaisseaux; les naufrages y sont fréquents alors. J'ai vu périr quatre navires ancrés près de nous, à l'entrée du Cronstadt.

C'est une grande singularité de voir que tout le rivage méridional de cette mer, depuis Pétersbourg jusqu'au delà de Kœnigsberg, ne soit qu'une plage unie et sablonneuse, tandis que le côté septentrional est bordé de rochers élevés et découverts. Il semblerait que les eaux auraient lavé et emporté le terrain immense de la Finlande et de la Suède, pour en former l'Ingrie, la Livonie et la Prusse. Cette disposition des rivages, qui n'offre dans toute cette étendue aucun abri aux grands vaisseaux, rend la navigation dangereuse et les peuples excellents marins; j'en ai vu un exemple frappant en passant près de l'île de Bornholm : un pêcheur, seul dans sa barque, vint nous offrir du poisson; c'était à l'entrée de la nuit, et au milieu d'un coup de vent affreux. Quand on l'eut payé, il demanda à boire. Le capitaine lui donna un gros flacon plein d'eau-de-vie. Il le saisit d'une main, et de l'autre tenait une corde que nous lui jetâmes. Il était en équilibre sur le bord de sa nacelle; un pied en l'air, posé contre les flancs de notre bâtiment. Les vagues l'élevaient quelquefois tout près de le jeter sur notre pont : il buvait d'un air aussi tranquille que s'il eût été à terre; des passagers anglais convinrent qu'ils n'avaient encore rien vu de si hardi.

Entre autres poissons de la mer Baltique on distingue la doche, sorte de merlan qui surpasse le nôtre par sa délicatesse et sa grosseur. On y pêche quantité de veaux marins dont on fait de l'huile. Pierre-le-Grand, qui a tout tenté pour le bien de son pays, y a fait jeter des huîtres; mais elles n'ont pu y vivre, les eaux étant trop peu salées.

L'océan Septentrional est plus remarquable

par la quantité et la singularité de ses poissons. On y trouve le cheval marin, animal monstrueux, dont la gueule est armée de dents longues et tranchantes; sa peau, de plus d'un pouce d'épaisseur, est à l'épreuve du fusil : l'ours blanc, sorte d'amphibie qu'il ne faut pas confondre avec l'ours des forêts ; il ressemble aux gros chiens danois; il a les yeux petits et rouges, le poil ras, les pattes grosses, courtes et armées de griffes; il est dans une agitation et une fureur perpétuelle ; il vit de poissons qu'il cherche en plongeant dans la mer. On y pêche des poissons dont on fait, à Archangel, de la colle destinée au chargement d'un grand nombre de vaisseaux. Des glaces de cet océan sortent chaque année une multitude prodigieuse de harengs, dont les longues colonnes côtoient les rivages de l'Europe, et achèvent de se perdre sur la côte d'Afrique, après qu'une partie a servi de pâture aux hommes, aux poissons et aux oiseaux.

Dans la mer Caspienne, on trouve une sorte de maquereau que les paysans appellent *shecs para*, ou favori du roi ; ils ont le secret de le fumer. On y prend des esturgeons dont on sale les œufs, qui alors sont délicieux; c'est ce qu'on nomme *caviar*. Ces inventions paraissent de la plus haute antiquité, et peuvent être imitées chez nous avec succès.

On trouve dans les lacs et les rivières de Russie, des saumons, des truites, le strelet, sorte d'esturgeon, le plus délicat des poissons du Nord; des anguilles monstrueuses, des écrevisses, si communes sur le Borysthène, que les Cosaques chargent des bateaux des seules pierres qui se trouvent dans leur tête ; on les emploie dans la médecine. On pêche des perles dans les rivières de Finlande.

La Livonie est la province de Russie la mieux cultivée et la plus fertile ; elle donne en abondance des blés, des chanvres et des lins dont la graine est fort estimée. Les chemins sont bordés de joncs qui produisent une espèce de coton dont on pourrait faire usage. On y trouve quantité de mouches à miel, qu'on élève dans des troncs d'arbres.

C'est là que le Nord commence véritablement. Les chênes ne viennent point au-dessus de Riga ; on ne trouve plus au delà aucune espèce d'arbres fruitiers, excepté des cerisiers, et une sorte de pomme transparente, vers Moscou. La rigueur du climat y est telle, qu'il ne croît dans les champs ni épines, ni ronces, ni haies, ni buissons. Les forêts ne sont remplies que de sapins et de bouleaux d'une grosseur prodigieuse. La nature est encore plus sauvage en Finlande ; c'est une suite continuelle de rochers. Ils ne sont point disposés par couches, escarpés, ou amoncelés ; ce sont des collines d'un roc vif et noirâtre, dont les som=

mets arrondis sont dépouillés de terre. Elles forment des chaînes irrégulières qui interrompent par-tout le cours des eaux ; on y voit des cataractes surprenantes. Celle d'Imatra est formée par la chute du fleuve Vosca, plus large que la Seine à Paris. Ce fleuve se précipite d'un rocher de plus de trois cents toises de hauteur dans un canal qui n'a pas quatre-vingts pieds de large. La vue de ces eaux noires qui bondissent et écument en roulant, leur bruit épouvantable, semblable aux hurlements confus des bêtes féroces; les sapins noirs qui croissent en amphithéâtre le long de ces bords, ce ciel toujours couvert de vapeurs, cette terre semblable au fer; tout inspire dans ces déserts l'horreur et la mélancolie. Quelquefois un ours, poursuivi par des loups affamés, tombe avec eux dans ce torrent, dont les rives en pente sont toujours humides; alors ils sont emportés comme une flèche, ils roulent en tout sens au gré de ces vagues furieuses, ils sont heurtés, meurtris, et leurs os brisés à travers leur peau couverte de longs poils : les cailloux même qui tombent dans ces abîmes pirouettent, s'écornent, et prennent mille formes bizarres.

Un officier français, échappé de la bataille de Pultava, s'était retiré dans ces lieux si tristes : j'ai vu les restes de sa cabane ; cet homme y a vécu jusqu'à quatre-vingts ans, cultivant la terre, et de temps en temps portant ses denrées à la ville; une longue barbe descendait jusqu'à sa ceinture; il avait oublié sa langue maternelle.

Ce pays est si désert, que dans un voyage de quatre cents lieues, je n'y ai pas vu vingt villages. On est obligé de changer de relais au milieu des bois, et de porter, outre les provisions nécessaires, des essieux et des roues pour les voitures. Les grands chemins sont couverts d'herbes, et celui de la frontière est si rempli d'arbres, que nous fûmes obligés d'y aller à cheval. Je n'y ai vu d'autre oiseau que des moineaux, et c'était alors signe que nous étions près de quelque habitation.

Les forêts de Finlande sont remplies de framboisiers, de champignons, de mousses, et de kloukva, petit fruit rouge, excellent, dit-on, pour les maladies scorbutiques. On y trouve des mines d'antimoine et de mauvais grenat. Le pays fournit au commerce des goudrons, des planches et des mâtures.

La Sibérie produit des cristaux, des topazes, des agates couleur de rose, des cornalines, du jaspe sanguin, des mines de cuivre et de fer inépuisables. Près du fleuve Amur, vers la Chine, est une mine d'or très-abondante : c'est vers la partie méridionale qu'on recueille la rhubarbe, dont les premières tiges, au printemps, se mangent cuites, aliment, dit-on, aussi salutaire qu'agréable. Ses plus grandes richesses sont dans ses pelleteries; on en tire des hermines, des chats sauvages, des renards bleus et noirs d'un prix excessif : j'ai vu un bonnet de l'impératrice, estimé dix mille francs; le poil en est soyeux, d'un noir brillant, et si long et si souple, qu'il se couche en tout sens.

On y trouve de l'ivoire dans le sein de la terre; on prétend que ce sont des dépôts du commerce ancien des Indiens; mais d'autres assurent que ce sont les dents d'un animal qui ronge la terre, et perd la vie lorsqu'il prend l'air ; on les trouve, dit-on, quelquefois sanglantes.

La Tartarie russe nourrit des troupeaux de moutons et de chevaux sauvages : ceux-ci sont infatigables ; on tâche d'en prendre de jeunes pour les apprivoiser ; mais quand on les mène en campagne, et qu'ils aperçoivent leurs anciens camarades, ils s'efforcent de recouvrer leur liberté ; et assez souvent ils y réussissent ; on les reconnaît ensuite entre les autres, à la selle et au harnais qu'ils portent jusqu'à ce que le temps ait détruit ces marques de leur esclavage. On recueille dans cette partie la meilleure rhubarbe et le fameux gingen, dont les qualités, dit-on, sont merveilleuses en amour. Cette racine échauffe les tempéraments froids, et ralentit ceux qui ont trop de chaleur. Le lait de vache dans cette partie est si maigre, qu'on n'en peut faire du beurre : c'est peut-être la raison qui engage les Tartares à se servir du lait de jument.

La province d'Astracan produit des melons délicieux, des raisins qu'on apporte à Pétersbourg dans des tonneaux de millet pour les conserver; et des coins qui sont bons à manger crus. On y recueille du tabac semblable à celui d'Espagne. On connaît la finesse de ses peaux d'agneaux : pour les avoir, on tue le petit dans le ventre de la mère.

L'Ukraine, si féconde et si peu cultivée, produit de bon tabac; l'indigo même y croît ; on fauche les asperges parmi l'herbe des prés. On y engraisse une quantité prodigieuse de bœufs qui ne valent pas plus de douze francs la pièce; on les conduit jusqu'à Dantzick, de là en Allemagne et jusqu'en Flandre. Rien n'est si misérable que leurs pâtres ; ils sont vêtus d'une grosse chemise de toile trempée dans le suif, pour détruire, disent-ils, la vermine. La terre y est remplie de salpêtre, et l'endroit sur-tout où se donna la bataille de Pultava en produit en quantité. Ainsi, les principes les plus puissants de la destruction se trouvent dans l'homme même.

On trouve en abondance, par toute la Russie, des perdrix, des coqs de bruyère, des lièvres, et dans quelques endroits, comme en Ukraine, des ortolans et des cailles, qu'on sale.

Les loups y vont par troupe, comme des

meutes de chiens. Ils suivent souvent les voyageurs, et il est nécessaire d'être bien armé. J'en ai vu une douzaine nous suivre pendant une partie de la nuit, quoique nous courussions en poste; ils étaient divisés en deux bandes, à droite et à gauche du chemin; un seul était sur nos traces; ils se répondaient alternativement par des hurlements. La peau des loups blancs est chère; une seule pelisse vaut jusqu'à cinq cents livres.

Les ours sont sujets dans le Nord à une espèce de peste qui se communique aux hommes. Un paysan de Finlande, en 1763, trouva un ours mort dans les bois; il en prit la peau qu'il emporta chez lui; le lendemain, on le trouva mort dans sa maison, avec sa femme et ses enfants; des voisins, qui étaient venus les visiter, eurent le même sort en aussi peu de temps. L'impératrice envoya promptement des médecins; on brûla la peau, les meubles et les maisons.

Le froid empêche d'élever des ânes et des lapins; les chevaux étrangers y dégénèrent; ceux du pays, sans être beaux, sont très-vigoureux.

On ne connaît en Russie que deux saisons, l'été et l'hiver. L'été commence au mois de juin, et finit au mois de septembre : ce temps suffit pour labourer, semer et recueillir. Le milieu de cette saison est d'une chaleur brûlante; l'air est rempli de mouches de différentes grosseurs : on prétend que c'est de ces insectes que la Moscovie tire son nom. Vers le milieu d'octobre, l'air se charge de vapeurs, le soleil n'y paraît qu'à travers des nuages sombres; même dans les plus beaux jours, son lever et son coucher n'offrent jamais de couleurs brillantes, les nuages sont toujours gris et plombés. On voit une multitude de cygnes, de bécasses, de canards et d'oiseaux de toute espèce, s'envoler vers le midi; les corbeaux seuls se réfugient dans les villes, et remplissent les rues et les places publiques. Des tempêtes furieuses agitent les forêts; une neige épaisse couvre les villes, les champs et les lacs; alors on se hâte de calfeutrer les maisons, on double les châssis, on abandonne les étages supérieurs qui deviennent insupportables. Bientôt la rigueur du froid produit par-tout des effets surprenants. Les lièvres, les loups et les renards deviennent blancs, les écureuils petit-gris, et la belette hermine; le poil des chevaux se change en une espèce de laine frisée. Les personnes qui sortent dans des carrosses bien fermés, sont exposées à avoir le nez ou les joues gelées; le seul remède est de frotter ces parties avec de la neige jusqu'à ce qu'elles rougissent : si on entrait sans cette précaution dans un appartement chaud, elles tomberaient sur-le-champ en corruption. Dans les maisons, les vitres se couvrent d'un pouce de glace. Lorsqu'on ouvre les portes, les vapeurs du dedans, frappées de l'air extérieur, se changent tout-à-coup en flocons de neige. Les solives se fendent avec un bruit terrible ; le fer, exposé à l'air, devient aussi brûlant que le feu : la peau des mains s'y attache, et on ne peut l'en arracher qu'avec la plus vive douleur ; un verre d'eau, jeté par la fenêtre, n'arrive point liquide à terre ; l'esprit-de-vin gèle, et quelquefois le mercure se fixe comme le métal.

C'est alors que commence pour les Russes la saison de l'abondance : on apporte les denrées de plus de trois cents lieues ; du gibier, des moutons, des poissons de la mer Glaciale, des esturgeons du Borysthène, tous aussi durs que le marbre : on les met tremper dans l'eau froide, qui les dégèle sans en altérer le goût ni la forme. Bientôt le ciel, dégagé de vapeurs, devient serein. La neige brille comme un sable de diamants ; l'air est rempli d'une poussière étincelante que le soleil tient dans un mouvement continuel ; c'est peut-être la cause des aurores boréales : ce sont des rayons lumineux qui s'élancent du nord après le soleil couché, et qui vacillent dans les airs comme des traînées de poudre qui s'enflammeraient par intervalles. L'éclat de ces feux, joint à la lumière tremblante de la lune, rend les nuits d'une magnificence singulière ; le paysage est éclairé d'un jour sombre et doux. Les sapins en pyramides à différents étages, les bouleaux en masse plus étendue, les villages semblables à des terrasses, sont couverts de neige qui réfléchit la lumière, et présentent aux yeux mille objets fantastiques. On croirait voir des forêts, des colonnes, de vastes portiques, des sphinx, des avenues entières d'obélisques, et de majestueux palais d'albâtre. Si l'on marche, la scène s'anime : ce sont des centaures, des harpies, des monstres hideux ; puis des tours crénelées, une forteresse inexpugnable, le dieu Thor et sa massue ; enfin toute la mythologie du nord et du midi. On n'est point le maître de son imagination ; et ces jeux de la vision sont quelquefois aussi frappants que si ces objets étaient véritables.

DES RUSSES.

> Ce sont eux dont la main frappant Rome asservie,
> Aux fiers enfants du nord a livré l'Italie.
>
> VOLTAIRE.

Le peuple Russe est formé d'un mélange de toutes sortes de nations, depuis l'extrémité de l'Asie jusqu'au golfe de Finlande : c'était autrefois une multitude de petites hordes qui vivaient dans l'indépendance et le brigandage. Il y a à Moscou près de vingt mille familles d'anciens knès, ou chefs de ces peuples que la religion chrétienne a rapprochés et subjugués.

Ceux dont je parlerai, parce que je les ai connus, sont les Livoniens, les Finlandais, les Cosaques, les Zaporoviens, les Calmouks, les Tartares Boukariens, et enfin les Russes proprement dits.

Les Livoniens sont beaux, bien faits, et ressemblent aux Allemands dont ils ont les mœurs. Ils fournissent à la Russie la plus grande et la meilleure partie de ses officiers ; ce sont les plus industrieux des habitants du nord. Il y a à Riga un pont de bateaux fort commode pour le commerce ; il est formé de radeaux attachés avec des ancres. Les vaisseaux ont la proue rangée des deux côtés, et servent à-la-fois de parapet et de magasin. Ils font usage de traîneaux dans la ville, parce que le pavé est glissant : on pourrait se servir de ces voitures plus aisément que des chariots dans des endroits marécageux ou sablonneux. On y trouve de bons ouvriers, entre autres d'excellents armuriers.

Les Finlandais sont maigres, pâles et blonds. Ils sont d'une pauvreté extrême ; ils mangent, en quelques endroits, du pain fait de la seconde écorce de bouleau et d'une racine de marais. Leur seul plaisir est de fumer du tabac, qu'ils cultivent dans un climat si froid ; ils le suspendent à la fumée de leurs foyers, pour ajouter à sa sève, par l'âcreté des sels. Leur église est une pauvre cabane couverte de mousse, sur le haut d'un rocher. Ils sont fort superstitieux. Chez les gens aisés, on mange le poisson avant la soupe ; mais ils ne touchent point à la tête du saumon, et ils disent que cela porte malheur. J'ai lu dans leur ancienne mythologie que le dieu Thor, dans un combat avec les dieux, ayant pris la forme de ce poisson, fut saisi par la tête.

Les Cosaques sont les habitants de l'Ukraine. Ce sont de beaux hommes ; ils sont vêtus comme les Polonais, auxquels ils ressemblent beaucoup. Ils montent des chevaux infatigables qui vont jour et nuit ; ils les nourrissent d'écorce d'arbre et de mousse, qu'ils mangent sans s'arrêter. Ils passent les plus grands fleuves à la nage. Les cavaliers sont armés d'une lance, attachée au bras par une longue courroie; ils la jettent à vingt pas, et la retirent après avoir percé leur ennemi. Ils préfèrent pour champ de bataille les bois, où leur manière de combattre leur donne de grands avantages. Ils sont fort avides de butin, pillent ce qui leur convient, brisent et brûlent le reste. Ils ne respectent ni les églises ni les tombeaux : ils se font un jeu barbare d'en tirer les cadavres, et de les placer dans les maisons dans des attitudes horribles ; ils n'épargnent pas les vivants : on a vu des milliers de ces brigands assouvir leur brutalité sur une seule femme.

Voilà ce qu'ils sont au dehors pendant la guerre. Chez eux, ils sont hospitaliers et offrent aux étrangers tout ce qu'ils possèdent, sans intérêt. Lorsqu'un Cosaque a de l'argent, il achète un chariot chargé de vins, s'habille superbement, parcourt les villages en jouant du violon, et invite en dansant tout le monde à boire avec lui.

Les Zaporoviens ne vivent que de brigandage. C'est un amas de ce qu'il y a de plus méprisable chez toutes les nations : on trouve parmi eux des Italiens, des Français, des Anglais, mais pour la plupart ce sont des esclaves fugitifs. Ils jurent aux Turcs, aux Juifs et aux prêtres une guerre éternelle. Ils regardent leur république comme aussi distinguée que celle des chevaliers de Malte, et inscrivent parmi eux les généraux étrangers pour lesquels ils ont de l'estime. M. de Loewendal qui avait servi en Russie, était sur leur liste. Ils observent entre eux un égalité parfaite. Ils n'ont point de femmes. Leurs villages sont formés d'une douzaine de maisons semblables à des halles. Là chacun expose à l'usage commun ce que le pillage lui a procuré. Il n'est pas permis de rien réserver pour soi ; on met au milieu de la cabane un tonneau défoncé où chacun puise à son gré. Lorsque l'un d'entre eux a mérité la mort, il est jugé à la pluralité des voix. On l'attache à un poteau à l'entrée du village, on met près de lui un bâton et un pot plein d'eau-de-vie ; ceux qui sortent et qui rentrent lui présentent à boire, boivent ensuite et lui donnent un coup sur la tête. Ils adoucissent ainsi par cet usage d'hospitalité ce qu'une justice nécessaire a de trop cruel.

Les Calmouks sont les plus laids de tous les hommes ; ils sont petits et n'ont point de barbe. Ils ont le visage plat, et le nez écrasé ; leurs yeux ne s'ouvrent qu'à moitié ; leur teint est jaunâtre et beaucoup marqué de petite-vérole. J'ai vu présenter les chefs de cette nation à l'impératrice ; ils se mirent à genoux, remuèrent la tête et les mains à la chinoise, et voulaient lui baiser les pieds, ce qu'elle ne voulut pas souffrir. Il n'y a pas de domestiques plus fidèles que les gens de cette nation.

Les Tartares Boukariens habitent au delà de la mer Caspienne. Ils s'occupent tranquillement du commerce, que les princes exercent eux-mêmes. Il en vient des caravanes à Moscou et à Pétersbourg, où elles apportent la plupart des pierreries de Perse; ils viennent aussi vendre du lapis-lazuli, dont ils ont des mines considérables. Ils tirent de l'arc avec beaucoup d'adresse.

Près des frontières de la Chine, au nord, sont des Tartares qui n'ont jamais eu aucune communication avec les Européens. Il n'y a pas trente ans qu'ils s'avancèrent jusque sur le glacis d'une place frontière de Russie. Le commandant leur fit dire de se retirer, et les menaça de faire feu sur eux. Comme ils ne savaient ce que cela voulait dire, ils se mirent à défier la garnison. On tira quelques coups de canon : étonnés du bruit et du sifflement des boulets, ils se retirèrent deux cents pas plus loin, et envoyèrent ensuite prier qu'on fît feu encore ; ce qu'on exécuta pour la seconde fois. Alors ils se reculèrent à une plus grande distance, et firent signe, pour la troisième fois, qu'on tirât sur eux ; mais cette fois, épouvantés de la rapidité des boulets, ils s'enfuirent, persuadés que ces armes terribles pouvaient les atteindre jusqu'au bout du monde.

Il y a, outre cela, un grand nombre d'autres

nations en Russie. Il en vint des députés au couronnement de l'impératrice. Il y avait des Ostiaks, qui vivent de poisson desséché, sur la mer Glaciale. L'impératrice, touchée de leur pauvreté, leur fit dire qu'elle leur remettait la moitié de leur tribut; ce sont deux peaux d'hermine par tête. Ces bonnes gens, fort affligés, représentèrent qu'ils ne savaient en quoi ils avaient pu lui déplaire, puisqu'elle refusait d'accepter cette marque entière de leur affection. Catherine s'est fait présenter l'état de tous les étrangers qui sont à son service; il s'en est trouvé de toutes les parties du monde : des Américains, des Chinois, des Nègres; il y a même un général de cette nation. Il y a encore des peuples dont les noms ne sont point connus. Dernièrement, un lieutenant d'artillerie, avec quarante hommes, a conquis un pays de plus de trente lieues de largeur, dans les montagnes de la mer Caspienne.

Les Russes, qui, à proprement parler, peuvent s'appeler tels, sont la nation comprise depuis Pétersbourg jusqu'à Moscou. Communément ils sont de moyenne taille, le visage plein, coloré et court, les yeux bruns et enfoncés, le nez un peu camard, les épaules larges, et d'une constitution très-robuste. Quoique situés au nord, les blonds ne sont pas communs chez eux. Il n'y a que deux classes dans cette nation, les paysans et la noblesse.

Les paysans portent tous la barbe; ils sont vêtus

d'une robe courte de peau de mouton, dont la laine est en dedans; cet habit ne vient guère au-dessous du genou : ils le ferment d'une ceinture de cuir. Ils sont coiffés d'une toque garnie de pelleterie. Leurs bas sont faits d'une bande d'étoffe qu'ils tournent autour de la jambe. Leur chaussure est un tissu d'écorce de bouleau.

Ils sont esclaves; mais ils ne sont pas traités si durement qu'en Pologne. Ils paient un petit tribut à leur seigneur, et ils sont libres de disposer du fruit de leurs travaux. Ils ne manquent point d'industrie; ils font eux-mêmes toutes les choses qui leur sont nécessaires, sans se servir d'autre outil que d'une hache qu'ils portent à la ceinture. Elle leur sert à construire des chariots dont les roues sont d'un seul arbre ployé, des traîneaux, des barques, des maisons et tous leurs meubles, sans qu'ils emploient à ces choses aucun clou ni ferrement. Ils n'ont besoin des secours d'aucun ouvrier; chacun est cordonnier, tailleur, charpentier et maçon.

Leurs villages sont assez agréables; il n'y a qu'une rue : ce sont deux longues files de maisons élevées qui bordent le grand chemin. Pour les construire, ils couchent par terre des troncs de sapins dépouillés simplement de leur écorce et de leurs branches; ils en posent quatre en carré, qui se maintiennent par des mortaises pratiquées aux extrémités : sur ceux-ci, ils en placent d'autres dans le même ordre, jusqu'à ce que la maison soit suffisamment élevée ; ils en ajoutent d'autres à côté qui forment autant de chambres. Tout l'édifice se termine en pyramide comme nos maisons, et forme un avant-toit sur la façade ; ensuite ils garnissent de mousse toutes les jointures. Le feu y fait souvent de grands ravages ; mais si on peut les brûler dans une heure, on peut les rétablir dans un jour. On en vend de toutes faites dans les marchés ; et j'ai connu un négociant anglais qui en avait envoyé une tout entière en Angleterre. Ils ont des poêles très-bien construits : il est défendu de les allumer la nuit, de crainte des incendies ; ils sont si bien disposés que la chaleur s'y conserve vingt-quatre heures. Ils sont faits de plusieurs rangs de briques et de terre glaise ; la flamme y fait plusieurs détours, parce qu'ils sont fort élevés. Il est très-dangereux de les fermer lorsque les charbons jettent encore une flamme bleuâtre. Il n'y a point d'hiver où des familles entières ne soient les victimes de leur imprudence. Lorsque cette vapeur se répand dans les appartements, on sent une pesanteur de tête, des maux de cœur, un assoupissement, et enfin la mort ; le seul remède est d'ensevelir le malade tout nu dans la neige.

Leurs enfants courent tout nus dans l'intérieur des maisons. Les femmes et les filles ne sont couvertes que d'une chemise fermée, qui descend du cou jusqu'aux talons ; les extrémités en sont brodées de fil rouge : elles n'ont aucune chaussure. Les filles se rassemblent dans les longues nuits d'hiver ; elles sont assises sur des bancs, autour de la chambre, par rang d'âge. Elles filent au fuseau, en chantant tantôt ensemble tantôt séparément. Les garçons s'y rassemblent pour danser ; leurs danses sont toutes pantomimes. L'amant poursuit sa maîtresse, puis celle-ci, à son tour, poursuit son amant ; leurs mouvements sont voluptueux et lascifs.

Ils ne connaissent point la pudeur : les hommes, les femmes et les filles se baignent publiquement tout nus. Ils plongent les enfants nouveau-nés dans l'eau glacée des fleuves. Pour eux, pendant l'hiver, ils entrent nus dans des étuves, et lorsque la chaleur les a couverts de sueur, ils se jettent dans des trous pratiqués au milieu de la glace. Ce passage subit du chaud au froid les trempe comme le fer, et leur donne une santé que rien n'altère. Lorsque la guerre les a portés loin de leur pays, ils mangent sans distinction et sans apprêt les productions les plus agrestes de la campagne : les poires sauvages, les fruits verts, et jusqu'aux ognons des fleurs qu'ils trouvent dans les jardins. On a vu deux paysans partir à pied, sans argent, des environs de Moscou, et venir à Paris se plaindre à l'ambassadeur Czernichef, leur maître, de la tyrannie de son intendant ; ils avaient vécu de ce que le hasard leur fournissait sur la route.

Leur pain est blanc, mais sans levain et mal cuit; leur boisson est de l'eau où ils ont fait aigrir un peu de farine, et l'eau-de-vie faite de grains; ils en boivent en quantité. Ils cultivent pour légumes le chou, qu'ils salent à la manière des Allemands, et le concombre, qu'ils conservent dans le sel; ils en font une grande consommation. On prétend que, lorsqu'il est ainsi préparé, l'usage en est fort sain. Ils mangent crus les carottes, les pois verts et les ognons; on les présente au dessert, dans de bonnes tables, et j'ai vu des femmes de lieutenants-généraux en manger des bottes entières à la promenade.

Ce peuple, comme nous l'avons vu, ne manque pas d'industrie. A quelques égards, on peut imiter les Russes. Ils descendent fort adroitement des rivières où il se trouve des chutes, avec des barques qui ont deux gouvernails, l'un à la poupe, l'autre à la proue. Ils ont imaginé des pontons de toile fort légers, et enduits d'une gomme qui empêche l'eau de les pénétrer. Ils travaillent le fer admirablement, et lui donnent un très-beau poli en le frottant avec de la sève de tilleul.

Leur industrie ne va guère au delà de leurs besoins. J'ai vu une mappemonde de leur façon: Moscou en occupait le centre et la plus grande partie, le reste de l'empire remplissait la carte;

les autres parties du monde étaient rangées tout autour, comme des points. Jusqu'ici, ils n'ont pu réussir à faire du papier blanc ; celui qui sort de leurs fabriques est gris et grossier. Leurs toiles sont molles et de peu de durée; je l'attribue à ce qu'ils laissent mûrir les graines du lin, ce qui affaiblit les fils de la plante. L'agriculture est fort négligée. Ils ne fument point la terre ; ils brûlent une partie de leurs forêts : la terre, fertilisée par les cendres, rapporte pendant dix ans. Elle se repose ensuite vingt ans, jusqu'à ce que de nouveaux arbres lui fournissent un nouvel engrais. On a planté, le long des lignes de l'Ukraine, des mûriers qui ont bien réussi ; mais il n'a pas été possible d'engager les habitants à en faire usage. Ils répondent froidement que cela leur porterait malheur ; cette réponse est plus sage qu'elle ne paraît. Qui est le mieux logé, le mieux nourri, d'un paysan du Borysthène, qui ne cultive que sa moisson, et du reste vit dans l'indolence, où d'un paysan Italien qui travaille du matin au soir, et, au bout de l'année, n'a pas de quoi vêtir sa famille ? C'est un grand malheur à un peuple subjugué de cultiver les arts.

Ils n'ont aucun goût pour les arts agréables : lorsqu'on leur donne quelques-uns de nos modèles à imiter, ils en copient jusqu'aux imperfections. ils jugent, par exemple, d'un tableau par la finesse de la toile, par la quantité de couleurs qu'on y a employées, et des talents de l'artiste par les journées de l'ouvrier. Ils préféreront une image gothique et enfumée aux tableaux de Rubens et du Titien. Ils représentent la Vierge avec une physionomie fort longue et rembrunie. Ils jouent quelquefois des comédies pieuses: par exemple, l'Ange vient annoncer à la Vierge la naissance d'un fils ; Marie répond qu'il en a menti : l'envoyé céleste donne des preuves de sa mission ; la Vierge, persuadée, lui dit : « Viens donc boire la *chale* avec moi. » La chale est un verre d'eau-de-vie qu'on offre aux étrangers.

Les Russes sont fort superstitieux ; beaucoup refusent de manger du pigeon, parce qu'il ressemble, disent-ils, au Saint-Esprit. Ils observent des carêmes fort rigoureux, où le laitage, les œufs et le beurre sont défendus : on s'interdit même pendant ce temps les devoirs du mariage ; ceux qui contreviennent à ces réglements sont exclus de l'église pendant un an. Les maris rentrent dans leurs droits le jour de Saint-Thomas ; et c'est une grande fête pour toutes les femmes, qui, ce jour-là, se visitent et se complimentent comme de nouvelles mariées.

Pâque est, chez eux, la fête la plus célèbre ; ils passent la nuit de la veille en prières ; ils tiennent à la main des rameaux dont ils se frappent après avoir éteint les lumières. Lorsque le jour est venu, ils se saluent et s'embrassent, maîtres et valets, en

disant : « Christ est ressuscité. » On répond :
« Réjouissons-nous. » Ensuite, ils se font présent
d'œufs enjolivés de peintures. Ils respectent beaucoup les églises et les images : ils ne passeraient
point devant un clocher sans faire quantité de
signes de croix, et lorsqu'ils entrent dans les maisons, ils en saluent les tableaux avant de parler au
maître. Ils portent le même respect religieux à la
personne de leur prince et à tout ce qui l'environne ; ils en placent les portraits dans leurs maisons ; les femmes, en quelques endroits, portent
au cou des monnaies où son image est empreinte.
Ils ne souffrent pas qu'on s'en serve pour jouer
au palet, c'est une profanation de les jeter à
terre. Lorsque les Russes sont en présence de
leur souverain, ils se prosternent et frappent la
terre de leur front ; quelques-uns sont dans l'usage, lorsqu'ils en reçoivent des bienfaits considérables, de donner tout ce qu'ils ont sur eux,
jusqu'à leur chemise, à celui qui leur en apporte
la nouvelle ; enfin, ils confondent sa puissance
avec celle de Dieu même : si on les interroge
de quelque chose qu'ils ignorent, il n'y a que
Dieu, répondent-ils, qui le sache, et Czar. Ils disaient autrefois : « Il n'y a rien au-dessus de l'archevêque de Novogorod. » Les souverains ont maintenu long-temps cette opinion, en leur persuadant
que leur pouvoir s'étendait jusqu'aux choses inanimées. Pierre-le-Grand fit battre de verges le lac

Ladoga, pour avoir renversé les ouvrages qu'il faisait faire au canal qui communique aujourd'hui avec la Néva. Au siége d'Azof, il fit briser l'affût d'un canon qui avait manqué de tirer : il défendit qu'on s'en servît à l'avenir. On le voit encore aujourd'hui dans l'arsenal de Moscou, jeté loin des autres pièces, et couvert de poussière comme une chose honteuse et infâme.

Les Russes ne vont point à la guerre pour acquérir des richesses ou de la gloire ; ils n'ont pas même dans leur langue un mot qui signifie honneur. Ils marchent avec ordre et en silence, comme des victimes qui vont à la mort et qui s'attendent à la recevoir ; ils pensent qu'une félicité éternelle est le partage de ceux qui meurent pour leur prince : de là vient qu'ils ne se troublent point, ni de l'ignorance de leurs généraux, ni des manœuvres inopinées de l'ennemi. Le roi de Prusse à Zornedorf a dit d'eux, qu'il était plus aisé de les tuer que de les vaincre. Ils ne quittent point le poste où on les a placés, même après la fuite de leurs officiers. On fait jurer aux soldats de l'artillerie de ne jamais abandonner leurs canons : on en a vu dont les jambes étaient emportées, charger encore leurs armes ; d'autres se coucher sous les affûts et attendre ainsi la mort : voilà ce qu'ils sont dans la défaite. Dans la victoire, ils ne font point de quartier, parce qu'ils regardent leurs ennemis comme également haïs de Dieu et de leur souverain. Aussi leurs batailles sont fort meurtières, qu'ils soient battus ou qu'ils triomphent. Il est cependant plus avantageux de les attaquer en plaine découverte, car n'eussent-ils devant eux qu'une simple haie, leur résistance augmente comme s'ils étaient couverts d'un rempart impénétrable.

Les femmes russes sont très-belles. Un de leurs poëtes a eu raison de dire: « La nature a mis les pierreries et les richesses à l'Orient, les fruits délicieux au Midi, l'industrie et les arts à l'Occident ; mais elle a fait davantage pour le Nord, puisqu'elle nous a donné les plus belles femmes du monde. »

Elles sont généralement plus brunes que blondes, un peu chargées d'embonpoint, d'une fraîcheur éblouissante ; elles mettent toutes du rouge, jusqu'aux femmes du peuple, ce qui les gâte ; elles ont tant de passion pour cette couleur que, pour dire à une fille qu'elle est belle, on lui dit qu'elle est rouge. J'en ai vu quelques-unes de très-jolies, se noircir les dents et les ongles.

Elles se servent fréquemment dans leurs amitiés des termes de mon ame, mon pigeon : *Doucinka maia*, *golobouska maia*. Leur langue est fort douce, et, dans leur bouche, elle a toute la volupté de la langue italienne. Elles saluent en portant la main droite sur le cœur, et s'inclinent comme des religieuses. Un homme salue une femme en lui baisant la main ; la femme rend le salut en baisant le cavalier au front. Elles sont superstitieuses, et passent tout le jour à jeter les sorts avec du marc de café, de l'étain fondu, des cartes. Chez le maréchal Boutarlin, ses filles me présentèrent un jeu de cartes pour leur dire la bonne aventure, et comme je m'en défendais, elles trouvèrent étrange que, sachant les mathématiques, je ne susse pas jouer des gobelets. La plupart des Français qui sont dans ce pays les amusent de ces jeux. Il y a une infinité de précepteurs de cette nation, dont beaucoup ont été laquais et garçons perruquiers.

Il y a à Moscou des femmes qui portent des listes de filles à marier ; on y lit leur âge, leur fortune, leur caractère, leur tempérament ; ces listes ne sont pas toujours fidèles. Les femmes sont fort soumises à leurs maris. Chez le peuple, il est d'usage le jour des noces de mettre dans l'une des bottes du mari une pièce d'argent, et un fouet dans l'autre ; celle que la mariée tire d'abord est un présage du traitement qu'elle doit éprouver un jour.

Le pouvoir des mères sur leurs enfants est très-grand. Une femme peut réclamer l'autorité de la justice pour punir son fils corporellement ; ces exemples sont rares : mais, dans des temps de famine, on vend des enfants au marché : un enfant d'un an vaut quarante sous, une fille de quatorze ans cinquante livres : il n'est pas permis aux étrangers d'en acheter. Le nom de père et de mère est à-la-fois un titre d'amitié et de respect :

ils donnent ce nom à leur souverain et aux personnes qu'ils veulent honorer. Les enfants ne quittent jamais le nom de famille ; ils se distinguent entre eux par le nom de baptême, qu'ils joignent à celui de leur père, comme *Pierre* fils de *Jean*.

Les Russes sont inconstants, jaloux, fourbes, grossiers, ne respectent que ce qu'ils craignent. Il ne faut jamais se familiariser avec eux ; car ils vous mépriseraient bientôt. Ils s'enivrent fréquemment, et boivent avec excès nos vins, que leurs marchands n'oseraient mélanger sans impiété, parce qu'on s'en sert aux autels. Ils sont sujets à des vapeurs mélancoliques qui font souvent sur les étrangers des effets terribles ; plusieurs deviennent fous, d'autres s'ôtent eux-mêmes la vie. Il se commet quelquefois dans ces contrées des crimes dont les circonstances sont atroces. J'en ai vu un exemple affreux. Des jeunes gens entrèrent la nuit chez une femme et l'étranglèrent ; il y avait une demoiselle, à qui ils promirent la vie au prix de son honneur : ils assouvirent leur passion et la massacrèrent, ensuite ils volèrent la maison et y mirent le feu. Ce crime, où se trouvent, à-la-fois, le viol, le larcin, le meurtre et l'incendie, ne fut pas puni de mort : les coupables furent envoyés aux galères.

D'autres vices rendent la société désagréable : lorsque j'allais chez le grand-maître de l'artillerie, les officiers de mon corps s'y rencontraient sans se faire aucune honnêteté, et même sans se parler. Je me gardais bien de les saluer le premier; car ils prennent les égards de notre politesse pour des témoignages de faiblesse et du besoin qu'on a d'eux.

On trouve cependant des vertus chez eux, mais sauvages et farouches. Lorsqu'on prend une nouvelle maison, les amis donnent quelques meubles; ceux qui visitent une femme en couche lui font un présent. Quand une famille est dans la pauvreté, les enfants vont offrir un pain dans les maisons voisines : on prend le pain et on leur donne une pièce de monnaie. Lorsqu'on les visite, ils vous présentent un verre de liqueur, du pain et du sel: c'est ainsi qu'ils exercent l'hospitalité. Souvent, sans aimer la société, ni les étrangers, ils leur offrent leur table, leur maison; ils les accueillent avec avidité et les éblouissent de promesses ; mais bientôt leurs actions et leurs discours les outragent. Ils les interrogent sur quelque superstition inconnue, ou sur quelque lubricité de leur invention. Ils engageront un honnête homme à contrefaire l'ivrogne et l'insensé, à leur raconter des contes frivoles. Ils cherchent à l'enivrer, et s'ils y réussissent, les maîtres et les esclaves l'entourent, et l'insultent avec des clameurs barbares. Ce n'est que par ces lâches complaisances qu'on mérite leur amitié.

Chaque maison opulente a, pour son amusement un Français, un Italien, ou un nain. Celles qui ne jouissent que d'une fortune médiocre, ont un estropié ou un fou. S'ils agissent ainsi par un vice de leur nation, ou par mépris pour des étrangers corrompus, c'est ce que je ne sais pas; quoi qu'il en soit, leurs tables sont odieuses et leurs bienfaits insupportables, même aux plus malheureux. Il faut cependant excepter ceux que l'éducation, un naturel heureux, ou l'adversité, a rendu bons; car les voyages ne font qu'ajouter à leur corruption. Les Woronzof, par exemple, les Dolgorouki, si chers aux Français et aux infortunés, et quelques autres qui vivent dans la retraite, sont des modèles de vertu.

Il y a deux villes célèbres en Russie, Moscou et Pétersbourg.

Moscou est la plus grande ville de l'Europe; son diamètre est d'environ trois de nos lieues; cependant on n'y compte guère plus de cinquante mille habitants. Cette grande étendue vient de la disposition des maisons. La plupart n'ont qu'un rez-de-chaussée, et sont séparées les unes des autres par de grandes cours, des jardins, des étangs, et même par des bois et des terres labourées. Rien n'est si magnifique que l'aspect de cette ville, où s'élèvent près de douze cents clochers, dont quelques-uns sont dorés; les flèches sont terminées par un croissant surmonté d'une croix. Au centre de la ville est le Kremlin, ancienne demeure des souverains. Il est entouré d'une triple enceinte de murs crénelés, et flanqués de tours. Le trésor renferme les anciennes parures des czars : ce sont des vêtements si richement brodés de perles et de pierreries, qu'on en voit à peine l'étoffe. Les Russes sont fort avides de diamants, et ils y emploient la plus grande partie de leur bien, par la facilité de les soustraire dans une révolution. On voit près du Kremlin une cloche fameuse qui tomba dans un incendie; elle disparut à moitié dans un trou qu'elle creusa par son propre poids. Il y a dans le métal de cette cloche plus de cinq cent mille livres en argent, que la dévotion des Russes y jeta pendant sa fonte. Vers cet endroit sont les boutiques, distribuées par quartier pour chaque espèce de marchandise. On y fait un grand commerce d'étoffes, de porcelaine et de thé de la Chine : on prétend que ce thé, lorsqu'il arrive par les caravanes, conserve toute sa qualité.

Les maisons de Moscou sont bâties en partie à la chinoise ; elles ont des balustrades raccourcies, avec des degrés qui montent de la rue. J'en ai vu qui étaient toutes couvertes de fer. On voit dans les places les pauvres assis sur leurs talons ; ils balancent leur tête rasée, et meuvent leurs mains en éventail à côté des oreilles. Tout annonce, dans cette ville, le voisinage de l'Asie.

Pétersbourg, à huit lieues de la mer Baltique, n'a d'avantageux que sa situation. Il est bâti sur les îles de la Néva, dans un terrain marécageux, dont les environs sont sablonneux et stériles. Le commerce augmente tous les jours cette ville, où l'on compte cent cinquante mille habitants. Le plan en est disposé comme celui des villes de Hollande. Les rues sont coupées de canaux et d'avenues d'arbres.

Son aspect, en venant de la mer par la Néva, est d'une magnificence éblouissante : à droite et à gauche du fleuve sont une foule de palais, décorés de colonnes, de guirlandes, de trophées, de groupes d'Amours qui couronnent les toits. Elle est traversée d'un pont de bateaux. Au loin s'élèvent des clochers dorés, un observatoire, trois palais impériaux, les bâtiments immenses de la Douane, du Collége, des affaires de l'Amirauté, etc. ; mais cette splendeur s'évanouit en approchant, comme l'effet d'une décoration théâtrale. Toute cette architecture est de chaux, de bois et de brique ; tous ces ornements sont mal exécutés. Dans l'intérieur des palais, c'est encore pis ; la plupart des meubles nécessaires y manquent.

On reconnaît dans cette ville un dessein trop rapidement exécuté ; c'est l'ouvrage de Pierre-le-Grand, ainsi que le gouvernement actuel.

DU GOUVERNEMENT.

La mémoire de Pierre-le-Grand est en Russie dans la plus grande vénération. Lorsqu'on veut dire qu'une chose est impossible, on dit qu'une loi de ce prince la défend : on fait l'éloge d'un vieux officier, en disant que c'est un élève de Pierre Ier. Son portrait est dans tous les tribunaux et dans la plupart des maisons : on conserve à l'académie le chapeau et l'habit percé de plusieurs coups qu'il portait à la bataille de Pultava.

En effet, c'est Pierre-le-Grand qui a fondé cet empire, avant lui si méprisé, aujourd'hui si redoutable. Il l'a établi sur le gouvernement militaire. Les Russes, que la religion rend presque invincibles, sont devenus indomptables par leur discipline. Ils ont pris toute l'ordonnance des Allemands, qu'ils surpassent par la bonté de leur artillerie, et dans l'art de fortifier les places. Dès qu'il paraît une nouveauté utile chez leurs voisins, ils l'adoptent, et usurpent quelquefois l'honneur de l'invention. Leurs armées ne sont point exposées à se détruire, comme les autres, par la désertion, et il n'y en a point qui résistent mieux aux fatigues de la guerre. Voici comme se font leurs recrues. On prend ordinairement un jeune homme sur deux cents dans la campagne. On donne ces jeunes gens pendant six ans pour domestiques aux officiers ; si on en est content, ils sont faits soldats par récompense : lorsqu'ils sont vieux, on les distribue dans les abbayes, pour y être nourris. Ils ne reçoivent dans leurs troupes réglées aucun étranger ; ainsi ils ne doivent point leurs soldats à la misère ou au libertinage. Ils ne les engagent point par de fausses promesses et ne les retiennent point par la crainte.

Chaque soldat reçoit une portion de farine, dont il fait lui-même son pain dans des trous qu'il creuse en terre. Ils sont habillés de vert, avec un parement rouge ; ils ont des manteaux. En marche, ils les roulent et les portent en bandoulière. Leurs fusils sont pesants, mais bien faits ; leur poudre excellente. Leur sabre est court, épais et large comme la main : ils s'en servent au lieu de hache. La poignée est un aigle. Leurs grenadiers ont des casques de cuir noir, surmontés d'aigrettes blanches, noires et rouges, semblables à des plumets; c'est de la laine frisée montée sur des fils de fer. Cette parure leur donne un air très-guerrier. On récompense les belles actions par une médaille attachée d'un ruban bleu ; les fautes sont punies par le patoki, les coups de bâton et les baguettes.

La noblesse est obligée de servir et de passer par tous les grades de l'armée. Il ne sert à rien d'être né prince; il faut d'abord être soldat, sergent, enseigne, sous-lieutenant, lieutenant, capitaine, major, lieutenant-colonel, colonel, brigadier, général-major, lieutenant-général, général en chef, et enfin feld-maréchal. C'est là la division de l'état militaire, qui sert aussi pour le civil, car les Russes ne connaissent aucune distinction hors de là. C'est pourquoi ils donnent des grades militaires aux magistrats, aux ambassadeurs, aux évêques, et même aux médecins. Ils observent cet ordre non-seulement à la cour, dans les cérémonies, mais à table même, où chacun se place suivant son grade, sans que la naissance, l'âge ou la richesse y puissent rien changer. Les femmes aussi sont assujetties à ces lois austères; elles portent les mêmes titres que leurs maris, et n'oseraient parler devant leurs supérieures.

Les récompenses pour les officiers sont les cordons de Sainte-Anne, de Saint-Alexandre et de Saint-André. La cour donne cinq cents roubles à ceux qui font quelque découverte utile : on donne aussi des terres avec des esclaves. Les veuves des officiers reçoivent la moitié des gages de leurs maris : les officiers réformés ont cette même pension. Leur punition est d'être faits soldats, ou envoyés en Sibérie ; on enlève le coupable sans lui donner la consolation de dire adieu à ses amis, à sa femme, à ses enfants, qui retiennent leurs larmes, car l'affliction serait regardée comme une désobéissance.

Pour éviter les duels, Pierre 1er ordonna que dans le cas où un officier recevrait une insulte personnelle, l'agresseur serait amené en présence de l'offensé, tout le régiment sous les armes; que là, le bourreau répéterait sur lui deux fois la même injure; qu'ensuite il paierait à l'offensé une année de ses gages, et serait fait soldat pour toute sa vie. En entrant au service, chaque officier paie un mois de ses gages. Lorsqu'il monte d'un grade, il paie un autre mois, et chaque année deux pour cent de ses appointements. Par ce moyen, il est traité avec sa femme, ses enfants et ses domestiques, pour quelque maladie que ce soit, sans qu'il en coûte rien en frais de médicaments, de chirurgien et de médecin. L'apothicairerie appartient au souverain, qui fournit tous ses sujets de remèdes toujours renouvelés. Cet arrangement est très-utile aux sujets, et très-lucratif pour le prince.

Les autres revenus de la cour consistent dans les douanes, où l'on paie quarante pour cent d'entrée pour tous les ouvrages de luxe; dans les cabarets, dont toutes les boissons lui appartiennent: le prince reçoit en outre la capitation des esclaves, le produit des mines de Sibérie, du commerce de la rhubarbe et des pelleteries. On évalue ces différents objets à cent millions de nos livres ; mais les provinces fournissent, en nature, quantité de choses pour l'armée : l'une des farines ; l'autre des laines ; celle-ci des chevaux ; cette autre du salpêtre ; quelques autres les transports : en sorte qu'il en coûte peu pour entretenir les soldats, qui ont de paye environ cinquante francs par an.

Les troupes réglées montent à cinq cent mille hommes, dont un quart, en garnison dans les villes, ne reçoit que demi-paye ; le reste est partagé en cinq divisions, qui forment autant d'armées toujours campées, et toutes prêtes à entrer en campagne. La première est en Finlande, et borde les frontières de la Suède ; la seconde en Livonie, s'oppose à l'Allemagne ; la troisième est en Ukraine, et regarde la Pologne ; la quatrième, vers Astracan, protége la mer Caspienne contre les Turcs et les Persans ; la cinquième qui est celle de Sibérie, opposée aux Chinois et aux Tartares, s'étend jusqu'au Kamtschatka, et semble défendre les extrémités du monde. Douze mille hommes de gardes, six mille hommes d'artillerie, et les troupes de la marine, forment, à Pétersbourg, un corps de réserve. En outre, une multitude innombrable de Cosaques, de Calmouks et de Tartares, sont toujours prêts à marcher, sans recevoir d'autre solde que la permission de piller.

La marine est composée de quatre-vingts gros vaisseaux de guerre, et de plus de cent galères distribuées sur les trois mers. Les Russes ont une grande aversion pour la mer, à laquelle rien ne peut les accoutumer. A cet égard, il sont inférieurs à leurs voisins. Leur cavalerie est mauvaise.

L'artillerie, peut-être la meilleure du Nord, est composée de quatorze mille hommes. On compte dans les arsenaux six mille pièces de bronze et plus de douze mille de fer. Le corps des ingénieurs est composé de deux cent soixante officiers, et d'un régiment de quatorze cents hommes.

Le commerce augmente tous les jours à Pétersbourg. Il paraît avantageux à la nation, en ce que tous les vaisseaux qui partent sont chargés, et que la plupart de ceux qui arrivent sont vides. Les Anglais font tout le négoce. Ils profitent habilement de l'amour des grands pour le luxe : ils leur avancent, en diamants, ou en argent, plusieurs années de leurs revenus, dont ils s'assurent les produits par de bons contrats : en sorte que les récoltes des lins, des chanvres, des blés, leur sont vendues bien à l'avance, et les fers encore dans les mines, long-temps avant d'être exploités. Pierre-le-Grand a exclu les Juifs de ses états, sous peine de la vie, afin de ne pas abandonner à leur avidité les prémices du commerce qu'il établissait pour le bien de ses sujets. Cet arrêt de proscription étend encore la même peine aux jésuites, dont il craignait l'ambition dans une cour sujette aux révolutions.

On favorise le plus qu'on peut l'agriculture et les fabriques. On accorde pour ces différents objets des priviléges, des maisons, des terres; on prête de l'argent et des esclaves; mais ces efforts du gouvernement ne produisent guère d'effet. Les nationaux ne s'y portent pas volontiers, et les étrangers n'osent entrer dans ce pays, par la difficulté d'en sortir. On exige des droits considérables de ceux qui se retirent après s'être enrichis. Les officiers étrangers qui demandent leur congé, sont obligés de s'engager, par serment, à ne jamais servir contre eux. J'eus bien de la peine à m'en dispenser, et ce fut une faveur de l'impératrice, à laquelle je représentai que c'était m'ôter les moyens de trouver du service dans ma patrie.

Avant de sortir de ce pays, il faut passer par une infinité de bureaux. Les uns écrivent votre passeport, d'autres l'enregistrent; ceux-ci le signent, ceux-là le datent; d'autres le contrôlent; ensuite il faut y apposer le cachet. Après toutes ces façons qui durent des mois entiers, il faut se faire inscrire trois fois dans la gazette du pays à huit jours d'intervalle, afin que tous vos créanciers soient instruits de votre départ. Quand on ne forme aucune opposition, on vous donne un passe-port, qui n'est bon que pour l'intérieur de l'empire, et pour huit jours seulement. Il faut un autre passe-port pour sortir de la frontière, et puis un ordre de la cour pour obtenir des chevaux en route. Toutes ces cérémonies désespèrent un étranger, qui est souvent obligé, pour faire expédier ses affaires, de répandre beaucoup d'argent, quoique ces sortes de vexations soient très-défendues.

Nous avons vu quelles sont les forces de cet empire, qui paraît avoir peu de chose à redouter au dehors. La Pologne et la Suède sont divisées par des factions; l'Autriche et la Prusse s'observent mutuellement; la Turquie est dans le même cas par rapport à toute l'Europe. En Asie, la Perse est déchirée par les guerres civiles; l'Inde est faible; la Chine peu guerrière, quoique mécontente; les Tartares ne font que des courses qu'il est aisé de réprimer: ainsi l'alliance des Russes est plus avantageuse aux autres nations qu'à elle-même, par les divisions qu'elle peut occasioner, sur-tout en Allemagne; mais ils portent bien de la lenteur à servir leurs alliés. Élisabeth avait donné ordre qu'on prît Colberg sans exposer la vie d'aucun soldat : aussi avait-on commencé les tranchées à plus de neuf cents toises de la contrescarpe; on les avait faites si profondes et si remplies de traverses, qu'on y était en toute sûreté. Le ministère de Russie n'est pas scrupuleux à tenter tous les moyens de connaître les desseins des alliés; on ouvre toutes les lettres, même les paquets des ministres. L'ambassadeur de Vienne avait reçu des dépêches de sa cour, qu'on avait refermées si imprudemment, qu'elles se trouvaient cachetées des armes de Russie. Il fut sur-le-champ trouver le chancelier Woronzof, et lui dit : Vous conviendrez, monsieur, de l'infidélité de vos bureaux; mes lettres ont été ouvertes et recachetées chez vous, reconnaissez votre sceau. Woronzof, sans s'étonner, regarde la lettre, et répond froidement : Cela confirme ce que je soupçonnais depuis long-temps, que vous avez contrefait nos armoiries à Vienne : c'est une méprise de vos bureaux, qui ont pris nos armes pour les vôtres. Le gouvernement paraît avoir plus à craindre au dedans qu'au dehors. Ils ont pour ennemis intérieurs deux nations qu'ils ont subjuguées, les Livoniens qu'ils craignent, et les Cosaques qu'ils méprisent. Les premiers leur ont fourni le plus grand nombre de leurs officiers, qu'on tâche aujourd'hui de remplacer par des Russes. Ils ont interdit aux autres les connaissances militaires et toute distinction. Un général de Cosaques n'a que le rang de capitaine. Au reste, les révolutions, qui détruisent les autres empires, semblent affermir celui-ci. Chaque nation reste attachée au gouvernement, dans l'espoir de recouvrer sa liberté ou ses priviléges sous le successeur. Plus les changements sont fréquents, plus les espérances sont multipliées. Depuis Pierre-le-Grand, il y a eu huit souverains : Pierre I*er*, Catherine I*re*, sa femme ; Pierre II, l'impératrice Anne, Ivan sous Anne la régente, Élisabeth, Pierre III, et Catherine II. Il y a eu sous ces règnes un nombre considérable de conjurations éteintes. Cependant, ils ont conquis la Livonie, l'Ukraine, une partie de la Finlande, quelques montagnes au delà de la mer Caspienne, une province sur les Chinois, où se trouve une mine d'or très-riche; ils ont subjugué le duché de Courlande, et donné successivement trois rois à la Pologne.

La cour donne, tous les hivers, des fêtes au peuple. On construit des montagnes de glace : c'est un édifice de charpente, à plusieurs étages, situé au sommet d'une colline ; du haut de ce château descend un glacis de charpente, bien avant dans la plaine ; un homme assis dans un traîneau, roule avec la rapidité et le bruit du tonnerre. Autour de cet édifice, sont des escarpolettes, des roues de fortune, des mâts de cinquante pieds de haut, dont l'extrémité est garnie de bottes, de pelisses, de gants. Il arrive souvent que ceux qui y grimpent se tuent en retombant ; ce qui fait rire la multitude. Quelquefois on personnifie les vices par des mascarades publiques; ce sont des chars, ornés de clinquant, où sont assis différents acteurs : on y voit l'Avarice comptant des sacs, l'Ivrognerie qui chancelle ; on y promène des montagnes traînées par une trentaine de bœufs. Le peuple voit sans gaieté ces fêtes dont la cour s'applaudit. Quelquefois l'amour se mêle au milieu de ces jeux barbares. Cette passion, chez les Russes, a presque toujours des effets funestes : souvent l'amour est cause de quelque disgrâce éclatante ou de quelque révolution extraordinaire. Il plaça près du trône Biren, sorti de l'obscurité; Munich, plus heureux et plus capable, gouverna sous Ivan ; Élisabeth renversa le nouveau monarque et le nouveau ministre ; Rasumowski, son favori, devint vice-roi après avoir été berger.

RÉVOLUTION SOUS PIERRE III.

> Sic visum Veneri, cui placet impares
> Formas atque animos sub juga ahenea
> Sævo mittere cum joco.
>
> Hor., lib. 1, od. 33.

« Vénus l'a voulu ; la déesse cruelle prend plaisir à mettre sous un
» joug d'airain des corps sans proportions et des cœurs sans amour. »

Pierre III était d'une petite taille, d'une complexion faible et d'une physionomie commune. Dès qu'il fut monté sur le trône de Russie, il se proposa de prendre pour modèle Pierre-le-Grand, et le roi de Prusse son voisin. Il avait sur-tout pour celui-ci un respect extraordinaire : il portait l'uniforme de ses gardes ; il prenait le titre de son lieutenant; quelquefois à table il s'écriait : « O mon frère ! nous ferons ensemble la con-
» quête de l'univers. » Un jour qu'il célébrait la fête du roi de Prusse, avec toute sa cour, quand on vint à boire à sa santé, suivant l'usage allemand, il s'aperçut que l'impératrice ne se levait pas; ce prince, à moitié ivre, dit à son aide-de-camp : « Allez dire à ma femme qu'elle est une folle. » L'officier s'approche en tremblant de l'impéra-

trice, qui l'encourage à s'acquitter tout haut de sa commission; alors, les yeux baignés de larmes, sans répondre un seul mot, elle quitte la table en excitant une pitié générale.

Cependant l'empereur se préparait à faire de grands changements; il voulait, à Pétersbourg, retrancher les revenus du clergé, répudier sa femme, et envoyer à l'armée ses gardes, depuis long-temps sédentaires. Pour réussir dans de si grands projets, il avait formé un régiment du Holstein, dans lequel il mettait toute sa confiance. Il comptait encore sur les principaux seigneurs de sa cour : Rasumowski, hetman des Cosaques; Woronzof, le chancelier; Nariskin, le grand-écuyer. Le maréchal Munich, âgé de quatre-vingts ans, formé par une longue expérience, et revenu de son exil depuis six mois seulement, l'avertissait souvent de se méfier d'une cour orageuse.

Il y avait à Pétersbourg deux frères, l'un capitaine d'artillerie, l'autre officier aux gardes, tous les deux plus occupés de la fortune du jeu que du sort de l'empire. Ils étaient à la fleur de l'âge, d'une taille distinguée et de la plus belle figure. Le capitaine d'artillerie était souvent de service chez l'impératrice; elle vivait dans la retraite, et sa cour était fort solitaire. Orlof, c'était son nom, ne put voir sans pitié le sort de cette princesse, menacée d'un avenir encore plus triste. Quantité de jeunes officiers des gardes se rassemblaient dans les jeux publics. Orlof leur parle des faveurs dont Pierre III comblait les officiers allemands qu'il admettait à toutes ses parties, du mépris qu'il faisait de ses propres sujets, de la résolution prise d'envoyer les gardes en Allemagne, sous prétexte d'une guerre étrangère, mais sans doute pour les détruire. Il leur représente ce prince souvent chancelant d'ivresse au milieu des rues, entouré de bouffons et d'Italiens; il les encourage par la facilité d'arrêter tant de désordres.... N'étaient-ils pas les principales forces de l'empire ? Le souffriraient-ils en proie à des étrangers sortis du Holstein ? à quelques vagabonds incapables de résistance ? à des Allemands dont l'insolence semblait croître avec la misère publique ? Il déplore le sort de leur souveraine, mère d'un prince qui devait être leur empereur, appelée par son alliance à porter une couronne qu'elle méritait par ses vertus, digne de leur reconnaissance et de leur attachement par son amour pour la nation, par son esprit, par ses graces, par sa beauté même : elle passait sa jeunesse dans les larmes et le mépris de la cour; une rivale allait la remplacer. Que deviendrait-elle loin de sa patrie, sans amis, sans asile, rejetée du trône, abandonnée par l'empereur, séparée de son fils ? Il ne lui restait d'espérance que dans leur compassion. C'était à eux qu'elle confiait les droits d'une princesse, les intérêts d'une épouse, les larmes et le désespoir d'une mère, tant d'inquiétudes, de soucis, de chagrins dévorés dans le silence, mais qui n'égalaient pas les malheurs à venir : on voulait la répudier à la face des autels, pour combler toutes ses infortunes par un outrage public.

Ces jeunes gens, excités par la vérité de ces images, jurèrent tous ensemble de la venger ou de mourir.

A cette troupe ardente, se joignent quelques maris jaloux : le baron de Strogonof, le comte de Bruce, le grand-veneur Czariskin, tous trois célèbres par la beauté de leurs femmes. Elles se disputaient le cœur du faible monarque, qui était tout entier à la comtesse Woronzof, destinée à remplacer l'impératrice.

Un mécontent plus redoutable vint augmenter leur parti; c'était l'archevêque de Novogorod. Ce pontife ne put voir sans frémir l'épée de l'empire prête à moissonner les revenus de l'église. Il s'adresse aux conjurés, les prie, les conjure, et les exhorte à soutenir fortement la cause de Dieu. Pour concourir avec eux, il offre des vœux, des prières, et son absolution : il leur tint plus qu'il n'avait promis.

Un jour de grande fête, l'impératrice se transporta à la principale église ; les portes de l'enceinte et celles du temple se trouvaient fermées. Au travers des grilles, on apercevait des images renversées et jetées çà et là. Il s'était assemblé une grande foule de peuple consterné de ce spectacle, où la religion paraissait si hardiment insultée. L'impératrice, après avoir donné long-temps des marques publiques de sa douleur, retourna à son palais. Plusieurs gens du peuple la suivaient, en se demandant : « Qu'a donc fait notre souveraine » pour être privée de la communion des fidèles? » Sans doute on veut détruire notre religion ; » voyez comme on a maltraité nos saints ! »

D'un autre côté, les conjurés s'assemblaient souvent chez la princesse Daschkof. Là se préparaient les avis propres à ameuter le peuple, à mécontenter les soldats, à enflammer les prêtres. On y concertait tout ce qui pouvait gagner les généraux et les courtisans : on cherchait à se les rendre favorables par des insinuations artificieuses, des promesses équivoques, de fausses confidences, enfin par toutes les illusions de cour. Le Piémontais Odard les distribuait avec tout le manége de son pays.

Cependant l'empereur recevait, de plusieurs endroits, des nouvelles de la conjuration. On venait même d'arrêter un des chefs ; il ne voulut pas différer plus long-temps de remonter à la source.

L'impératrice était à Pétershof, et lui, plus loin, à Oranienbaum. Ce sont deux châteaux à deux lieues l'un de l'autre, dans le voisinage de Pétersbourg. Pierre III envoya des gardes saisir les avenues de Pétershof, et fit dire à son épouse qu'il irait le lendemain l'interroger lui-même. Il y vint en effet à huit heures du matin ; mais les appartements étaient fermés ; il attendit son lever jusqu'à onze heures. Alors il fit enfoncer les portes ; mais il ne trouva personne. Il apprit, sans pouvoir le croire, que l'impératrice marchait à lui, à la tête des gardes et de l'artillerie. Pendant la nuit, elle s'était échappée du château par les fenêtres ; elle avait couru à Pétersbourg, où, dès le point du jour, elle avait rassemblé les troupes. Le corps d'artillerie refusait de prendre les armes sans les ordres du grand-maître Villebois ; sur-le-champ elle lui envoie dire de venir au palais. « Si votre majesté, lui dit Villebois, m'eût prévenu, j'aurais pris des arrangements. — Je ne vous ai pas fait venir, lui répondit-elle, pour m'apprendre ce que nous devions prévoir, mais ce que vous voulez faire. — Vous obéir, reprit le grand-maître. » Aussitôt l'artillerie marcha. Alors Catherine II, habillée de l'uniforme des gardes, montée sur un superbe cheval, sortit de Pétersbourg suivie de quinze mille hommes : la princesse Daschkof était à ses côtés.

Cependant tout était en confusion dans la ville. Le peuple, plein de fureur, se précipitait dans les places publiques. Les gardes à cheval couraient, le sabre à la main, menaçant d'exterminer tous les Allemands. Des trains d'artillerie remplissaient les rues. Les marchands, saisis de frayeur, fermaient leurs maisons. Un spectacle touchant vint suspendre le tumulte : tout-à-coup on aperçoit sur le balcon du palais un enfant de douze ans, les yeux baignés de larmes, la démarche égarée ; c'était le jeune prince : « Qu'avez-vous » fait de mon père ? » leur cria-t-il : « Qu'est » devenue ma mère ? Voulez-vous aussi me faire » mourir comme eux ? Je ne vous ai point fait de » mal. » Puis, en leur tendant les bras, il implore leur compassion. L'hetman des Cosaques monte au palais, le rassure, l'embrasse, le ramène dans ses appartements, et, après lui avoir juré de lui être fidèle, il part pour détrôner son père. Cet événement laissa à cet enfant une terreur qui ne se dissipa que plusieurs mois après.

Cependant Pierre III était retourné à Oranienbaum. Inquiet de la conduite de son épouse, il envoya vers elle quelques-uns des seigneurs de sa cour, qui ne revinrent point. Les autres se retirèrent successivement. Le maréchal Munich ne l'abandonna pas, et lui conseilla de se mettre à la tête du régiment de Holstein, de donner les armes du château aux paysans des environs qui s'offraient d'eux-mêmes pour le défendre, ou de partir sur-le-champ pour joindre son armée d'Allemagne. Ce prince irrésolu laissa passer inutilement la plus grande partie du jour. Ses gardes, postés aux environs, observaient les approches de l'ennemi ; mais ils mirent honteusement bas les armes à la vue de quelques hussards. Alors l'empereur s'embarqua pour Cronstadt. Il avait avec lui les femmes des seigneurs qui l'avaient abandonné ; le vieux Munich le suivait toujours.

Ils arrivèrent, à l'entrée de la nuit, sous les batteries du port. La sentinelle ayant crié : « Qui-vive ! » — « C'est l'empereur, » répondit-on. « Nous ne reconnaissons, reprit le soldat, » d'autre souverain que Catherine ; éloignez- » vous. » Et comme on le menaça de tirer sur lui, la barque revint à Oranienbaum. Les femmes jetaient de grands cris ; Pierre fondait en larmes : « Que n'ai-je suivi vos conseils ! disait-il à Mu- » nich. Quel parti dois-je prendre ? » — « Je n'en » connais plus, » dit Munich.

Dès que Pierre III fut de retour à Oranienbaum, on se saisit de lui, et on l'enferma seul. Il rendit son épée, en s'avouant indigne de régner. Il demanda qu'on lui conservât la vie. On la lui promit. Ensuite il pria qu'on ne le laissât pas manquer de vin de Champagne et de bière d'Angleterre. Le troisième jour de sa détention, il sentit un feu dévorant dans ses entrailles. On l'entendit pousser des cris horribles. On dit que, pour mettre fin à ses tourments, deux princes, sergents aux gardes, entrèrent dans sa chambre, et l'étranglèrent avec un mouchoir.

Ainsi mourut ce malheureux prince. Il soutint sa disgrâce avec aussi peu de fermeté que son élévation. Il fut faible, sans méchanceté. L'histoire ne pourra ni justifier sa punition, ni regretter sa mémoire.

Cependant Catherine II rentra, le soir, triomphante dans Pétersbourg : elle était excédée des fatigues du jour. On lui apporta des rafraîchissements ; comme il se trouvait là quelques jeunes officiers, elle les obligea d'en prendre avec elle, en leur disant : « Je ne veux rien avoir que pour le partager avec vous. ». Le peuple entourait le palais en jetant de grands cris de joie ; mais comme ces transports pouvaient dégénérer en fureur, et exposer la fortune de quantité d'étrangers, on lui ouvrit tous les cabarets de la ville, qu'on abandonna à sa discrétion jusqu'au lendemain. On donna une pistole à chaque soldat des gardes, cinquante mille francs aux principaux conjurés. Le trône ne coûta guère plus d'un million.

On s'attendait à voir le jeune prince déclaré empereur, et Catherine nommée régente, avec un conseil ; car c'étaient là les conditions qu'elle avait proposées aux principaux de la cour : mais elle profita de l'enthousiasme du peuple qui la proclamait impératrice. Elle commença par éloigner des affaires la princesse Daschkof, dont elle craignait l'ambition, et tous ceux qui comptaient partager l'autorité avec elle ; et elle se hâta de se faire couronner à Moscou. Cette cérémonie se fit avec une pompe éclatante. La couronne seule, toute couverte de diamants, était d'une pesanteur extrême. J'ai ouï dire à l'ambassadeur de Pologne, le prince Lobomirski, que, se trouvant auprès de l'impératrice, il lui dit: « Votre majesté doit être bien fatiguée de porter un poids si considérable. — Non, répondit-elle, une couronne ne pèse point. »

Peu de temps après, le comte de Bestuchef lui donna une requête, signée de quelques seigneurs: on lui représentait que la santé du grand-duc, son fils, était très-faible; on la suppliait de pourvoir à la tranquillité de l'empire par une alliance qui lui assurât des héritiers; on ajoutait que personne ne paraissait, à cet égard, plus propre à remplir les vœux de la nation que le comte Orlof. Catherine envoya cette pièce au sénat, pour en délibérer. Tous les sénateurs répondirent, unanimement, qu'un pareil mariage était contraire aux lois de l'empire (preuve qu'il y a des lois dans un pays despotique); que si l'héritier actuel venait à manquer, il restait Ivan; enfin qu'ils ne reconnaîtraient jamais Orlof pour leur empereur. C'était au mois de mars 1763. J'étais alors à Moscou, et je fus témoin de la fermentation où cette requête et cette réponse jetaient les esprits; elle était si grande, que je m'attendais à voir une nouvelle révolution. Le soir de ce jour-là, on doubla les gardes du palais. Le grand-maître de l'artillerie prit un prétexte pour s'éloigner quelques jours de Moscou. La cour envoya ordre à l'hetman de se retirer dans son gouvernement.

Le lendemain, l'impératrice se rendit au sénat: « Je vous ai consultés, leur dit-elle, comme une » mère consulte ses enfants, pour le bien de la » famille. Je ne veux rien faire contre les lois de » l'empire; Bestuchef m'a trompée; » et, en se retirant, elle leur laissa une lettre. On y lisait: « Je vous défends de parler de moi, sous des » peines plus grandes que l'exil. Qu'aucun soldat » ne paraisse dans les rues, de vingt-quatre » heures. » Les sénateurs lui envoyèrent demander si cette lettre serait communiquée: « Non- » seulement au sénat, répondit-elle; mais qu'on » l'affiche. » Peu-à-peu les esprits se sont calmés. Elle a mis dans son gouvernement une modération inconnue avant elle. Elle fait voyager les mécontents, qu'auparavant on exilait en Sibérie. Elle a introduit le goût des spectacles, de la littérature et des arts, pour adoucir ces esprits farouches. Elle a défendu le luxe dans les habits, et les jeux de hasard, dont les Russes sont passionnés.

Afin qu'ils ne se portassent point à entreprendre quelque révolution pour rétablir leur fortune, elle tâcha d'engager les grands, par son exemple, à employer leurs revenus à des projets

de fabrique, de commerce, ou d'agriculture.
Enfin, elle a osé réformer les biens du clergé.
Pour en venir à bout, elle a mis dans ses intérêts
les évêques de Pétersbourg et de Novogorod. Elle
a augmenté leurs revenus sous prétexte qu'ils
avaient plus de dépenses à faire, et a réduit tous
les autres à quinze mille livres de rente.

Catherine II est d'une taille au-dessus de la médiocre; sa démarche est pleine de noblesse et de majesté. Elle a le visage un peu long, le front grand et peu saillant, les yeux bleus, la bouche très-belle, et les cheveux châtains. Elle monte très-bien à cheval. Elle parle parfaitement bien le français, l'allemand et le russe. J'ai vu les deux premiers volumes du Dictionnaire Encyclopédique, dont les marges étaient remplies de notes écrites de sa main, sur les sujets les plus abstraits. Cette princesse se lève tous les jours à cinq heures; elle travaille seule jusqu'à neuf. Ses femmes alors l'approchent, et pendant qu'elles l'ajustent, elle se fait rendre compte de tout ce qui s'est passé de nouveau. A dix heures et demie, les généraux viennent prendre ses ordres, et tenir le conseil chez elle jusqu'à onze heures et demie. Alors, elle va à la messe, puis elle se renferme jusqu'à sept heures du soir, qui est l'heure de la cour ou des spectacles.

Depuis Pierre-le-Grand, aucun souverain n'a

entrepris un si grand nombre de projets utiles à la Russie. La postérité décidera de sa gloire; mais celle de Sémiramis, si célèbre en Orient, ne fut ni plus pure, ni plus méritée.

PROJET

D'UNE COMPAGNIE

POUR LA DÉCOUVERTE

D'UN PASSAGE AUX INDES PAR LA RUSSIE,

PRÉSENTÉ

A S. M. L'IMPÉRATRICE CATHERINE II.

Il n'y a que deux moyens d'attirer les hommes, l'appât des richesses et celui de l'honneur. L'amour des richesses a peuplé l'Amérique d'Européens; le désir de les conserver, qui en est une suite, a rempli de républicains les marais de la Hollande. L'honneur, qui paraît dans le monde sous différents noms, n'est autre chose que l'estime que nous faisons de nous-mêmes; cette estime est proportionnée au sentiment que chaque homme a de la dignité de son être.

Le désir d'acquérir de l'honneur engage des

hommes à quitter leur patrie, lorsqu'il se présente une occasion d'éclat, un siége fameux, une entreprise hardie, etc. Alors on voit accourir des volontaires de toutes les nations.*

L'amour de l'honneur oblige quelquefois de quitter sa patrie, pour le conserver : ** une injustice, un passe-droit, ont souvent plus de force sur une ame fière que les liens de l'amitié et du sang. Un état qui a des retraites toutes prêtes pour de pareils hommes, en tire tôt ou tard de grands avantages.

Si la Russie veut attirer chez elle des hommes (j'entends des hommes dont le courage n'est point flétri par une excessive pauvreté), il faut qu'elle leur offre des biens qu'ils puissent acquérir avec honneur, et dont ils puissent jouir avec sécurité. Nous examinerons où l'on peut trouver ces biens, après avoir parlé des obstacles qui s'opposent ici à la tranquillité de la possession.

---

* Les guerres en Terre-Sainte, le siége de Candie, attirèrent une infinité d'étrangers de bonne volonté. J'ai vu à Malte, lorsque l'île fut menacée des Turcs, plusieurs gentilshommes qui n'étaient venus que dans l'intention d'acquérir de l'honneur.

** Tout le monde sait l'histoire de Camille. Les peuples voisins de la France ont profité souvent de pareilles circonstances. La révocation de l'édit de Nantes répandit les arts et le commerce dans les forêts de la Prusse et dans une grande partie de l'Allemagne.

Le premier de tous vient de la vaste étendue de cet empire, qui oblige le souverain de se reposer entièrement sur un gouverneur. Ce gouverneur, profitant de l'éloignement, peut se rendre despotique : cette raison empêchera toujours un étranger d'exposer sa fortune et la tranquillité de sa vie au caprice d'un homme tout-puissant. S'il s'en rencontre quelques-uns, ce ne seront que des malheureux sans ressource, ou des esclaves qui changent de chaînes.*

Le second obstacle vient de la diversité des mœurs, de l'ignorance de la langue, etc. ** Si un homme n'est tout-à-fait hypocondre, il est presque impossible qu'il se résolve à être transplanté seul, parmi des gens dont les mœurs et le langage lui sont inconnus, et qui auront pour lui la mauvaise volonté qu'on a naturellement pour ceux qu'on trouve plus éclairés que soi.

On ne peut remédier à ces deux obstacles qu'en réunissant en corps indépendant de tout gouverneur particulier, les étrangers qui chercheraient des établissements en Russie.

* Comme il arrive sur les frontières de Russie et de Pologne. De pareilles transmigrations ne produisent aucun bien.
** L'habitude est une seconde nature. On remarque à Moscou que les Allemands vivent rassemblés dans le schlabot ; et c'est en effet la nation la plus propre à vivre en société.

DU LIEU LE PLUS FAVORABLE A UN ÉTABLISSEMENT.

S'il y avait quelque endroit sur la terre, situé sous un beau ciel, où l'on trouvât à-la-fois de l'honneur, des richesses et de la société, suite de la sûreté de la possession, ce lieu-là serait bientôt rempli d'habitants. *

Cette heureuse contrée se trouve sur le bord oriental de la mer Caspienne; mais les Tartares, qui l'habitent, n'en ont fait qu'un désert. Tel est l'amour excessif qu'ils ont pour la liberté, qu'ils ne regardent les villes que comme des espèces de prisons, où les souverains renferment leurs esclaves.

Cette terre, où règne une liberté effrénée, paraît propre à l'ambition et à la fortune d'une petite république d'Européens, et mérite l'attention du gouvernement, par les avantages immenses que l'empire retirerait d'un pareil établissement.

Cette colonie d'hommes choisis assurerait, de ce côté-là, la tranquillité de la frontière, et enga-

* Les Anglais ont peuplé la Pensylvanie avec cette seule invitation : Celui qui y plantera un arbre en recueillera le fruit. C'est là tout l'esprit de la loi qui permettait aux sujets de la Grande-Bretagne de former, en Amérique, un gouvernement particulier.

gerait, par son exemple ou par ses armes, ces peuples vagabonds à cultiver les champs qu'ils ravagent.* Mais, ce qui est bien plus intéressant, cette société deviendrait bientôt l'entrepôt du commerce des Indes, et ferait circuler les richesses du Midi par la Russie, qui les distribuerait, comme autrefois, à toute l'Europe.

DE LA POSSIBILITÉ D'UN PASSAGE AUX INDES PAR LA RUSSIE.

Je suis étonné que des vaisseaux partent, tous les ans, des ports de l'Europe, traversent une étendue immense de mers, et pénètrent aux Indes à travers mille dangers, tandis qu'une chaloupe, partie de Pétersbourg, peut faire, dans la moitié moins de temps, le même voyage sur les plus belles rivières du monde. C'est la première idée qui vous vient, lorsque vous jetez les yeux sur les cartes.

En partant de Pétersbourg, vous remontez le canal et le lac Ladoga et la rivière d'Urica; vous faites un portage jusqu'à la source de la rivière Maloga, vous la descendez, ainsi que le Volga, qui

* Les comptoirs des Européens aux Indes et en Afrique, ont engagé une multitude de familles à s'établir auprès d'eux, par la raison qu'ils n'y éprouvaient pas une vicissitude de fortune ordinaire chez les puissances de l'Asie.

se décharge, à Astracan, dans la mer Caspienne ; vous parvenez, après avoir traversé cette mer, à l'embouchure d'un fleuve qui sort du lac Aral ; vous naviguez sur ce lac, et jusqu'à la source de l'Oxus ou de l'Amu qui s'y jette ; il vous reste un portage à faire jusqu'à la rivière Semil, qui se décharge dans l'Indus, que vous pouvez descendre jusqu'au golfe Persique. Nous verrons que le commerce des Indes s'est autrefois frayé une route à-peu-près semblable, mais il est bon de rassembler sur cette riche matière tout ce qui peut servir à l'histoire de ce commerce. On peut la réduire à trois époques.

ANCIEN COMMERCE DES INDES AVEC L'EUROPE PAR LA RUSSIE.

Ire ÉPOQUE.

Les Russes ont porté autrefois leur commerce, par le Pont-Euxin, jusqu'à Constantinople * et en Syrie ; dans ce temps-là leurs vaisseaux pénétraient, par la mer Baltique et l'Océan, jusque dans la Grande-Bretagne.** Il est à présumer qu'ils allaient encore aux Indes, par la raison que les

---

* Voyez Constantin Porphyrogenète.
** Voyez M. Lœscher.

Indiens venaient trafiquer chez eux, jusque sur les bords de la mer Glaciale.

L'auteur qui a le mieux écrit de la Russie, le baron de Starenberg, apporte des preuves si convaincantes de cette communication, qu'il n'est pas possible d'en douter; il avait fait un long séjour en Sibérie, et c'est comme témoin oculaire qu'il raconte ce que nous allons rapporter.

Les anciens prenaient, dit-il, pour limites de l'Europe et de l'Asie, le Don ou Tanaïs. Depuis le Don, traversant jusqu'au Volga; ensuite remontant, au 55ᵉ degré de latitude, la Kama; passant plus loin, le long du fleuve Kotva, la Wiserka, et remontant la Wagulka jusqu'à une petite langue de terre d'une demi-lieue, qui la sépare du fleuve Petzora ; de là descendant ce fleuve jusqu'à son embouchure dans la mer Glaciale. La raison qui avait déterminé les anciens à préférer ces limites aux chaînes de montagnes qui se trouvent plus à l'est, c'est que c'était la route que tenaient les peuples qui faisaient le commerce des Indes et du Nord; route aisée à atteindre par les Asiatiques et les Européens, puisqu'elle les conduisait, par eau, * de la mer Caspienne dans la mer Septentrionale.

---

* Les bâtiments dont ils se servaient étaient fort propres à de pareilles navigations ; c'étaient des bateaux de cuir qu'ils

Il y avait, pour ce commerce, deux entrepôts, l'un auprès de l'ancienne ville de Ladoga, d'où ce commerce était continué par le lac Ladoga, le golfe de Finlande, la mer Baltique, et de là à la ville de Visby en Gothie, où l'on a trouvé quantité de médailles syriaques, arabes, grecques et romaines.

Le second entrepôt du commerce était dans la Grande-Permie, proche de la ville de Fzerdyn ou de Veliki-Perma. Les marchandises, venues des Indes, descendaient le Petzora, côtoyaient les bords de la mer jusqu'en Norwège, et peut-être venaient jusque dans la mer du Nord.

Au reste, ajoute Starenberg, ce passage a été praticable, et l'est encore. Cette route, depuis Astracan, n'a que trois cents milles de longueur ; et ce chemin, par eau, était aussi aisé à faire que celui de cinq à six cents milles, que suivent les Russes aujourd'hui pour aller à la Chine, et où ils passent d'une rivière à l'autre avec beaucoup plus d'incommodité, puisque les rivières sont remplies de cascades périlleuses. Outre cela, il faut faire par terre deux trajets *

portaient sur leurs épaules dans les endroits où les rivières cessaient d'être navigables. Starenberg en a vu où quatorze personnes pouvaient s'asseoir. On les ploie lorsqu'on ne s'en sert plus.

* Voyez le Voyage d'Ysbrand-Ides par rapport à la rivière d'Angera.

dangereux : inconvénients qui ne sont pas dans l'autre route, où le transport par terre des marchandises n'est que d'une demi-lieue. * Il a vu, le long du Petzora, des quantités prodigieuses de tombeaux, où se trouvent des médailles des anciens califes arabes; les rochers sont empreints, en quelques endroits, de caractères extraordinaires, peints d'un rouge inaltérable; enfin, toute la Permie est remplie de ruines d'anciennes forteresses, preuves d'une grande opulence et d'une immense population. Tout cela confirme ce que nous lisons dans Cornelius Nepos, que le roi des Suèves envoya à Metellus Celer quelques Indiens, que la tempête avait jetés sur les côtes voisines de l'Elbe.

Cette communication des Indes et de la Russie paraît avoir été coupée, lorsque les Scythes, remontant au nord, étendirent leurs conquêtes jusque dans le Danemarck.

COMMUNICATION DE L'EUROPE AVEC LES INDES PAR LA MER ROUGE.

II.ᵉ ÉPOQUE.

La guerre détruit jusqu'aux monuments de la

---

* Les Russes tiennent encore aujourd'hui des chevaux en cet endroit pour transporter les bateaux par terre, de la Wagulka dans le fleuve Petzora.

guerre. Il ne nous reste point d'époque certaine de l'arrivée des Scythes dans le septentrion. Nous savons seulement qu'ils étaient commandés par Odin, * qui devint bientôt le dieu du pays qu'il avait conquis. Ces nouveaux hôtes ne connaissaient d'autre gloire que celle des armes, et d'autre moyen d'amasser des richesses que la piraterie. Les richesses de l'Asie prirent alors un autre cours.

Les peuples du midi profitèrent des malheurs du nord. Le girofle des Moluques, la muscade de Banda, le sandal de Timur, le camphre de Bornéo, l'or et l'argent de Luzon, avec les gommes, les parfums et toutes les marchandises précieuses de la Chine, du Japon, de Siam et d'autres royaumes, étaient apportés au marché général de

* Voyez les Mémoires sur le Danemarck, par Mallet. Cet ouvrage m'a paru très-estimable et fort curieux à beaucoup d'égards. Je ne peux m'empêcher de joindre ici une observation que j'ai faite en Finlande, sur l'ancienne population du nord. J'ai vu au château de Nyslot, une grande pierre sur laquelle sont gravés des caractères runiques à moitié effacés. J'en pris occasion de faire quelques recherches sur l'antiquité de ce château, mais l'ignorance des pasteurs ne leur permit pas de me satisfaire. Sur la route de ce château à Kekolm, on traverse le lac Saimen sur une digue de plus de six wersts de longueur (environ une lieue et demie de France), formée avec un art auquel la nature ne s'assujettit point. Si c'est l'ouvrage des Scythes, il est étonnant qu'un peuple, sans les secours de la mécanique, ait pu rouler et transporter dans toute cette étendue, des rochers d'une grosseur prodigieuse.

Malacca, ville située dans la péninsule du même nom, qu'on prend pour l'ancienne Chersonèse d'Or; de là, tous ces objets venaient dans les ports de la mer Rouge, jusqu'où les nations de l'Occident allaient les chercher. Ce commerce se faisait par échange, car les peuples de l'Asie avaient moins besoin d'or et d'argent que des commodités étrangères. Ces sources de commerce avaient enrichi Calicut, Cambaye, Ormus et Aden.

Les villes joignaient encore à ce qu'elles tiraient de Malacca, les rubis du Pégu, les étoffes de Bengale, les perles de Kalckare, les diamants de Narsingue, la cannelle et les rubis de Ceylan, le poivre, le gingembre et les autres épices de la côte de Malabar.

D'Ormus,* les biens de l'Inde se transportaient par le golfe Persique, jusqu'à Basrah, pour être transportés, par les caravanes, en Arménie, à Trébisonde, Alep, Damas, etc. Les Vénitiens, les Génois et les Catalans, venaient les prendre à Baruth, port de Syrie. Ce qui s'apportait par la mer Rouge était débarqué à Tor ou Suez, ville située au fond du golfe du même nom, d'où les caravanes les transportaient jusqu'au Caire; et de

---

* Voyez l'Histoire générale des voyages, de l'abbé Prévost. Cette route, comme on le voit, était bien plus pénible que la précédente. Aussi lui préféra-t-on celle du cap de Bonne-Espérance, malgré son extrême longueur.

là, par là voie du Nil, le reste de la route était aisé jusqu'au port d'Alexandrie, où l'embarquement se faisait sur les vaisseaux de l'Europe.

Gênes et Venise devinrent bientôt les deux plus puissantes républiques de l'Italie; les richesses qu'elles tiraient de ce commerce, les mirent en état de résister avec avantage aux entreprises des Turcs. La sagesse de leur gouvernement, leur expérience dans la navigation, les trésors qu'elles possédaient, enfin tout ce qui donne à un état la supériorité sur ses voisins, les aurait, malgré leur rivalité, rendues les maîtresses de l'Europe; mais il était réservé à un homme d'ouvrir un nouveau canal aux richesses de l'Inde. Toutes les nations partagèrent l'avantage de cette nouvelle découverte, et il n'est resté à Venise et à Gènes que le calme d'un gouvernement sage, et le souvenir de leur ancienne opulence.

COMMERCE DE L'EUROPE AVEC LES INDES PAR LE CAP DE BONNE-ESPÉRANCE.

IIIe ÉPOQUE.

Ce fut en 1415, que Henri III, prince de Portugal, fit partir plusieurs vaisseaux pour côtoyer les rivages de l'Afrique. Cette navigation passait pour la plus dangereuse de toutes, et on racontait des choses effrayantes de l'Afrique et de ses habitants. Cependant, seize ans auparavant, des hommes hardis avaient osé combattre le préjugé: Gomera et Palma*, îles des Canaries, avaient été découvertes, et cette gloire avait été réservée à un autre Henri III, roi d'Espagne.

Nous suivrons la marche des aventuriers portugais ; rien n'est plus intéressant, et en même temps plus commun que de grandes choses produites par de petits moyens.

Les premiers vaisseaux s'avancèrent jusqu'au cap Bojador ; mais ils furent étonnés de la force du courant, qui s'enfle beaucoup en se brisant contre les sables. Ils retournèrent sans aucun succès.

Henri ne fut point découragé. En 1418, il fit

* En 1417, Jean de Béthencourt, gentilhomme de Normandie, obtint de Jean II, roi de Castille, la permission de conquérir les îles Canaries. Il prit celles de Lancerotte, de Fuerta-Ventura et de Ferro. Un autre gentilhomme de Normandie entreprit de chasser les Sarrasins de Naples et de Sicile, et il en vint à bout. C'était Tancrède. Il semble que la fortune réserve aux étrangers des succès qu'elle refuse aux nationaux ; ils y trouvent comme une compensation des douceurs de leur patrie. Au reste, les Normands ont eu de tout temps un goût décidé pour les voyages et les entreprises lointaines. Ce sont eux qui ont jeté en France les fondements de la compagnie d'Afrique. Il y a en Guinée beaucoup d'endroits auxquels ils ont donné des noms, comme le Petit-Dieppe, Rouen, etc.

partir, sur un petit vaisseau, Jean-Gonzalès Zarco et Tristan Vas Taxeira, avec ordre de découvrir l'Afrique jusqu'à l'équateur. Ils revinrent, après avoir débarqué à Puerto-Santo; ils n'apportaient point de richesses, mais ils avaient trouvé dans cette île une terre fertile et des habitans sociables.

Les mêmes aventuriers y retournèrent l'année suivante, et découvrirent l'île de Madère, près de Puerto-Santo, mais ils ne purent doubler le cap Bojador.

Gilianez fut plus heureux. En 1432, il doubla ce terrible cap, et découvrit un rivage d'une étendue immense; il se hâta d'apporter cette heureuse nouvelle au prince de Portugal. Henri se crut, dès ce moment, maître du passage et des richesses de l'Inde, et, pour n'avoir de dispute avec personne, il demanda au pape Martin v une donation perpétuelle de toutes les terres qu'il découvrirait depuis le cap Bojador jusqu'aux Indes orientales inclusivement. Le Saint-Père la lui accorda, * avec une indulgence plénière pour les ames de ceux qui périraient dans cette entreprise.

* Cette donation fut confirmée par ses successeurs Eugène et Nicolas, suivant l'usage de ces temps-là, où les papes croyaient avoir reçu de Dieu le pouvoir de distribuer les couronnes à qui bon leur semblait. Nous allons voir le tort que leur fit cette donation dans l'esprit du roi d'Achin.

Gilianez recommença ses découvertes, et s'avança jusqu'à la rivière d'Or. En 1444, il s'associa avec d'autres aventuriers; il s'empara des îles de Nar et de Tider, où ils firent un grand butin. Leur armement n'était pas considérable, et les obstacles n'étaient pas grands, puisque avec seize soldats, ils prirent d'assaut une ville où ils firent 155 prisonniers.

On parvint successivement jusqu'au cap de Bonne-Espérance, où l'on trouva des difficultés plus grandes que celles du cap Bojador. Mais, en 1497, Vasco de Gama doubla le cap avec trois vaisseaux montés de cent soixante hommes. Il jeta, avec ces forces, les fondements de la puissance que les Portugais ont aujourd'hui dans les Indes. Pacheco, en 1504, y mit la dernière main; avec cent trente-cinq hommes, il détruisit une flotte de deux cent quatre-vingts vaisseaux indiens, montés de quatre mille hommes, mit en déroute un corps de quinze mille Indiens qui s'opposaient à sa descente, et finit par brûler Calicut.

Nous venons de voir des petites troupes d'aventuriers pénétrer aux Indes, soumettre des peuples nombreux, et revenir chargés de trésors dans leur patrie; mais ils avaient des canons, et un courage que la nature a refusé aux peuples de l'Asie.

Les grandes richesses que les Portugais tiraient

des Indes, engagèrent les Anglais à y faire des établissements, malgré la donation des papes. Ce fut en 1601, que la reine Élisabeth accorda des lettres-patentes, qui ouvraient sans exception le commerce des Indes orientales à la Compagnie. Il s'agissait de s'opposer aux obstacles que les Portugais ne manquèrent pas d'apporter à cette entreprise ; les négociants firent donc un fonds de 70,000 liv. sterl., pour l'équipement des vaisseaux et l'achat des marchandises. La flotte, composée de quatre vaisseaux, fut commandée par Lancaster, dont l'expédition eut le plus grand succès. Nous joignons ici la lettre d'Élisabeth au roi d'Achin, comme un monument précieux de l'esprit et de la politique de cette grande reine.

« ÉLISABETH, par la grace de Dieu, reine d'Angleterre, d'Irlande, de France,[*] etc., protectrice de la foi et de la religion chrétienne, au grand et puissant roi d'Achin, dans l'île de Sumatra.

» Notre frère bien-aimé, salut et prospérité.

» Le Dieu éternel et tout-puissant, par sa sagesse et sa providence divine, a tellement disposé ses bénédictions, et les bons ouvrages de sa création pour l'usage et la nourriture du genre humain, que, malgré la diversité et l'éloignement des

---

[*] Titre que prend la couronne d'Angleterre, à cause des ducs de Normandie, qui ont régné dans ces deux royaumes.

lieux où les hommes prennent naissance, l'inspiration de ce créateur bienfaisant les disperse dans toutes les parties de l'univers, afin que non-seulement ils reconnaissent la multitude infinie de ses merveilleuses productions, qui se trouvent répandues de telle manière qu'un pays abonde souvent de ce qui manque à l'autre, mais encore afin qu'ils puissent former ensemble le lien de l'amitié qui est une chose toute divine.

« C'est par ces considérations, noble et puissant roi, et tout à-la-fois par la haute idée que nous avons de votre générosité et de votre justice à l'égard des étrangers qui vont commercer dans vos états, en satisfaisant aux justes droits de votre couronne, que nous nous sommes portée à nous rendre aux désirs de plusieurs de nos sujets, qui se proposent de visiter votre royaume dans de bonnes et louables intentions, malgré les fatigues et les dangers indispensables d'un voyage, qui est le plus long qu'on puisse entreprendre au monde. Si l'exécution de leur dessein est approuvée de votre hautesse, avec autant de bonté et de faveur que nous le désirons, et qu'il convient à un si puissant prince, nous vous promettons que, loin d'avoir jamais sujet de vous en repentir, vous en aurez un très-réel et très-juste de vous en réjouir. Nos promesses seront fidèles, parce que leur conduite sera prudente et sincère ; et nous espérons, qu'étant satisfait d'eux, vous souhaiterez vous-même que leur entreprise devienne le fondement d'une amitié constante entre nous, et d'un commerce avantageux entre nos sujets.

» Votre hautesse peut s'assurer d'être bien fournie de marchandises, et mieux qu'elle ne l'a jamais été par les Espagnols et les Portugais, nos ennemis, qui sont, jusqu'à présent, les seuls peuples de l'Europe qui aient fréquenté les royaumes de l'Orient, sans vouloir souffrir que les autres fissent le même voyage, se qualifiant, dans leurs écrits, de seigneurs et monarques absolus des états et des provinces qui vous appartiennent. Car nous avons reconnu, par le témoignage de plusieurs de nos sujets, et par d'autres preuves incontestables, que vous êtes légitime possesseur et héritier d'un grand royaume qui vous est venu de votre père et de vos ancêtres; et que, non-seulement, vous avez défendu glorieusement vos possessions contre ces avides usurpateurs; mais que vous leur avez porté justement la guerre dans les pays dont ils se sont rendus les maîtres. C'est ainsi qu'à leur honte extrême, et à la gloire de vos invincibles armes, vos soldats les ont attaqués à Malacca, l'an 1575 de la rédemption humaine, sous la conduite du vaillant Ragamé-Koten, votre général.

» S'il plaît donc à votre hautesse d'honorer de sa faveur, et de recevoir sous sa protection royale ceux d'entre nos sujets qui partent chargés de cette lettre, dans une si douce espérance le chef de cette flotte de quatre vaisseaux a reçu ordre de nous, sous la permission de votre hautesse, de laisser dans vos états un certain nombre de facteurs, et de leur procurer une maison de comptoir où ils puissent demeurer dans l'exercice du commerce, jusqu'à l'arrivée d'une autre de nos flottes, qui fera le même voyage après le retour de celle-ci. Ces facteurs ont ordre aussi d'apprendre le langage et les coutumes de vos sujets, afin qu'ils puissent vivre et converser plus doucement avec eux. Enfin, pour confirmer notre amitié et notre alliance, nous consentons, sous le bon plaisir de votre hautesse, qu'il se fasse une capitulation, que nous autorisons le chef de cette flotte à signer en notre nom; donnant notre parole royale de l'exécuter entièrement, aussi bien que tous les autres articles qu'il est chargé de communiquer à votre hautesse. Nous désirons donc qu'on l'écoute avec confiance, et que votre hautesse accorde à lui et à nos autres sujets qui l'accompagnent, toutes les faveurs qu'ils peuvent attendre de sa bonté et de sa justice. Nous répondrons dans le même degré à tous ses désirs, dans l'étendue de nos états et de notre puissance; et nous demandons, pour témoignage de son consentement royal, qu'il lui plaise de nous faire une réponse par le porteur de cette lettre, n'ayant rien plus à cœur que de voir commencer heureusement notre alliance, et de la voir durer pendant un grand nombre d'années. »

RÉPONSE DU ROI D'ACHIN A LA REINE ÉLISABETH.

« Graces soient rendues à Dieu qui s'est glorifié lui-même dans ses ouvrages, qui a établi les rois et les royaumes, et qui est exalté seul en pouvoir et en majesté! Son nom ne peut être exprimé par les paroles de la bouche, ni connu par la force de l'imagination; ce n'est point un vain fantôme, quoiqu'il ne puisse être rendu par aucune comparaison, comme il ne peut être compris dans aucune borne. Sa bénédiction et sa paix sont supérieures à tout: il a répandu sa bonté sur l'ouvrage de sa création: il a été proclamé de bouche par un prophète; il l'est encore par ses écrits.

» Cette lettre est à la sultane qui règne sur les royaumes d'Angleterre, de France, d'Irlande, de Hollande et de Friseland. Que Dieu conserve son royaume et son empire dans une longue prospérité!

» Et comme celui qui a obtenu cette lettre du roi du royaume d'Achin, régnant avec un pouvoir absolu, a répandu de vous un glorieux témoignage, qui a été reçu avec joie de la bouche du capitaine Jacques Lancaster; Dieu veuille lui accorder long-temps ses bienfaits! et, comme vos lettres parlent de recommandations, de priviléges et d'amitié, Dieu tout-puissant veuille avancer le succès d'une si honorable alliance, et confirmer une si digne ligue!

» Et, pour ce qui regarde le sultan d'Afrangias,* que vous déclarez pour votre ennemi et pour l'ennemi de votre peuple, dans quelque lieu qu'il soit, depuis le commencement jusqu'aujourd'hui, en vain s'élève-t-il orgueilleusement, et se donne-t-il pour le roi du monde. Qu'a-t-il de plus que son orgueil? C'est un surcroît de joie pour moi, et une confirmation de notre alliance, qu'il soit notre ennemi commun dans ce monde et dans l'autre. En quelque lieu que nous puissions le rencontrer, nous lui ôterons la vie par un supplice public.

» Vous assurez de plus que vous désirez notre amitié et notre alliance. Que Dieu soit béni et remercié pour la grandeur de ses graces! Notre intention et notre désir sont qu'il vous plaise envoyer vos sujets à notre bendar,** pour exercer

---

* C'est un nom que les Arabes donnent en général à toute l'Europe, dont les Espagnols se vantaient alors d'être les maîtres.

** Principal officier du port d'Achin.

un honorable trafic, et que quiconque viendra dans cette vue, de la part de votre hautesse, soit admis à la même société et aux mêmes priviléges. Car aussitôt que le capitaine Jacques Lancaster et ses compagnons sont arrivés, nous leur avons permis de former une société libre, et nous les avons revêtus de la dignité convenable à leur entreprise. Nous leur avons accordé des priviléges; nous les avons instruits des meilleures méthodes du commerce, et, pour leur faire connaître la fraternité et l'amitié que nous voulons entretenir avec vous dans ce monde, nous vous envoyons, par les mains du capitaine, suivant l'usage de la fameuse ville, * une bague d'or enrichie de rubis, et deux pièces d'étoffe, tissues et brodées d'or, enfermées dans une boîte rouge de tzin.

» Donné l'an de Mahomet 1011. La paix soit avec nous ! »

L'établissement des Anglais dans les Indes engagea plusieurs souverains à suivre leur exemple. Ainsi, presque toutes les nations de l'Europe ont joui, jusqu'à ce jour, des avantages de ce commerce, qui est le plus riche qui soit au monde.

* La Mecque.

DES MOYENS QU'ON DOIT EMPLOYER POUR CHERCHER UN NOUVEAU PASSAGE AUX INDES. CRÉATION D'UNE COMPAGNIE D'ACTIONNAIRES RUSSES ET D'UNE COMPAGNIE D'AVENTURIERS ÉTRANGERS.[*]

Pierre-le-Grand a tenté une expédition pour s'ouvrir un passage aux Indes et en Perse. Cette expédition n'eut point de succès, par la difficulté insurmontable de faire subsister et marcher une armée nombreuse dans des déserts, et au milieu des Tartares qui la harcelaient sans cesse. Ainsi on vérifia alors ce que l'expérience avait confirmé bien des fois, que dans des entreprises de cette nature, où l'on est obligé d'agir loin du centre de ses états, l'ennemi est moins à craindre que le nombre des soldats de sa propre armée.

Un petit nombre d'hommes choisis avance bien plus rapidement,[**] se dégage beaucoup mieux,

---

[*] On ne doit pas prendre ici en mauvaise part le nom d'aventurier. Il signifie toujours, lorsqu'il s'agit d'expédition militaire, une troupe d'hommes braves, plus exposés que les autres aux événements ou aventures de la guerre.

[**] Cela ne doit s'entendre que des pays semblables à ceux dont il s'agit, où, faute de canons, une grande troupe d'hommes à cheval ne peut rien entreprendre contre des soldats bien exercés. Au reste ce serait le sujet d'un mémoire fort long, si l'on voulait parler de l'armure, de la marche, de la discipline et

se soutient bien plus long-temps, se retranche ou fait ses retraites avec plus de sécurité et moins de danger.

Ces hommes ne doivent point être choisis parmi les Russes, où on en trouverait certainement un grand nombre de très-braves; mais on s'expose à deux inconvénients. Le premier est l'inimitié et le ressentiment que les Tartares ont conservé de l'expédition de Pierre-le-Grand. Toutes ces nations se ligueraient pour empêcher, de concert, les entreprises de leurs voisins. Le second viendrait de la jalousie des Persans ou des Turcs, qui s'opposeraient à cet accroissement de grandeur et de puissance de l'empire de Russie; ce qui pourrait attirer des guerres fâcheuses. Il faut donc que cette expédition soit confiée à des mains étrangères, afin qu'il paraisse qu'elle est plutôt faite du consentement, que par les ordres de la cour de Russie, et qu'on a plutôt eu égard à l'établissement de quelques familles étrangères, que le dessein d'entreprendre sur ses voisins.

Si la cour approuve mon projet, et si elle veut

des évolutions convenables à une troupe aussi peu nombreuse que celle dont il est question un peu plus bas. Si on était curieux d'en voir un essai, je me ferais fort de traverser avec un petit nombre d'hommes armés comme je l'imagine, une très-vaste plaine, malgré le feu et les baïonnettes de l'infanterie et les sabres de la cavalerie, en supposant qu'ils n'employassent point de canon contre ma troupe.

m'en confier l'exécution, je me propose de lever un corps de trois cents * aventuriers français ou étrangers; de remonter avec eux toutes les rivières qui se trouvent sur la route, avec des barques construites de manière qu'elles serviront en même temps de chariots lorsqu'il faudra faire quelque portage; de former un établissement sur le bord du lac Aral, lors même que le fleuve qui sort de ce lac aurait été barré dans son cours par les Tartares, et qu'il serait ainsi difficilement navigable; de partir de cet établissement, comme d'un point de sûreté et de protection, pour faire, tous les ans, un voyage dans l'Inde, et pour maintenir le passage libre aux marchands russes qui iraient trafiquer aux Indes, en sorte que cette colonie serait à perpétuité une république armée pour la défense du commerce, et pour escorter gratuitement les sujets de sa majesté impériale.

Pour remplir toutes ces conditions, je demande à la cour 150,000 roubles d'emprunt, et des priviléges pour attirer des aventuriers.

* Dans le nombre de ces trois cents étrangers, la moitié serait composée de gentilshommes ou d'hommes très-bien nés, l'autre moitié d'ouvriers de toutes sortes de métiers convenables aux besoins d'une colonie. Les lois de cette république, la discipline nécessaire pour la diriger, tout cela est étranger à ce mémoire. Il me suffit d'assurer que de tous les établissements possibles, c'est un de ceux où l'on a tâché de rapprocher davantage les conditions sans les confondre, et de conserver à des hommes les droits et le caractère respectable de l'humanité.

DE L'EMPRUNT DES 150,000 ROUBLES, ET DES PRIVILÉGES DE LA COMPAGNIE DES AVENTURIERS.

Nous ne dissimulons pas qu'il n'y ait de grandes difficultés à chercher un passage aux Indes, et de plus grandes encore à former un établissement au delà de la mer Caspienne. La barbarie des nations, la difficulté de remonter des fleuves dont les noms sont à peine connus, les fatigues d'une longue expédition, sont capables de rebuter des hommes qui ne seraient pas engagés à cette entreprise par les plus grands motifs, et par toutes les facilités qui dépendent de la Russie.

Pour cela, il serait créé une compagnie des Indes, dont les fonds seraient de 150,000 roubles. Cette somme serait divisée en actions de 500 roubles chacune, ce qui formerait un corps de trois cents actionnaires. La compagnie des aventuriers serait également de trois cents hommes, dont chacun serait supposé avoir contribué, pour sa part, d'une action de 500 roubles, ce qui donnerait à chacun des actionnaires et des aventuriers un six-centième de droit sur le succès de l'entreprise.

Cette somme de 150,000 roubles serait employée à fournir à tous les aventuriers, les armes, vivres, habillements, barques, et tout ce qui leur serait nécessaire jusqu'au succès de l'expédition.

Lorsque la compagnie des aventuriers aurait assuré ses établissements par une forteresse qu'elle construirait sur le bord du lac Aral, le commerce des Indes serait déclaré libre, seulement pour les sujets de l'empire de Russie et pour les citoyens de la colonie; et, pour empêcher que, les passages étant ouverts,* l'avidité des marchands ne fît tomber le commerce, on y procéderait en cette sorte.

Tous les ans, une caravane de barques armées aux frais des actionnaires, et montées par les habitants de la colonie, ferait un voyage aux Indes. Chaque marchandise paierait un droit de dix pour cent de l'exportation, et chaque marchandise rapportée des Indes, un autre droit de dix pour cent. Le commerce ne serait permis que dans ce temps, et la colonie serait tenue de confisquer les effets de ceux qui s'écarteraient de cette voie. D'un autre côté, la cour de Russie s'engagerait à ne jamais gêner ce commerce en établissant dans l'intérieur du pays ou sur la frontière, de nouveaux droits d'entrée ou de sortie;

* Comme il arriva aux Anglais sur la côte d'Afrique. La compagnie qui avait le privilége exclusif, manqua d'argent, et pour s'en procurer, permit la liberté du commerce à toute la nation, moyennant un droit de dix pour cent. Cette permission y amena un si grand nombre de vaisseaux, que le commerce en fut ruiné.

les avantages qu'elle tirerait de ce commerce étant déjà assez considérables.*

Les terres que la colonie acheterait ou conquerrait sur les Tartares, lui appartiendraient à elle seule, et elle y ferait tels établissements qu'il lui semblerait bon de faire, sans que la cour ou les actionnaires pussent y rien prétendre. On imposerait seulement sur ces terres conquises un dixième, rachetable à volonté par le corps des aventuriers.

Le produit de ce dixième, ainsi que le dixième d'exportation, et celui d'importation, serait partagé également par le corps des aventuriers et des actionnaires.

On préleverait sur ces fonds tous les frais pour guerre, armement, agriculture, navigation, enfin pour toute opération publique concernant l'accroissement de la colonie.

Les actionnaires auraient un résident ou commis, pour résider, en leur nom, auprès du corps des aventuriers. Le résident serait chargé de leur part seulement, de la recette et du partage de

* Il est clair que la cour attire dans l'empire la plus riche source de commerce qu'il y ait au monde, et augmente sa population, son commerce et ses forces, par la facilité de donner à grand marché, au reste de l'Europe, les marchandises de l'Inde. Si elle fournit les 150,000 roubles, elle s'assure, à perpétuité, un droit de cinq pour cent sur l'entrée, et de cinq pour cent sur la sortie.

leurs revenus, sans pouvoir entrer, ni avoir voix délibérative dans les conseils des aventuriers.

S'il s'élevait quelque difficulté entre le résident des actionnaires et le corps des aventuriers, elle serait décidée par six juges pris réciproquement dans les deux corps. Si la cour se trouvait posséder toutes les actions, sa majesté impériale nommerait trois commissaires, et la république trois citoyens.

La colonie des aventuriers serait reconnue par la cour de Russie comme une république entièrement libre, se gouvernant par ses propres lois, ayant ses magistrats et tous ses officiers élus de son propre choix. Il serait permis à chaque citoyen de sortir de l'empire de Russie, et de se retirer où bon lui semblerait, sans être gêné, inquiété, ou obligé de payer aucun droit pour des biens acquis par ses services, et au prix de son sang.

Il serait permis à la colonie d'établir des manufactures, fabriques, métiers de quelque nature que ce soit, et de faire venir d'Europe les artisans et les recrues nécessaires, sans qu'ils fussent exposés à aucun retardement.

Tout citoyen envoyé pour les affaires de la colonie dans quelque endroit de l'empire que ce soit, y jouirait des droits et priviléges d'une personne revêtue d'un caractère public.

Quant au commerce particulier qui pourrait se faire dans la suite, entre les habitants de la colonie et les sujets de sa majesté impériale, on accorderait aux habitants de la colonie les mêmes priviléges et prérogatives accordés par Pierre-le-Grand aux négociants anglais ; enfin, les priviléges accordés par la cour de Russie aux aventuriers et aux actionnaires, de même que les obligations de ceux-ci envers la cour de Russie, et entre eux réciproquement, seront, en cas que le projet soit accepté, détaillés et renfermés dans une bulle, revêtue des formalités nécessaires, pour lui donner à perpétuité force de loi, sans qu'il soit besoin de la renouveler, à l'avenir, sous aucun prétexte.

RÉCAPITULATION.

Si sa majesté impériale approuve ce mémoire, que nous soumettons entièrement à la sagesse et à la profondeur de ses lumières ; et que Dieu daigne bénir, dans cette entreprise, notre conduite et nos armes, nous osons assurer que le succès en sera très-glorieux au règne de sa majesté, très-profitable à l'empire, et très-utile à beaucoup d'étrangers auxquels il serait difficile de procurer des établissements convenables. Les moyens que nous demandons, pour l'exécution de ce projet, ne coûtent presque rien à accorder à l'empire de Russie ; les 150,000 roubles d'emprunt, loin d'être une charge pour la couronne, sont plutôt le fondement d'un commerce immense, et on peut s'en convaincre en laissant la liberté aux étrangers de fournir les fonds de la Compagnie.

Les terres nécessaires à notre établissement n'appartiennent point à l'empire de Russie ; par conséquent l'accroissement et l'activité d'un petit nombre d'Européens, établis sur le lac Aral, ne doivent causer aucun sujet de jalousie pour l'avenir, puisque l'ambition de cette république ne peut jamais agir que contre les Tartares, ennemis naturels de l'état, qui ont fait échouer jusqu'à présent les entreprises des Russes.

D'un autre côté, l'intérêt du commerce, l'attente des secours de toute espèce, les liaisons particulières et publiques, attachent tous les membres de cette république à la cour de Russie, bien plus fortement que ceux des propres sujets de sa majesté qui habitent sur la frontière, et qui pour la plupart sont des nations conquises, dont les mœurs diffèrent autant de celles des Russes que leurs visages.

Le peu de patriotisme qu'on remarque, dans les grands états, chez les peuples des frontières, paraît évidemment en Russie, où il se fait un commerce assez considérable avec la Chine et l'Inde, sans que l'état en profite ; ce commerce étant renfermé entre quelques Tartares et quelques habitants d'Astracan, qui en gardent le secret.

Puisque les choses de ce monde sont tellement disposées, que l'autorité perd de sa force à proportion de son éloignement, il est plus avantageux à l'empire de Russie d'imiter la conduite des Romains, qui mettaient des garnisons chez les peuples voisins de l'Italie, mais qui faisaient des alliances et des confédérations avec les nations éloignées, et favorisaient de tout leur pouvoir l'établissement des colonies de ces nations étrangères, de l'attachement desquelles ils se tenaient plus certains, que de la bonne volonté de leurs propres sujets, qu'ils ne devaient qu'à la terreur de leurs armes.

D'ailleurs, si cette entreprise réussit, elle peut servir d'exemple et d'encouragement pour en former une semblable sur les frontières de la Chine et sur celles de Perse, où on trouverait pareillement de grands avantages. Si elle ne réussit pas, tout le malheur et le danger tombe sur quelques étrangers, qui acquerront, au prix de leur sang, un honneur qu'on va chercher avec moins d'éclat dans des occasions plus périlleuses; et ils laisseront à sa majesté le renom immortel d'avoir tenté une entreprise glorieuse à son règne, infiniment profitable à l'empire, et utile à l'humanité, puisqu'elle adoucirait les mœurs d'un grand nombre d'hommes, qui ne connaissent ni les fruits de l'agriculture, ni les douceurs du commerce.

FIN.

TABLE

DU TOME PREMIER

DU VOYAGE A L'ILE-DE-FRANCE.

PRÉFACE.

Motif de l'ouvrage, son plan, son objet. . . . . . page 1.

LETTRE PREMIÈRE.

Départ de Paris, froid excessif. Arrivée à Rennes. Campagnes de Bretagne, observation sur le genêt et les pommes de terre. Du peuple dans les pays d'états. Commerce de la Bretagne. Paysan bas-breton. Observation sur la température des lieux aquatiques. Arrivée à Lorient. 5

LETTRE II.

De la ville de Lorient. Défaut de la citadelle du Port-Louis. Mœurs de ces deux villes; mouvement du port de Lorient. 10

LETTRE III.

Distribution intérieure d'un vaisseau, gros temps dans le port. Poissonnerie de Lorient. Mœurs des pêcheurs. Observations sur les poissons et les écrevisses. Deux passagers de Paris craignent de s'embarquer. 13

LETTRE IV.

Départ de Lorient. Adieux 17

Journal en mars 1768.

Danger dans la passe du Port-Louis. Passagers et officiers restés à terre. Gros temps, coup de mer, trois hommes emportés, désordre causé par le coup de mer. Vue des îles Canaries. Chaleur. Vents alizés. Iles du Cap-Vert. Observations sur les mœurs des gens de mer 18

Journal en avril.

Matelot mort du scorbut. Baptême et passage de la Ligne. Temps orageux. Observations sur la mer et les poissons. Points lumineux, bonnets-flamands, galères, coquillage peu connu, limaçons bleus, coquillage de la carène, poisson-volant, encornet, thon. Effet singulier du thon de la pleine mer lorsqu'il est salé. Du sommeil des poissons, de l'eau de mer. Bonnite, grande-oreille, requin, pilotin; sucet, sa construction monstrueuse; pou du requin. Marsouin, dorade, baleine. 32

Journal en mai.

Rencontre d'un vaisseau anglais; grain violent, vaisseau coiffé. Observations sur le ciel, les vents et les oiseaux; étoiles; crépuscules, leur chaleur eût été nuisible sous la Ligne. Le lever de la lune dissipe les nuages. Vents; pôle sud plus froid que le pôle nord, pourquoi. Utilité des vents. Beauté du ciel entre les tropiques. Mauves et goëlands, alcyons, manches-de-velours, frégates, fauchets, goëlettes, envergures, damiers, moutons-du-Cap. Utilité qu'on peut tirer de la vue des oiseaux et de celle des glaïeuls. Longitude ne peut se déterminer par la variation de l'aiguille. Expérience à faire sur son inclinaison 44

Journal en juin.

Précautions pour doubler le Cap; progrès du scorbut. Coup de mer, présage d'une violente tempête; le vaisseau foudroyé, grand mât brisé, violence du vent, mer monstrueuse, secousses du vaisseau, découragement des matelots. Perte des bestiaux, grand nombre de malades scorbutiques, morts. Observations qui peuvent être utiles à la police des vaisseaux. Subordination des officiers. Disette d'eau; moyen d'en embarquer beaucoup et de la préserver de corruption. Inconvénient de la machine à dessaler l'eau de mer. Vivres, moyen de conserver les viandes saines. Habillement des matelots. Charpente du bâtiment; lieu du vaisseau où le bois se pourrit le plus promptement. 55

Journal en juillet.

Grand nombre de malades scorbutiques, mortalité, vue d'un paille-en-cu, arrivée à l'Ile-de-France. Observations sur le scorbut. Les animaux en sont atteints. Cause et remède à ce mal. Palliatifs. Préjugés sur la tortue; symptômes du scorbut; précautions à prendre en arrivant à terre. 67

LETTRE V.

Observations nautiques.

Brise de terre. Attérages orageux. Parages des vents alizés du nord-est, des vents généraux du sud-est. Relâches sur la route des Indes. Observations sur les meilleures cartes. Hauts-fonds au sud de la Ligne. Courants. Obstacles apportés aux voyages par la nature. 73

A L'ILE-DE-FRANCE.

Avertissement............................. 79
Proportions du vaisseau le Marquis de Castries.. 80

Forme nouvelle d'une table des observations nautiques du voyage:

Qui comprend les jours du mois, les vents qui ont régné, le chemin estimé, la route corrigée, la variation, la latitude estimée, la latitude observée, la longitude estimée.... 82

LETTRE VI.

Aspect et géographie de l'Ile-de-France.

Port du sud-est, Port-Louis ou du nord-ouest. Vue triste de la ville et de ses environs. Mesures de l'Ile-de-France et hauteur de ses montagnes suivant l'abbé de La Caille.. 87

LETTRE VII.

Du sol et des productions naturelles de l'Ile-de-France.

Herbes et arbrisseaux. Sol tenace et ferrugineux. Sable calcaire. Prodigieuse quantité de rochers, leur nature vitrifiable et métallique. Herbes. Trois espèces de gramen : gazon élastique, chiendent, gramen à large feuille ; herbe à soie, asperge épineuse, mauve à petites feuilles, chardon dangereux pour les volailles, lis aquatique, espèce de giroflée, basilic vivace, raquettes. Arbrisseaux: le veloutier, effet singulier de son odeur; espèce de ronce antivénérienne, faux baume, fausse patate, herbe à panier propre à donner du fil, lianes et leur force prodigieuse, arbrisseau spongieux, bois de demoiselle. Végétaux de l'Ile-de-France, inférieurs en beauté à ceux de l'Europe........................ 91

LETTRE VIII.

Arbres et plantes aquatiques de l'Ile-de-France.

Mapou, espèce de poison. Noms des arbres viennent de la fantaisie des habitants. Bois de ronde, de cannelle, de natte, d'olive, de pomme ; arbre de benjoin, colophane, faux tatamaque, bois de lait, bois puant, bois de fer, bois de fouge, figuier, bois d'ébène de plusieurs sortes, citronnier, oranger, espèce de bois de sandal, vacoa, latanier, palmiste, manglier. Observations sur les arbres ; ils sont très-inférieurs aux arbres d'Europe en beauté et en utilité. Agarics, mousses et fougères ; songes, espèce de nymphæa. Tristesse du paysage. 97

LETTRE IX.

Animaux naturels à l'Ile-de-France.

Quadrupèdes. Il est douteux que le singe y ait été apporté. Il paraît l'habitant naturel de cette île. Sa description. Des rats et de leurs désordres, des souris. Oiseau flamant, corbigeau, paille-en-cu, perroquets d'une beauté médiocre, merle familier, pigeon hollandais magnifique, ramier dangereux, chauve-souris bonne à manger, espèce commune de chauve-souris. Éperviers. Animaux amphibies : tortues, tourlouroux, bernard-l'ermite. Insectes. Sauterelles, leurs dégâts ; chenilles, papillons, papillon à tête de mort, prodigieuse quantité de fourmis, formica-leo, cent-pieds, scorpions, guêpes jaunes avec des anneaux noirs, guêpe maçonne, guêpe qui coupe les feuilles, abeilles ; espèce de fourmis appelées carias, leur dégât dans la charpente des maisons ; trois espèces de caucrelas, ont pour ennemie la mouche verte ; moutouc, ver qui ronge les arbres, son nom chez les Romains ; mouches

A L'ILE-DE-FRANCE. 367

d'Europe, cousin ou maringouin fort incommode, demoiselles, belles mouches aquatiques, petits lézards bien colorés; araignées de plusieurs sortes, filent des toiles trèsfortes; prodigieuse quantité de puces, pou ailé des pigeons; pou blanc ou puceron, nuisible aux vergers; punaise maupin, sa piqûre dangereuse. Observation sur les températures chaudes favorables à la propagation des insectes; moyens qu'emploie la nature pour l'arrêter............ 104

LETTRE X.

Des productions maritimes; poissons, coquilles, madrépores.

Baleine, sa pêche négligée; lamentin; la vieille, poisson dangereux à manger: malheur arrivé aux Anglais à Rodrigue; autres poissons suspects, tels que le capitaine et la carangue; requins, rougets, mulets, sardines, maquereaux; poule d'eau, sorte de turbot; raies blanches, raies noires, sabres, lunes, bourses, espèces de merlans, perroquets, poisson armé dangereux, le coffre, le porc-épic, le polype. Poissons de rivière: la lubine, le mulet, la carpe, le cabot, l'anguille dangereuse pour les nageurs. Testacés: homards ou langoustes, petite espèce de homard fort joli; crabe ressemblant à un madrépore; autre marqué de cinq cachets rouges; autre appelé le fer-à-cheval; autre crabe couvert de poils, crabe marbré, autre qui porte ses yeux au bout de deux longs tuyaux, l'araignée de mer, crabe dont les pinces sont rouges, petit crabe à grande coquille. Boudin de mer trèssingulier; masse vivante, dont la coquille est au dedans. Oursins: oursin violet à longues pointes, oursin gris à baguettes rondes cannelées, oursin à baguettes obtuses et à pans, oursin à cul d'artichaut, oursin commun à petites pointes. Ordre conchyliologique nouveau. Ordre sphérique plus commode, peut s'appliquer à toutes les parties de l'histoire naturelle. Lépas aplati, lépas étoilé, lépas fluviatile, oreilles-de-mer, espèce d'oreille-de-mer sans trou. Vermiculaires : grand vermiculaire des madrépores, cornet de Saint-Hubert, nautile papyracé, nautile ordinaire. Limaçons sédentaires : bouche-d'argent simple, bouche-d'argent épineuse, bouche-d'or, limaçon fluviatile simple, limaçon fluviatile à pointes, conque persique, limaçon allongé, bécasse épineuse, tonne ronde, tonne allongée. Limaçons voyageurs : nérite cannelée, nérite lisse colorée de rubans ; harpe, belle coquille ; harpe à pointe, limaçon bleu, l'œuf-de-pintade, limaçon terrestre, lampe-antique. Rouleaux : l'olive commune, l'olive de trois couleurs, olive noire, olive évasée, rouleau commun piqueté de rouge, rouleau blanc, rouleau piqueté de points noirs, drap-d'or, tonnerre, la poire, rouleau couvert de peau, l'oreille-de-Midas, le grand casque, le casque truité, le scorpion, l'araignée. Porcelaines : porcelaine à dos d'âne, la tigrée, la carte-de-géographie, l'œuf, le lièvre, l'olive de roche. Vis : la vis simple, vis avec une moulure, l'enfant-en-maillot ; la culotte-de-Suisse, petite vis à bec, autre à dos d'âne, le fuseau blanc, fuseau tacheté de rouge, mitre fluviatile. Conjecture sur la cause qui a dirigé du même côté la bouche de la plupart des coquilles. Objection sur l'explication qu'on donne de leur formation. Bivalves : huître commune, la feuille, huître semblable à celle d'Europe, huître de la carène des vaisseaux, huître perlière, autre huître grise, huître perlière violette, la tuilée se trouve fossile sur les côtes de Normandie, huître épineuse, pelure-d'ognon, trois espèces de moules, moule blanche à coque élastique, hache-d'armes. Pétoncles : arche-de-Noé, cœur strié et cannelé, cœur-de-bœuf, corbeille, la râpe, pétoncle commun, autre espèce, le peigne, le manteau-ducal. Observations sur les coquillages, sur l'instinct des moules, sur la charnière des coquilles. Madrépores qui ne sont pas attachés au fond de la mer : le champignon, le plumet de trois sortes, le cerveau-de-Neptune. Madrépores attachés : le chou-fleur, le chou madrépore en spirale, autre semblable à un arbre, la gerbe, le pinceau, madrépore semblable au réséda, autre semblable à une île, la congélation, madrépore digité, le bois de cerf, la ruche à miel, le corail bleu, corail articulé blanc et noir, végétations coralines. Lithophyte semblable à une paille, autre croissant comme une forêt de petits arbres. Trois espèces d'étoiles marines. Ambre gris. Observations sur les madrépores................. 114.

JOURNAL MÉTÉOROLOGIQUE.

Qualités de l'air.

Juillet 1768, Vent frais. Août, pluie. Septembre, même température. Opinion des anciens sur la cause de la végétation. Octobre, terres ensemencées. Novembre, vents variables. Décembre, chaleur, ouragan et ses effets. Janvier 1769, temps chaud. Février, coup de vent, accidents du tonnerre. Mars, chaleur supportable. Avril, fin de l'été. Mai, saison sèche. Juin, grains pluvieux. Observations sur les qualités de l'air........................ 132

LETTRE XI.

Mœurs des habitants blancs.

Ouvriers, employés de la Compagnie, marins de la Compagnie, officiers militaires de la Compagnie, officiers du roi, missionnaires, marchands, Européens venus des Indes, protégés de Paris, employés et officiers de la marine du roi. Officiers arrivés d'Europe, soldats, navigateurs. Caractère général. Négligence dans les maisons. Les femmes aiment la danse; jolies, leur société, leurs qualités domestiques; éducation des jeunes créoles. Petit nombre de cultivateurs.... 141

LETTRE XII.

Des noirs.

Malabares, leurs mœurs. Des Nègres, leur caractère, leur industrie, amenés de Madagascar, traitement fait aux esclaves, nourriture, habillement, punition. Du code noir, des chiens des noirs, chasse aux noirs marrons, leurs châtiments, affreuse misère des esclaves. *Post - scriptum.* Réflexion sur l'esclavage. N'est point nécessaire à l'Ile-de-France pour l'agriculture ; lui est contraire, s'oppose à la population. Le code noir n'est point observé. L'esclavage ne peut se justifier ni par la théologie, ni par la politique. Philosophes devraient le combattre, femmes européennes devraient s'y opposer. 152

LETTRE XIII.

Agriculture; herbes, légumes et fleurs apportés dans l'île.

Division des plantes. Plantes naturalisées : espèce d'indigo, pourpier, observation, cresson, dent-de-lion ou pissenlit, absinthe, molène, squine, observation, herbe blanche, brette de deux sortes. Plantes cultivées dans la campagne : manioc, seconde espèce appelée camaignoc, maïs ou blé turc, blé froment, observation de Pline, riz de sept espèces, petit mil, avoine, tabac, fataque. Plantes potagères utiles par leurs fruits : petits pois, haricots, pois du Cap, autres haricots, féve de marais, autre féve, artichauts, cardons, giraumonts, concombres, melons, pastèques ou melons d'eau, courges, bringelle ou aubergine de deux sortes, piments de deux espèces, ananas, observation, fraises, framboises, framboises de Chine. Plantes utiles par leurs tiges ou feuilles : épinards, cresson des jardins, oseille, cerfeuil, persil, fenouil, céleri, poirée, laitues, chicorées, choux-fleurs, chou, pimprenelle, pourpier doré, sauge, asperge. Plantes utiles par leurs racines ou bulbes : carottes, panais, navets, salsifis, radis, raves, rave de Chine, betterave, pomme de terre, cambar, patate, safran, gingembre, pistache, observation, ciboules, poireaux, ognons. Plantes à fleurs : réséda, balsamine, tubéreuse, pied-d'alouette, grande marguerite de Chine, œillet de la petite espèce, grands œillets, lis, anémones, renoncules, œillet d'Inde, rose d'Inde, giroflée, pavots; fleurs d'Afrique : immortelle du Cap, autre immortelle, jouc à fleur, tulipe singulière; fleur de Chine, aloès de plusieurs espèces, observation. . . 164

LETTRE XIV.

Arbrisseaux et arbres apportés à l'Ile-de-France.

Arbrisseaux : rosiers, rosiers de Chine, jasmin d'Espagne et de France, grenadiers à fleur double et à fruits, myrte, cassis, foulsapatte, poincillade, jalap, vigne de Madagascar, variétés de lianes, mougris à fleur double et simple, frangipaniers, lilas des Indes, lilas de Perse, lauriers-thyms, lauriers-roses, citronnier-galet, palma-christi, poivrier, arbrisseau du thé, rotin, cotonnier, canne à sucre, cafier. Arbres d'Europe : pins, sapins, chênes, cerisiers, abricotiers, néfliers, pommiers, poiriers, oliviers, mûriers, figuiers, vignes, pêchers, observation. Arbres étrangers : lauriers, agati, polcher, bambous, attiers, mangliers, bananiers, observation, goyaviers, jam-roses, papayers mâles et femelles, avocats, jacqs, tamariniers, diverses espèces d'orangers, pamplemousses, citronniers, cocotiers, observation, crabe des cocotiers, coco marin, dattier, palmier d'araque, palmier du sagou, caneficier, acajou, cannellier, cacaotier, muscadier, giroflier, observation, ravinesara, mangoustan, litchi, arbre de vernis, arbre de suif, citrons en grappe, arbre d'argent, bois de teck, observation. Jardins des Chinois.................................... 175

LETTRE XV.

Animaux apportés à l'Ile-de-France.

Poissons : gourami, poissons dorés de Chine. Oiseaux : l'ami du jardinier, le martin, observation sur l'alouette, corbeau, oiseau du Cap, mésange, cardinal, trois sortes de perdrix, pintades, faisan de Chine, oies et canards sauvages, canards de Manille, poule d'Europe, poule noire d'Afrique, autre espèce de Chine, pigeons, deux espèces de tourterelles, lièvres, chèvres sauvages, cochons marrons. Quadrupèdes domestiques : moutons, chèvres, bœufs, petite espèce de bœufs du Bengale, observation sur les salaisons, chevaux, mulets, ânes, ânes sauvages du Cap, chats, chiens, effets du climat sur eux................................ 191

LETTRE XVI.

Voyage dans l'île.

Départ, arrivée à la grande rivière, voyage à une caverne, sa description, ses dimensions. Voyage à la Rivière-Noire, sortie du port, mauvais temps, relâche, observation, rembarquement, danger, arrivée à terre, correction du plan de l'abbé de La Caille, poisson abondant. Voyage aux plaines de Williams, habitant vivant dans une solitude, l'auteur égaré, arrivée à Palme, plaines de Williams, rivière profonde. 196

LETTRE XVII.

Voyage à pied autour de l'île.

Préparatifs, départ, observation, petite rivière, citoyen utile mal récompensé, rivière Belle-Ile, embarras des voyageurs, plaines Saint-Pierre; observations sur les productions. Rivière du Dragon, rivière du Galet, observation, anse du Tamarin, observation en note, coquillages, autre observation. Rivière-Noire, accident. Ilot du morne. Halte, observation. Morne Brabant, famille d'un habitant. Passage dangereux du Cap, Belle-ombre, rivière des Citronniers, observation, pêche de coquillages, Poste-Jacotet, lieu agréable, rencontre d'une malheureuse Négresse, bras de mer de la Savanne, des Nègres marrons, générosité de deux Négresses; observation, halte sur le bord de la mer, accident, observation en note, rivière du Poste, l'auteur indisposé. Bras de mer du Chalan, rivières de la Chaux et des Créoles, habitation des Prêtres, arrivée au port du Sud-Est, sa description. Baleines, beaux coquillages, comète très-apparente. Paysage du port du Sud-Est. Halte, mœurs féroces d'une femme créole, pointe du Diable, grande rivière. Route de Flacque, les Quatre Cocos, quartier de Flacque, ses productions, poste de Fayette, accident arrivé à l'auteur dans l'anse aux Aigrettes, observation, rivière du Rempart, quartier de la Poudre-d'Or, quartier des Pamplemousses, arrivée au Port; observation sur les églises et les constructions en charpente; observation sur la culture de l'île?.................. 208

LETTRE XVIII.

Sur le commerce, l'agriculture et la défense de l'île.

Besoins de l'Ile-de-France. Note sur son utilité. Son commerce, papier ruineux, port à nettoyer. Agriculture, abus, agiotage de terres, lois agraires inutiles. A quoi on eût pu employer les soldats. Défense de l'île : défense de la côte, sa disposition singulière, moyens naturels de défense trop négligés; défense de l'intérieur de l'île et de la ville, poste très-avantageux, obstacles que l'ennemi aura à surmonter. De l'île de Bourbon. Note. 242

FIN DE LA TABLE DU TOME PREMIER.

TABLE

DU TOME SECOND

DU VOYAGE A L'ILE-DE-FRANCE.

LETTRE XIX.

Départ pour la France. Arrivée à Bourbon. Ouragan.

OBSERVATION sur l'insulaire de Taïti,* et sur l'utilité d'un dictionnaire encyclopédique des langues. Départ de l'Ile-de-France; arrivée à Bourbon. Descente difficile à terre, brise forte, ouragan, vaisseaux obligés de quitter la rade. Départ du vaisseau *l'Indien*. Embarras de l'auteur; il part pour Saint-Paul. Mauvais chemin; arrivée à Saint-Paul. Difficultés pour l'embarquement de l'auteur. Observations sur Bourbon, histoire d'un pirate de Saint-Denis. Mœurs des habitants de Bourbon. Départ de cette île . . . . page 1

LETTRE XX.

Départ de Bourbon. Arrivée au Cap.

Observations sur la baie de Saint-Paul. Navigation heureuse. Coup de vent dans le canal de Mozambique; mât de misaine

---

* Cet homme est mort de la petite-vérole à Bourbon, sur le point de partir pour Taïti.

rompu. Terre du Cap. Montagne ressemblante à un lion. Le vaisseau *l'Indien* absent du Cap. Montagne de la Table, danger du mouillage, arrivée à terre, spectacle singulier. 17

LETTRE XXI.

Du Cap. Voyage à Constance et à la montagne de la Table.

De la ville du Cap. Prix des pensions, jardin de la Compagnie. Voyage à Constance, arbre d'argent, fameux vignoble, Bas-Constance, différence essentielle des deux vins. Neuhausen, jardin de la Compagnie. Voyage à la campagne du sieur Nedling. Voyage à Tableberg ou montagne de la Table. Observation sur les plantes et le sol du sommet. Observation sur les formes des plantes de la montagne du Cap. Vasco de Gama est-il le premier navigateur qui l'ait doublé? Retour à la ville............................ 23

LETTRE XXII.

Qualités de l'air et du sol du cap de Bonne-Espérance; plantes, insectes et animaux.

Air pur du Cap; vent de sud-est fréquent. Petite-vérole fort dangereuse. Or de Lagoa, terre sulfureuse, pierre à plâtre, cubes noirs. Arbres d'or et d'argent. Arbres rares au Cap hors ceux d'Europe. Fleur semblable à un papillon, hyacinthe singulière, grosse tulipe, arbrisseaux à fleurs de la forme d'un artichaut, autres portant des grappes de fleurs papilionacées. Insectes: belles sauterelles; le canonnier, scarabée singulier. Oiseaux: colibris, oiseaux changeant de couleur trois fois par an, oiseau de paradis, oiseau appelé l'ami du jardinier, espèce de tarin, aigle, oiseau appelé le secrétaire, autruche; casoar, espèce d'autruche couverte de poil; pingoin, singularité de ses œufs. Poissons: nautiles papyracés, tête-de-méduse, lépas, lithophytes, poissons de la forme d'une lame de couteau, veaux marins, baleines, vaches marines, morues. Quadrupèdes : petites tortues de montagne, porcs-épics, marmottes, cerfs, chevreuils, ânes sauvages, zèbres, caméléopard, bavian, observation sur les singes. Animaux domestiques : chevaux, ânes, bœufs. Observation sur la loupe des animaux d'Afrique. Bêtes féroces, espèce de loup. Observation de Pline. Caractère du tigre, du lion, armée de cabris et de lions dans l'intérieur de l'Afrique. Pourquoi il n'y a point de grandes nations en Afrique. Établissement des Hollandais dans les terres. Prix des vivres et commerce du Cap. Danger de sa rade. . . 36

LETTRE XXIII.

Esclaves, Hottentots, Hollandais.

Esclaves bien traités. Esclaves malais, leur caractère. Hottentots, leur fidélité, leur adresse; leurs mœurs, leur physionomie, singularité de leur langue. Tablier des femmes hottentotes, fable tirée de Kolben. Observation de Pline sur le sang des animaux. Engagés de la Compagnie. Mœurs des Hollandais; paysans du Cap. Mademoiselle Berg. Bonne foi des Hollandais. Amour des Hollandais pour la patrie. Église du Cap, réfugiés français; mœurs du gouverneur, son caractère.. 47

LETTRE XXIV.

Suite de mon journal au Cap.

Bibliothèque, ménagerie; arrivée d'un vaisseau français. Comment les Hollandais conservent leurs mâts à terre. Arrivée de *la Digue*, flûte du roi. Offre faite à l'auteur; parti qu'il prend, présent que lui fait le gouverneur. Arrangements pour son départ, arrivée du vaisseau *l'Africain*. Il reçoit ses effets; nouvelles de *l'Indien* et ses malheurs, événement étrange arrivé sur ce vaisseau. 57

LETTRE XXV.

Départ du Cap; description de l'Ascension.

Sortie de la baie. Inquiétude du feu; histoire à ce sujet. Vue de l'Ascension, singularité de ses rivages; frégates familières. L'auteur descend à terre. Beau sable, petite saline. Terreur panique, tristesse du paysage de l'Ascension. Tortues viennent au rivage, pêche abondante, matelots superstitieux cancrelas, scorpion, tithymale. Oiseaux familiers. Usage singulier de la graisse des frégates. Tortues inutiles remises à la mer 63

LETTRE XXVI.

Conjectures sur l'antiquité du sol de l'Ascension, de l'Ile-de-France, du cap de Bonne-Espérance et de l'Europe.

Conjectures par l'affaissement des collines, par le dépérissement des rochers, par leur profondeur dans le sol. Problème important à résoudre. Conjectures sur l'antiquité de l'Ascension, sur celle de l'Ile-de-France, sur celle du cap de Bonne-Espérance, observation des rochers de la montagne de la Table. Conjecture par la couche végétale ne peut être employée dans les plaines, expérience à faire en Europe, de l'antiquité de l'Europe, roches propres aux expériences. Conjectures sur l'antiquité de sa population, opinion de ceux qui croient le nord de l'Europe anciennement peuplé, réfutée. Il n'y a point de monuments dans le nord. Ils sont très-communs en Grèce et en Italie, pourquoi. Peuples heureux multiplient et bâtissent. Autels élevés à tous les biens. Homme du midi allant au nord ; climat affreux, obligé de vivre comme les Lapons. Le nord de l'Europe sert de refuge aux peuples du midi. Langue esclavonne vient du grec. Note première tirée de Pline sur l'antiquité des arts en Europe, et sur celle des végétaux qui servent à nourrir ses habitants. Qu'étaient-ce que les peuples du Nord du temps de Marius. Note seconde, deux strophes du poëme séculaire d'Horace. 70

LETTRE XXVII.

Observations sur l'Ascension. Départ. Arrivée en France.

L'Ascension utile à quelques animaux ; est une terre sans maître, sert de relâche ; qualité de son air. Effet de l'attraction des terres, observé. Bain de sable calcaire, utile aux scorbutiques. Grosse mer. Danger de la chaloupe, danger du canot ; cabris, chiendent. Observation sur les restes du volcan de l'Ascension. Conjectures sur la disposition de ses cendres. Huître appelée la feuille, requins, bourses, carangues, morènes, qualité de la tortue. Passage de la Ligne, courants, calmes ; grappes de raisin, plante marine, son utilité. Accident du feu, exercice de fusils, haut-fond aperçu. Gros temps, vue d'un vaisseau, vue de terre, grande joie, arrivée. 80

LETTRE XXVIII ET DERNIÈRE.

Sur les voyageurs et les voyages.

Excuses de l'auteur devraient être à la fin de son ouvrage. Bonnes censures ressemblent aux dégels. Voyages manquent de modèles pour être bien écrits. Voyageurs estimables : Addisson, Chardin, l'abbé de Choisy, Tournefort, La Hontan, Léry ; leurs qualités et leurs défauts. Voyageurs qui cherchent les antiquités ; bons exemples plus profitables.

Monuments, qui sont ceux dont on doit parler. Homme des villes artificiel, nature négligée, art de rendre la nature manque d'expressions. Voyageurs pèchent encore par excès de conjectures. Fruits des bois de l'Ile-de-France, des buissons du cap de Bonne-Espérance et des forêts de l'Allemagne, de la France et du Nord. Conséquences importantes d'une seule observation. Autre excès dans les récits des voyageurs. La nature a compensé les climats, inconvénients des pays chauds, dureté de leurs gouvernements. Sites touchants en Finlande, plaisirs de ses habitants en hiver. Exemples de l'amour conjugal. Des plaisirs de Paris. Paris préférable aux autres villes, pourquoi. Bonheur de la campagne, celle du pays natal préférable, pourquoi; heureux qui n'a jamais quitté le toit paternel. 92

FIN DE LA TABLE DU VOYAGE A L'ILE-DE-FRANCE.

TABLE DES MATIÈRES
CONTENUES DANS CE VOLUME.

Voyage a l'Ile-de-France, depuis la lettre XIX jusqu'à la fin.................... page 1
Conseils a un jeune Colon. Fragment......... 105
Entretiens sur les arbres, les fleurs et les fruits. 115

Dialogue premier. Des arbres.

Madrépores, ce que c'est, leur ressemblance avec nos plantes, impuissance de la chimie. Habitants des plantes; que les plantes ne sauraient être des machines hydrauliques. Expérience du saule. Industrie des animaux des plantes; comment et pourquoi ils fabriquent les feuilles, preuves de leur travail dans un arbre greffé, enveloppent leur habitation d'étoffes épaisses; observation sur l'écorce des arbres des pays chauds. Objection réfutée. Plantes qui grimpent, s'élèvent toujours. Observation sur les arbres des montagnes et des vallées. Expérience des Chinois. Objections réfutées................. 117

Dialogue second. Des fleurs.

Les habitants des plantes ont des sens comme les autres animaux. Objection. Usage des fleurs du palmier femelle. Du plan des fleurs, de leur forme variée suivant les saisons et les lieux, de leurs couleurs. La couleur noire fort rare, pourquoi. Question sur la beauté des fleurs dont les graines sont inutiles. Pourquoi il n'y a point de fleurs dans les prairies des pays méridionaux. Disposition des fleurs des arbres de l'Inde, de la France et du Nord. Pourquoi les arbres des Indes portent beaucoup de fleurs papilionacées et de fruits légumineux.. 134

Dialogue troisième. Des fruits.

Pourquoi les animaux sont plus adroits que l'homme; les plus petits sont les plus rusés, pourquoi. Observation sur la nourriture des jeunes animaux, organisation des graines, industrie commune à celle des insectes. Précautions pour la défense de la graine. Pourquoi la rose a des épines, pourquoi d'autres herbes et buissons en ont pareillement; chute des fruits, leur roulement; graines qui s'envolent, qui s'élancent; des graines que les oiseaux ressèment, de la muscade. Providence admirable. Pourquoi les madrépores ne donnent pas de fruits comme les plantes. Des végétations intérieures de la terre. Pourquoi la truffe n'a ni tige, ni fleur, ni racine. Comment elle se reproduit. Explication de deux phénomènes en botanique. Contradiction du système ordinaire de la végétation. Anatomie des animaux vivants, cruelle et inutile. 146

EXPLICATION DE QUELQUES TERMES DE MARINE, A L'USAGE DES LECTEURS QUI NE SONT PAS MARINS.

Bord, maison, porte. Amarrer, amurer, appareiller, arrimage, arriver, artimon, aumônier. Bâbord, bau ou beau, beaupré, beausoir ou bossoir, banc-de-quart, berne, bout dehors, bras, brasse. Caillebotis, cale, calé, cap, cape, carguer, civadière, coiffé, coq, courant. Déferler, degré, dériver, dunette. Écoute, écoutilles, entrepont, espontilles, est. Fasier, focs. Gaillards, galerie, garants, grains, grappins. Haubans, hauteur (prendre), hauts-fonds, hisser, hune (mât de). Latitude et longitude, ligne, lisses, louvoyer. Mât, matelots, *Marquis de Castries*, observation sur les noms des vaisseaux, mouiller, misaine. Panne (mettre en); perroquet, perruche, plat-bord, plus près (être au), pont. Quarts. Récifs, ris, roulis. Sabords, sainte-barbe. Tangage, tribord. Vent (venir au), vergue, virer. Yole. 165

Notes 186

Observations sur la Hollande. 191
    Du pays 193
    Des Hollandais...................... 196
    Du gouvernement................... 206

Observations sur la Prusse. 213
    Du pays 215
    Des Prussiens...................... 220
    Du gouvernement................... 228
    Du roi de Prusse................... 233

Observations sur la Pologne. 245
    De la Pologne...................... 247
    Des Polonais....................... 250
    Du gouvernement................... 260
    Du roi de Pologne.................. 266

Observations sur la Russie 269
    De la Russie....................... 271
    Des Russes......................... 284
    Du gouvernement................... 305
    Révolution sous Pierre III........... 316
    Projet d'une Compagnie pour la découverte d'un passage aux Indes par la Russie............. 329

FIN DE LA TABLE.

www.ingramcontent.com/pod-product-compliance
Lightning Source LLC
Chambersburg PA
CBHW060618170426
43201CB00009B/1058